HITLER AND CHURCHILL
Secrets of Leadership

丘吉尔与希特勒
改变世界的领导力

［英］安德鲁·罗伯茨（Andrew Roberts） ／著

王晓平 ／译

上海社会科学院出版社
SHANGHAI ACADEMY OF SOCIAL SCIENCES PRESS

致　谢

在很大程度上，本书是配合英国广播公司二台（BBC Two）电视系列节目《时代瞭望》而撰写，因此我要对该节目导演劳伦斯·里斯表示感谢，因为这是他的创意；我还要感谢财务总管简·鲁特，是她正式委托我制作了这期节目。劳伦斯活生生的例子表明即便在最大的机构里，特立独行之人也有其生存空间。我极为享受制作《领导力的秘密》这期节目，特别是与节目的制作人们共事，他们是乔纳森·哈克、德特勒夫·西伯特、多米尼克·萨瑟兰和安德鲁·威廉姆斯。与达尼·巴里、露西·希思科特-艾默里、苏珊娜·休斯、海伦·尼克松、凯特·雷、洛林·塞尔温、南希·斯特朗和马克·沃尔登-米尔斯工作同样令人愉快，他们既具有专业精神又富于个人魅力。德特勒夫·西伯特和多米尼克·萨瑟兰体贴地为我审读了本书原稿，当然书中仍然存在的任何错误，完全都是他们的责任。

我还要感谢通过对话抑或通信给予我帮助的人们，他们是：国际丘吉尔协会的琼·布赖特·阿斯特利、保罗·考特尼和奈杰尔·诺克；詹姆斯·德拉蒙德先生、迈克尔·霍华德爵士兼教授、安东尼·蒙塔古·布朗爵士、《战时内阁办公室》导演菲利普·里德和尊敬的西莉亚·桑兹和索姆斯夫人。我还要感谢理查德·加涅特先生，感谢他在希尔顿厅对我热情招待,并许可我研究他父亲有关英国政略作战执委会的书稿,允许我从中引用。还有 M.罗伯特·瓦罗基,他亲切带我参观了马其诺防线;伊恩·帕克·韦尔少校,他在桑德赫斯特皇家军事学院为我讲解了丘吉尔的时代;赫尔·霍夫曼,他毫不吝惜自己的时间,为我展示位于措森的德国战时最高指挥部;行政专员汉斯·迈斯纳,是他让我得以进入戈林的空军部(今德国财政部);而帕尔特博士/先生则让我得以进入戈培尔的宣传与公共启蒙部(今联邦劳工与社会福利部);卡萝尔·肯赖特和朱迪思·西沃德在我访问查特威尔期间也给予了帮助。

我还要感谢阿克斯布里奇英国空军作战指挥室第 11 中队的克里斯·雷恩。感谢伯肯黑德军舰保护信托基金会的沃利·本内特、安迪·马洪和斯蒂格·托恩肖恩,在他们的许可下,我得以亲自操纵 U－534 号潜艇;感谢弗雷德和哈罗德·潘顿,是他们让我登上了他们驻扎在林肯郡东柯克比宏伟壮观的"贾斯特·简"号兰开斯特轰炸机。西门子新闻部主任哈拉尔德·普罗科施、西门子电机厂维修部经理德特勒夫·豪曼、皇家空军中队长爱埃德·布尔佩特,我们在科提肖英国空军第 6 中队度过了精彩的一天。感谢巴黎军事学院荣军院的卢卡·舍瓦利耶中尉。感谢外交与联邦事务部,他们允许我进入白厅旧海军部大楼内丘吉尔办公室。位于沙勒维尔-梅济耶尔的布莱伦屋工作人员,是他们让我参观了格尔德·冯·伦德施泰特将军 A 集团军指挥部。海军少校鲁珀特·尼科尔,在我参观猎雷艇莱德伯里号的时候,他给予了我帮助。还感谢德国联邦档案馆希特菲尔德分馆馆长威廉·伦茨博士。感谢剑桥大学丘吉尔学院丘吉尔档案中心的艾伦·帕克伍德,感谢他在德特勒夫与多米尼克为电视系列片做调研时提供诸多帮助。

一如既往,我深深感激我的出版团队:集天赋才华与专业精神于一身的编辑约恩·特里温、经纪人乔治娜·卡佩尔和索引编纂人道格拉斯·马修斯。我十分骄傲地说,以上这几位既是我的同事，也是我的挚友。我还要向负责文字编辑工作的简·伯基特以及出色完成图片查找任务的乔安妮·金表示感谢。最后，我得感谢利奥妮·弗里达将手稿录入电脑，并感谢我生命中发生的一切美好的事情。

谨以本书献给我二十年的老友彼得·怀利。他给了我最棒的建议。彼得的职业生涯表明他已洞悉领导力的全部秘密。

安德鲁·罗伯茨
www.andrew-roberts.net
2003年2月

献给彼得·怀利

目 录

致谢 …………………………………………… 1

导言 …………………………………………… 1
    经典领导艺术范式 ………………………… 6
    现代领导范式 ……………………………… 12
    希特勒与丘吉尔：对后世的长远影响 …… 15

1939 年之前的丘吉尔和希特勒 ……………… 20
    缔造国家神话 ……………………………… 37
    演说术 ……………………………………… 43
    希特勒对丘吉尔避而不见 ………………… 60
    领袖魅力 …………………………………… 61
    公共关系处理 ……………………………… 66
    官邸对比 …………………………………… 70
    对建筑的态度 ……………………………… 74
    政治道具、标志和商标的使用 …………… 77
    人际关系能力 ……………………………… 79
    对于劝谏的态度 …………………………… 82
    管理风格 …………………………………… 88
    "为元首而奋斗" …………………………… 95

1940 年之后的丘吉尔和希特勒 ……………… 98
    丘吉尔上台 ………………………………… 102

希特勒通往贡比涅之路 ·········· 111
任务导向原则 ················ 114
丘吉尔的直言不讳 ············· 117
攫取全权 ··················· 119
战胜失败主义思想 ············· 128
寻找盟友 ··················· 130
在精神上取胜 ················ 135
人为制造紧张局势：丘吉尔和阿兰布鲁克 ··· 137
希特勒评价丘吉尔 ············· 141
丘吉尔对希特勒的评价 ··········· 145
使用秘密情报 ················ 149
炒员工鱿鱼 ················· 156
反希特勒运动 ················ 167
诺曼底登陆：向希特勒复仇 ········ 173

结论 ······················· 178
米尔格拉姆实验和阿施从众实验 ····· 180
承担责任 ··················· 183
激流勇退 ··················· 184
历史学家丘吉尔 ··············· 186
丘吉尔的历史地位 ············· 191

尾注 ······················· 202
参考文献 ····················· 206
索引 ······················· 211
插图列表 ···················· 235

导　言

> 我时时警惕、处处留心，所见所闻发人深省。前路波诡云谲，步步惊心；请务必给我支持，如果失去掌控，我将不再领导。
>
> ——《萨伏罗拉》，温斯顿·丘吉尔

"一百个人怎么可能听任一个人领导？"这是我参加剑桥大学入学考试时的一道作文题。这道题目让我魂牵梦萦，足足耗费了二十年的光阴，我才在深思熟虑之后试着回答这一问题。诚然，这个问题植根于人类的历史与文明的核心。如果一个人连一百个人都领导不了，何来的战争？自然也不会有堂皇雄伟的教堂，更不会有宇宙空间探索或者爱乐乐团的管弦乐队。一个人具有让其余一百个人听从自己指挥的能力，这是人类所有集体活动的基石，无论这种集体活动是好还是坏。那么一个人是怎么做到领导一百个人的呢？

理智告诉我们，几个世纪以来，政治和社会发生了翻天覆地的变化，领导力的本质必然随之变化。当建立在封建义务基础上的农业社会在西方被建立在代议制基础上的民主社会取代，我们理应会被不同的命令左右，而我们心甘情愿接受领导的动机也理应与过去有着天壤之别。然而令人震惊的事实是，即便在一个自认为圆滑世故甚至玩世不恭的社会，危急时刻，鼓舞人心的领导仍然很大程度上依赖于人们信心的缺失。

历史在变,领袖们使用的语言却大同小异,这就是领导力本质并未改变的佐证。公元前 431 年,伯里克利(Pericles)在阵亡将士葬礼上的演说("雅典为她的儿子们加冕"),抑或公元前 63 年,西塞罗(Cicero)谴责篡位者喀提林(Catiline)演说中的名句"在我们之中你将毫无立锥之地",再或 1642 年,约翰·皮姆(John Pym)的演说中的名言"全英格兰人民的呐喊",读读这些演说,我们就能明白,领袖们所要唤起的人类感情自始至终都是有限的几种。因此,即便今天聆听这三位伟人的演讲,我们十有八九仍和当时的听众一样,大为感动。这有限的几种人类感情,我们依旧可以生搬硬套,可以直接引用,更可以加以运化、举一反三。本书旨在考察丘吉尔和希特勒这两个性格迥异的人,在势不两立的第二次世界大战(以下简称"二战")舞台上,为赢得战争,如何短兵相接、各显神通。

1944 年,电影导演亚历山大·柯尔达爵士(Sir Alexander Korda)希望诠释英国誓死不屈抵抗纳粹的顽强精神,他请劳伦斯·奥利弗(Laurence Olivier)扮演莎士比亚《亨利五世》(Henry V.)中的同名角色亨利五世。影片中,当年亨利五世摧毁阿夫勒尔顽强抵抗时的演说和丘吉尔在 1944 年所发表的演说,穿越三百多年时空,交相辉映、异曲同工。所以说,真正的领导力,在于抓住人之所以为人的共同诉求,直击人心。倘若构成领导力的潜在因素数百年来未曾改变,那么遇到与 1939—1945 年大相径庭的形势时,二战的教训是否仍然可以为我们所用呢?

丘吉尔和他心仪的几样道具:霍姆堡毡帽、条纹马甲、圆点装饰的领结、叠得整整齐齐的手绢。他曾跟下议院同事说:"永远别忘了自己的标志!"

领导力和勇气甚至真诚一样,

没有善恶之分。尽管阿道夫·希特勒的信仰邪恶粗鄙，但他在鼓吹宣扬他的信仰的时候，既勇气可嘉又真诚坦率。研究领导力，如果只局限于那些让人交口称赞的伟人，我们就会与世界上一些最具影响的领导人失之交臂。奥萨马·本·拉登（Osama bin Laden）无疑是这个时代的头号罪犯，他领导鼓惑了那么多人，造成那么大的破坏，用的什么方法同样值得深入研究。就像陆军元帅蒙哥马利（Montgomery）打沙漠战的时候，车里始终挂着埃尔温·隆美尔（Erwin Rommel）的相片一样，为了克敌制胜，我们也应该知晓敌人的领导技巧。

希特勒别着一枚铁十字勋章，戴着臂章和唯一能标志他军衔的大檐帽。

总体而言，1945年后希特勒时代的和平协定仍然决定着当今的世界格局。尽管1989—1991年，苏联、东欧相继放弃共产主义，世界强国却还是二战末联合国成立时那几个。南斯拉夫解体，没引起地区外冲突，也没改变欧洲各国边界。到目前为止，世界强国也没直接交过火。过去六十载是中世纪之后欧洲最安定平和的六十载。1955年丘吉尔卸任前，去殖民化进程已经开始。因此，如果今天丘吉尔重返人间，各位参谋长三言两语就能把他去世后的变化说个清清楚楚。对希特勒——这个我们不能完全置之脑后的大魔头——除了长崎和广岛，其余应该也无需多言。毕竟，希特勒在地堡里就曾预言，他的死最终受益的是美国和苏联。东西德合并可能让他欢欣鼓舞，看到德国和平民主，不出所料，肯定会让他怒其不争。总之，1939—1945的教训和遗产，塑造了当今世界。不得不承认，希特勒和丘吉尔至今影响着我们的生活;如果不考虑萨达姆(Saddam)的话,西方现在已经发展成了"享受着阳光普照的辽阔高地",这个丘吉尔曾奋力维护、希特勒曾竭力破坏的太平盛世。

2001年基地组织发动"9·11恐怖袭击"之后,丘吉尔作为果敢领导的化身,进一步得到凸显。面对艰难困苦,美国人民一次又一次学着丘吉尔的方式,表达着自己的失落感,以及对凶残敌人的藐视和战胜敌人的坚定决心。用丘吉尔的一本书命名来说,在这"世界危机"的紧要关头,他再挑大梁。2001年,乔治·W.布什在国情咨文中回应"9·11事件",他模仿丘吉尔1941年2月对美广播的演讲说:"我们不会动摇,我们不会疲倦,我们不会犹豫,我们不会失败。"丘吉尔的原话是:"我们不会失败或者犹豫;我们不会畏缩或者疲倦。"9月12日上午,美国国防部长唐纳德·拉姆斯菲尔德(Donald Rumsfeld)的很多同僚在袭击中遇难,他对五角大楼或伤或残的幸存者说:"在国家陷入极度危急的时刻,温斯顿·丘吉尔曾说,那是他们最辉煌的时刻。昨天,美国和人类自由事业惨遭袭击。"后来,拉姆斯菲尔德多次提到丘吉尔,第二年8月,在加利福尼亚,他跟三千名美国海军士兵说,目前美国对伊战争遭受外交孤立,与20世纪30年代丘吉尔反抗对德绥靖遭受的孤立如出一辙。读了丘吉尔的《荒野岁月》后,我对这个比喻感同身受。

2001年,布什总统出访伦敦,参观战时内阁办公室的时候,他称丘吉尔为"真正迷人的领导人之一",布什还请英国驻华盛顿领事馆送一尊爱泼斯坦雕刻的丘吉尔半身像放在椭圆形办公室里(罗纳德·里根已经在白宫的战情室挂了一幅丘吉尔肖像)。今天,丘吉尔逝世三十七年后,当年他表达不屈抵抗的词汇和惯用表达,仍是美国希望向世界传达的。《波士顿每日记录报》(*Boston Daily Record*)说"温斯顿·丘吉尔和他的话不断被人引用,并引起大家的共鸣",美国总统视察曼哈顿世贸大厦遗址,被比作如同丘吉尔闪电战期间视察伦敦东区一样提升士气。伊拉克战争备战期间,布什总统故意广而告之,说自己正在阅读《最高统帅:战时的领袖、政治家与士兵》(*Supreme Command: Soldiers, Statesmen and Leadership in Wartime*),该

索尔兹伯里爵士俯视着张伯伦 1939 年 10 月的战时内阁。
后排，从左至右：约翰·安德森，汉基·莫里斯，莱斯莉·霍尔-贝利沙，温斯顿·丘吉尔，金斯利·伍德，安东尼·艾登，爱德华·布里奇斯。
前排：哈利法克斯爵士，约翰·西蒙，内维尔·张伯伦，塞缪尔·霍尔，查特菲尔德爵士。

书由美国学者艾略特·A.科恩(Eliot A. Cohen)写就，有一章专门记录丘吉尔与参谋长的事迹。[2]（在民间层面，"9·11"遇难者家属慈善捐款典礼上，喜剧演员金·凯瑞[Jim Carrey]捐出 100 万美元支票的时候，也引用了丘吉尔的话。）

为了号召纽约消防队员前仆后继、完成遇难战友的未完事业，纽约市长鲁道夫·朱利安尼(Rudolf Giuliani)进行了激情洋溢的演讲，演讲中他引用了丘吉尔的话，被《华盛顿邮报》(Washington Post)赞誉为"带着洋基棒球帽的丘吉尔"。（太贴切了，丘吉尔本身就钟爱佩戴各式各样的帽子。）2002 年 2 月，朱利安尼访问英国，跟《每日电讯》(Daily Telegraph)的艾丽斯·汤姆森(Alice Thomson)说："丘吉尔教会我如何让一个濒死国家重焕青春。'9·11 恐怖袭击'后，我常常和丘吉尔展开对话,大不列颠之战生死攸关的日子,丘吉尔每次露面,绝不会说'我无以应对'或'我无计可施'。他一露面,即便需要伪装,也要显得有备而来、成竹在胸。"³

"即便需要伪装。"是的,本书的一个论点就是,从1940年6月3日敦刻尔克大撤退完成,到1941年6月22日希特勒攻打苏联,共五十五个星期,在这期间,大部分时候丘吉尔都在伪装。尽管他夸夸其谈,却并无克敌制胜之策。有时这种假装的镇定对领导力来讲,不可或缺。圣保罗在《哥林多前书》(First Epistle to the Corinthians)中就曾写道:"若吹无定的号声,谁能预备打仗呢?"1940年,无论怎么理智分析,胜利都是奢望,丘吉尔却能够带领英国人民,依然斗志昂扬。

二战前后尤其二战后,丘吉尔身居高位期间,表现时不时会差强人意,但1940—1941年关键几个月里,以及之后直到1945年的其余冲突中,丘吉尔的领导才能却发挥到了极致。他领导艺术的核心就在于甘愿冒着被弹劾的风险,大胆假设,稳住民心。(当然,如果他的假设出错,英国惨遭入侵,是否遭到弹劾,已经不重要了。)本书将详细研究丘吉尔稳定民心的善意谎言,同时也会仔细研究希特勒瞒天过海的恶意谎言。

经典领导艺术范式

历史证明,领袖若找人心甘情愿为他大开杀戒,轻而易举,而找人心甘情愿为他肝脑涂地,则难于登天。现代西方理性主义-基督教国家中成长起来的人们,做任何事都要以保证自身生命安全为最低要求,然而,在国家危难之际,竟有那么多人主动参军、置生死于度外。莎士比亚早就写过,亨利五世为了摧毁阿夫勒尔的顽强抵抗,曾下过"英国人化作尸体也要堵住城墙"的决心。两次世界大战展现了人们无畏死伤的巨大勇气,一战的步兵军官部队、二战的轰炸机部队在这方面表现得尤为显著。这种牺牲是高尚的牺牲;相比之下,"9·11恐怖袭击"的牺牲,在世人眼中则恰恰相反。

本·拉登怂恿追随者实施自杀性袭击,所用伎俩似乎与中世纪杀手或19世纪八九十年代苏丹的马赫迪和哈里发杀手,并无本质区别,与日本1944—1945年神风敢死队也如出一辙。丘吉尔曾英勇地与哈里发战斗,亲历了1898年摧毁苏丹马赫迪国家的恩图曼战役。因此,丘吉尔能立即辨别是非,一眼看出他所谓的(丘吉尔把这个词用在一个不同于此的语境)"东方赫赫有名的江湖骗术"。这种领导力在邪教头子吉姆·琼斯(Jim Jones)身上也有所体现,1978年他在圭亚那成功说服900多名信徒自杀。格里戈里·拉斯普京(Grigory Rasputin)和最早一批十字军领袖似乎也有同样的吸引力,希特勒当然也有。西方要克服目前受到的威胁,就必须理解什么是领袖魅力。

如果本·拉登在遣词造句和历史渊源上都以希特勒为榜样,乔治·W.布什和他的高级顾问也从丘吉尔身上汲取灵感,那么反恐战争是不是理应被看作一场新的二战?我赞同这个说法。正因如此,本书将主要探讨希特勒的领袖魅力和丘吉尔真正的激励型领导。这两种领导力的秘密几乎全能通过死记硬背轻松学会。让我们以史为鉴,把他们的经验教训牢记于心。

艾伦·布洛克(Alan Bullock)写过一本阿道夫·希特勒和约瑟夫·斯大林的合传,副标题为《名人对传》(*Parallel Lives*),书中表明,独裁政权在表演上无所不用其极,通过麦克风、灯光效果、烟雾、镜子打造出美轮美奂的电影大片效果。当然,狡诈多端、无恶不作的阿尔伯特·施佩尔(Albert Speer)、约瑟夫·戈培尔(Joseph Goebbels)、电影制作人莱尼·里芬施塔尔(Leni Riefenstahl)联合操刀,打造出来的纳粹集会,在视觉效果上,远远超出苏联领导人热衷的红场阅兵。

1939年,好莱坞电影《绿野仙踪》(*The Wizard of Oz*)对这种独裁统治进行了微妙的批判。面目可憎的男巫,竟然是卑鄙无耻的江湖骗子,在耸立的高墙背后,忙忙碌碌,操纵着火焰喷射器,发出震耳欲聋的声响。电影暗示,如果西方民主国家有勇有谋、不忘初衷,和希特勒、墨索里尼、佛朗哥开战的情景无非如此。这些魔头漏洞百出,却荼毒了无数生灵,给20世纪留下——用一位著名历史学家的话说,"不光彩年代"[4]的污名。现实生活中,坏人会杀死稻草人、铁皮人、懦弱的狮子和女主角多萝西(当然肯定会先杀死托托),而不会像电影中一样让他们乘坐气球飞走。

托马斯·卡莱尔(Thomas Carlyle)在《论英雄、英雄崇拜和历史上的英雄业绩》(On Heroes, Hero-Worship and the Heroic in History)中写道,"不相信伟人是小人物渺小的最可悲的证据",那么是否反之亦然呢?在自己不懂如何正确追随的情况下,我们就开始到处寻找领袖,把跟我们一般无二、长着血肉之躯、我们甚为熟悉的人想象成超人,多么可悲。成熟的民主应该警惕时不时汹涌而起的英雄崇拜,就像女子少不经事,迷恋校曲棍球队队长一样,成熟以后,每当忆起就让人感到汗颜。美国政治思想家詹姆斯·麦格雷戈·伯恩斯(James MacGregor Burns)指出:"当今世界充斥着对强有力的创新型领导的迷恋。"这种迷恋,曾多次给人类带来灾难,比如1799年法国渴望拿破仑领导,1932年一千三百多万德国人投票给了希特勒。谁人乐队(The Who)的同名政治歌曲中有句歌词说"我们不会重蹈覆辙"。然而事实是,我们总是一次又一次重蹈覆辙。

1987年伊恩·克肖爵士(Sir Ian Kershaw)的书《希特勒神话》(The "Hitler Myth")出版,这是迄今为止希特勒传记中最出类拔萃的一本。书中写道:"所有希望都寄托在'领头人'身上,寄托于'强者'权威,这种现象并不独见于德国。社会精英由于感到地位受到威胁,竭力鼓吹强权领导,迎合了焦虑的大众。强权领导常以拥有'领袖魅力'的具象人物出现,这在许多社会都曾经(或仍然)存在,这些社会往往多元体系薄弱,无法解决深刻的政治和意识形态裂痕,危机一触即发。"美化吹捧"伟人"领导不像卡莱尔所说,是伟大的标志,或是不渺小的标志,而是一个国家仍然处于第三世界梯队的标志。

无政府主义哲学家以及一些现代自由主义思想家有力论证了领导概念本身,至少在国家层面上,是产生上述问题的根本原因。反全球化抗议者对此也深为不满,哪里胆敢举办"各国首脑"峰会,哪里就有他们的身影。他们坚持认为,假如人类能够以其他方式,而不是一个人对一百个人行使绝对权力的方式组织起来,世界将会更加美好。就像纯粹的马克思主义者相信资本主义由于内在矛盾产生内爆后,国家将会"逐渐消亡"一样，皮埃尔·蒲鲁东（Pierre Proudhon）、米哈伊尔·巴枯宁（Mikhail Bakunin）等无政府主义者认为，终有一天，我们将完全不再需要政治领导。尽管二战后，尤其是二十世纪六七十年代，这个说法得到了一些人的认可，但目前看来仍属空想。

稍微观察下现代社会，我们就会发现，如今"世界领袖"，比1945年后任何时期都更加无所不在、光彩夺目。领导人在大众想象中成了各自国家的化身，即便在欧洲一体化时代，欧洲各国首脑得到的公众关注也比三十年前预测的还要高。重要性与日俱增，即便没给国家首脑带来越来越大的实权，其影响近期内也没有削弱的迹象。这主要仰赖以指数级速度增长和渗透的信息科技，让更大范围、更多数量的人口能够以更快的速度获得社会资讯。作为自己国家的首要代言人，世界领袖充分利用了信息科技的发展，提升他所领导团体的形象。

然而，传媒和信息革命不意味着我们能更加清晰透彻地了解时事，展开讨论，而意味着我们更加茫然无措，只能将越来越多的决定权交给领导人。2002年印巴克什米尔冲突最后演变成了世界媒体在印度总理瓦杰帕伊（Vajpayee）和巴基斯坦总统穆沙拉夫（Musharref）之间寻求平衡，奥萨马·本·拉登是死是活成了比从塔利班手中解放阿富汗更有新闻价值的事件。1780年辉格党议员约翰·邓宁（John Dunning）向下议院提议，"由于国王的影响力已经并仍在扩大，应该制止"。当今各国首脑也是如此。

媒体把政治化繁就简，其中最简单的呈现方式无疑就是让人们把注意力集中到单个领导的性格品质，或对立双方领导的性格品质上。这为领导人频频走进千家万户的日常生活创造了条件。全民公投制度需要候选人吸引每一位选民，至少是那些可能投票的选民，受到各位政客鼎力支持的巡回演讲为了迎合大多数人的知识水平，总体演讲水平不可避免越来越低。

1852年威廉·格莱斯顿（William Gladstone）凭借三寸不烂之舌，驳倒了本杰明·迪斯雷利（Benjamin Disraeli）（以及整个由保守党组成的财政部）的赤字财政预算。以下是格莱斯顿总结陈词中的一句话。

> 回顾往事,我非常懊悔,当年我也曾在政府位居高职,因此,我觉得我有义务,利用我的言论自由,冒昧告知各位,该政府财经计划,其制定原则存在极大漏洞,并具极大破坏性,如果您投出赞成票,把您的至高权力托付给这个计划——当然您可以拒绝我的提议——您就是同尊敬的迪斯雷利先生站在了一起;不过,该次投票产生的恶果早晚都会暴露,我相信终有一天,您回首这次投票,将懊悔不迭,然而,懊悔将于事无补。[5]

这可能是格莱斯顿这位老前辈作品中最长的句子之一,不过您能想象现代政治中哪个政客如此说话吗?没有谓语动词的三词句、侮辱听众智商的精句摘引、出自足球或肥皂剧的流行语,构成了现代政客的演讲艺术。

即便个别政治家本身智慧超群、出口成章,由于教育水准下降,选民理解水平降低,经典政治词汇,包括大量引用文学和古代典故的演讲手法,也已与当今时代格格不入。伟大的辉格党律师兼政治家布鲁厄姆勋爵(Lord Brougham)说:"教育让一个民族便于领导,难以激励;便于管理,难于奴役。"如果反过来说也对的话,想象未来的选民若没有教育,真让人不寒而栗。

以上不是简单反动的自命不凡——我没有要和迪斯雷利(Disraeli)《年轻的一代》(Coningsby)中,认为"替前朝和被开除军籍的贵族复仇"义不容辞的豌豆公主一拼高下的愿望,然而格莱斯顿、迪斯雷利、罗斯伯里(Rosebery)、贝尔福(Balfour)、索尔兹伯里勋爵(Lord Salisbury)都认为政治能起到提升整个民族的作用,因此他们殚精竭虑通过自己的演讲说服大众、教育大众。今天,没几个政治领袖认为自己的演讲需要承担同样的道德义务。即便有,也难免会显得自命清高。

正如亚里士多德预测的那样,和民主伴随而生的还有蛊惑人心的宣传。哪个政府如果号称自己的民主政权十全十美,那这就是世上最厚颜无耻的政府,因为这样的政府不承认他们的领袖——人民——也会犯错。旧寡头政治下,无法想象如今人们能把社会问题一味地归咎为领导无方，然而这种思维模式暴露了潜意识中，我们认为国家首脑无所不能，甚至能改变人性。如此荒谬的想法在首相和大众见面时体现得淋漓尽致。托尼·布莱尔（Tony Blair）在这样的会面中，就被频繁要求完成以前主教通过祈祷祈求上帝或者圣人实施神迹才能完成的任务。19世纪60年代，索尔兹伯里勋爵在《星期六评论周报》（Saturday Review）的一篇文章中说，议会轻而易举就能通过法律，要求人们为人和善，或者禁止地球产生重力，防止擦窗户的人坠楼，但是能有什么效果呢？

大选清晰地体现了现代政治领导在和平年代的样子。彼时，众生丑态百出，让任何残存一点自尊自爱之人都会深感不齿。1992年英国大选更是这方面的"巅峰之作"，双方辩论的话题最终成了狗咬狗的互相指控，反对党指控政府让人民"倒双倍霉"地进行增税，政府则指责反对党扯谎。

马克斯·比尔博姆（Max Beerbohm）爵士会怎么看待这件事呢？1943年在瑞德讲座上谈到利顿·斯特雷奇（Lytton Strachey）的时候，他说："有人认为，这将是普通人的世纪。我则希望2000年1月1日清晨，人类摘掉手上的镣铐，从跪着的地上直起身来，寻找不同的也许更加理性的信仰。"今天，2000年已经成了过眼云烟，然而，我们仍然跪在地上，并没有发生翻天覆地的变化。假如弗朗西斯·福山（Francis Fukuyama）的《历史的终结及最后之人》（The End of History and the Last Man）预言准确，社会民主将永久成为全世界的主要政权形式，那么整个社会就还是跪在那里，永远没有站起来那一天。

1901年丘吉尔在下议院谈军队预算的时候，发出警告说，"民族之间的战争比国王之间的战争更加可怕"。《萨伏罗拉》（Savrola）中，丘吉尔写道："民主社会，即便人民激动不已，通常也不会意气用事。"[6]作为民主的杰出倡导者，1947年11月一个雾气蒙蒙的下午，丘吉尔再次强调了这个问题的重要性。当时，他正在乡下查特韦尔的画室作画，突然做了一个关于父亲的长长的白日梦。据他亲笔记载，这个白日梦更像是个幻象："突然，我产生了一种异样的感觉。我手里端着调色板，转过头来，看见父亲坐在一把红色垂直靠背皮扶手椅上。"父亲实际已在五十二年前去世了。在两人的"对话"中,丘吉尔告诉父亲,这位当时所谓的保守党民主奠基人:"民主已经实现,所以,现在除了战争我们一无所有。"⁷

历史上,民主政府发动过最为血腥惨烈的战争,其中有些还以民主的名义发动,比如越南战争和海湾战争。当一个国家为了理想而不是为了一块像西里西亚、阿尔萨斯-洛林这样的具体领土交战,和谈几乎没有余地。民主战争常常上演生死对决;作为一种现代世俗宗教,民主要求对方无条件顺从。就像1562—1595年,法国历经八次宗教战争,一定拼个你死我活一样。二战中人们坚持要求德国无条件投降,遵循的是同一逻辑。在此之前,18世纪,仅限于王朝内部事务的战争,多以占领某省并签订和平协定告终。丘吉尔认识到这一问题,1944年5月他对下议院说:"一个将你打倒在地的人和一个不理睬你的人,有着天壤之别。"这才避免了与佛朗哥统治下的西班牙陷入战争。假如1946—1989年的冷战升级为超级大国之间的热战,十有八九,不造成巨大破坏不会收手,因为正如索尔兹伯里勋爵指出的那样,民主和好战的基督教一样,遇到抵抗不是你死就是我活,没有中间道路。

现代领导范式

13世纪锡耶纳教士圣贝肋格灵(St Peregrino Laziosi)是重病者的主保圣人,按理说他也应该监管非选举产生的公共关系任命的增加,在英国,这些机构主要负责监督政府,确保政府首脑与民众之间保持尽量远的距离。在特罗洛普(Trollope)的《首相》(*The Prime Minister*)中,沃顿先生是个"早期的托利党员,他憎恶妥协,内心深处对将政治看作一项职业而非宗教信仰的政客深恶痛绝"。今天,英、美首脑无论来自哪个党派,越来越把政治当作一项职业,而非打心眼里认同这是自己应尽的公共义务,他们越来越无所"忌惮"。

现代政治家几乎不可能因为原则问题或者行为不端辞职,因为一旦辞职,他们便无处可去。这个趋势对领袖素质整体提升有百害而无一利。1954年7月,丘吉尔和平时期政府农业部部长托马斯·达格代尔(Thomas Dugdale)爵士,由于克里切尔高地丑闻,在没有任何人要求的情况下,毅然辞职,回到郡中谋职,几乎没再回望他断绝的仕途。今天,除非到了解聘的边缘,不然各位部长绝不会主动辞职。这是政治上最没教育意义的一景,进一步削弱了领袖在公众心中的地位。

然而,这并非是说过去的领导不如现在的野心勃勃。英国首相罗斯伯里勋爵给朋友兼政敌伦道夫·丘吉尔勋爵写了一本传记,其中写道:"眼睁睁望着周遭之人蒸蒸日上、平步青云,还能不急不躁的野心家比黑天鹅更难得一见。"[8]我只想说过去的领袖善于审时度势,如今像大卫·梅勒(David Mellor)和斯蒂芬·拜尔斯(Stephen Byers)这样的政客根本不懂进退,一旦占了位置就死乞白赖、绝不撒手,其他政客,尤其是同党派政客,看在眼里,却幸灾乐祸,惹人生厌。

长久以来,政客们的工作让他们名利双收,完全不顾可能带来的社会影响。1834年7月,墨尔本勋爵(Lord Melbourne)正在考虑是否接受国王威廉四世任命的首相一职,一向心直口快的私人秘书汤姆·扬(Tom Young)大声说:"哎,可恶,希腊人和罗马人可从没当过什么首相?如果就当三个月,英国首相还值得一试。""上帝啊,说得没错,"墨尔本勋爵回答,"我愿接受任命。"说到做到,最终,墨尔本勋爵整整做了六年零两百五十五天首相。只要像墨尔本勋爵那样具备相应的天赋,领袖野心勃勃本身不是件坏事。然而,前保守党财务主任阿利斯泰尔·麦卡尔平(Alistair McAlpine)发现,约翰·梅杰(John Major)的保守党里"过于雄心勃勃的人既没感情也没原则"。

约翰·阿代尔(John Adair)是世界上首位研究领导力的教授,他认为天时和地利对领导力必不可少。他说:"和平时期在卢森堡想做个伟大领袖难于登天。"拿破仑需要雅各宾派的恐怖统治,恺撒需要高卢战争,丘吉尔需要纳粹才达到了他们各自伟大的高度。(但我们要说,即便丘吉尔在1940年4月当首相之前就逝世了,他仍会在20世纪政坛享有重要一席。)A.N.威尔逊(A. N. Wilson)在《兰皮特编年史》(*Lampitt Chronicles*)中强调历史机遇的重要性,他纵观自己虚度的年华说:"我一无所成:苏伊士运河危机之后,就没了任何成就,即便我具备大英帝国老一辈先驱那样的高尚道德,又有何用?"[9] 以诺·鲍威尔(Enoch Powell)充分表达了自己的政治虚无主义思想,称苏伊士运河危机之后,大英帝国已经没有存在的意义,用英联邦替代根本逻辑不通。

1927年,美国记者海伍德·布龙(Heywood Broun)写道:"所有坚定的信仰,都始于异想天开的一念之间;所有解放者,都始于和常人格格不入的怪胎;伟大的领袖,则始于起初的狂热分子。"[10] 领袖可能生不逢时,如果出现太早,时机尚未成熟,无论具有多大的领袖魅力,多么能激励人心,也会被时代遗忘。领袖需要"施洗者约翰"般的先行人铺路,先行人的作用比他们自己、他们的支持者以及历史所承认的重要得多。奥利弗·克伦威尔(Oliver Cromwell)不能没有约翰·皮姆(John Pym);佛朗哥将军(General Franco)不能没有莫拉将军(General Mola);贾迈勒·阿卜杜勒·纳赛尔(Carnal Abdel Nasser)不能没有纳吉布将军(General Neguib);罗纳德·里根(Ronald Reagan)不能没有巴里·戈德华特(Barry Goldwater);托尼·布莱尔鸿运当头,千载难逢,竟然有尼尔·金诺克(Neil Kinnock)和约翰·史密斯(John Smith)两个先行人,为他一路披荆斩棘。

先行人通常任务艰巨。他们鲜有人得到相应的认可。桑顿·怀尔德(Thornton Wilder)《圣陆雷大桥》(*The Bridge of San Luis Rey*)中的皮拉尔女修道院院长,"执着于一个领先于时代的信念,任凭生命被消磨殆尽"。通常先行人并非来自政界,而是来自知识界,他们为潜在的领袖提供思想给养,帮助他们说话做事皆能开世界之先河。比如,玛格丽特·撒切尔(Margaret Thatcher)需要弗里德里希·冯·哈耶克(Friedrich von Hayek)、米尔顿·弗里德曼(Milton Friedman)、基思·约瑟夫爵士(Sir Keith Joseph)、以诺·鲍威尔的经济学主张得到广泛传播,才能在20世纪80年代大规模实施自由市场经济改革。撒切尔大大方方承认自己的改革得益于上述知识分子,然而,更多时候,领袖们更乐于将一切主意都归功到自己名下。正如海涅（Heine）《论德国宗教史和哲学》（On the History of Religion and Philosophy）中宣称的那样："请注意，高傲的行动派们。你们只是思想家的长工……马克西米连·罗伯斯庇尔（Maximilian Robespierre）不过是让-雅克·卢梭（Jean-Jacques Rousseau）的长工，用染血的双手从时间的子宫中取出卢梭早已创造好的婴儿。"希特勒和丘吉尔都没有给自己铺路的先行人，他们不是任何人潜意识的长工。

希特勒与丘吉尔：对后世的长远影响

为了衡量二战对我们产生的持续影响，2000年3月，我随机抽取了两个星期的报纸，将所有与那场历时六年、五十五年前结束的战争的相关报道剪辑出来。在为时两周的搜集中，以色列公开了阿道夫·艾希曼（Adolf Eichmann）的日记；在戴维·欧文（David Irving）诉黛博拉·利普斯塔特（Deborah Lipstadt）和企鹅出版集团关于大屠杀的诽谤案中，法庭对控辩双方进行了最后一轮证据听证；差点成为奥地利元首的约尔格·海德尔（Jörg Haider）尽管十分不情愿，终于还是出言谴责希特勒，说他是20世纪最邪恶的人，之前他觉得丘吉尔才配得上这个称号。有人提议在特拉法尔加广场始终空着的第四基座上，放一尊复合材料制成的"战争中的女性"；有人提出索赔，要求纳粹归还或赔偿他们掳掠的价值高达八亿到二十五亿英镑的艺术品；九十七岁的莱尼·里芬斯塔尔（Leni Riefenstahl）在苏丹一次直升机失事中幸免于难；朱迪·福斯特（Jodie Foster）将在一部讲述里芬斯塔尔一生经历的电影中扮演女主角；1939年希特勒用于国会演讲的手迹拍出了一点一八万英镑的高价；被谋杀的黑人青少年斯蒂芬·劳伦斯（Stephen Lawrence）的父亲内维尔·劳伦斯（Neville Lawrence）说英国年轻黑人的经历堪比安妮·弗兰克①（Anne Frank）

---

① 安妮用荷兰文在十三岁生日礼物日记本写下了从1942年6月12日到1944年8月1日安妮亲历二战的日记，成了第二次世界大战期间纳粹德国灭绝犹太人的著名见证；安妮一家被捕后，日记被梅普·吉斯发现并保存下来，二战之后的1952年英译本改名为《安妮日记》，成为全世界发行量最大的图书之一。

的悲惨遭遇；一名化装成希特勒的男子企图闯入维也纳歌剧院而遭逮捕；其间还刊登了两则精美的死亡讣告，一则是哈罗德·霍布迪（Harold Hobday）的，他曾用弹跳炸弹炸开埃德尔大坝，一则是皇家空军军官多米尼克·布鲁斯（Dominic Bruce）的，他曾至少十七次试图从德国战俘营逃脱（包括科尔迪茨战俘营）；王母太后与温莎公爵和公爵夫人的战时通信引起媒体极大关注；德国党卫队将军沃尔特·许内勒贝格（Walter Schellenberg）的1940年入侵英国计划，以及两千八百二十人的计划逮捕名单出版。即便已经过去了半个多世纪，二战仍然几乎每天登上报纸头条。对英国士兵来讲，二战也远远没有结束。

部分原因是1939—1945年，尤其1940年6月到1941年6月之间发生的事情，触及了英国自我认知为一个国家的核心问题，无论对于左翼还是右翼，都具极大吸引力。对右翼来讲，尽管有整个大英帝国和英联邦作为后盾，也有盟国希腊支持，这三百八十六天我们"独自战斗"的日子揭示了主权国家的终极表达，同时证明国家独立至关重要。对于左翼，这些日子代表了以丘吉尔所谓的"大联合政府"（包括克莱门特·艾德礼[Clement Attlee]的工党在内）为代表的民主从观念上压倒了法西斯，而不仅仅是德国和意大利这样的具体国家。迈克尔·富特（Michael Foot）曾说，1940年作为一个象征符号，散发出无穷的力量，右翼远没有实力可以独吞，正因为无论左翼还是右翼，都从这三百八十六天汲取了宝贵的精神食粮，所以这一年才变成了奇迹之年，像图腾般为我们提供取之不尽用之不竭的思想源泉。正如《泰晤士报》1990年6月5日发表的社论所说："不少国家庆祝独立日，或者有推翻旧专制政权的日子。英国却不然，我们没有自己的国庆日，我们纪念的是一年……凡是了解英国之人应该不难理解1940年成为具有象征意义的一年。"

在东非有个部落，部落巫医的主要职责就是预测在特定情况下，以前某个伟大部落领袖会如何行事，对于英国应该以何种程度融入欧盟，各执一词的辩论双方都从丘吉尔那里撷取了大量灵感。迈克尔·赫塞尔廷（Michael Heseltine）喜欢引用丘吉尔作为支持欧洲一体化的例子,不过他没说丘吉尔并不希望英国参加。爱德华·希思爵士(Sir Edward Heath)也喜欢回顾往事,认为如果要防止类似他打过的二战这样的战争,欧洲需要结盟。同样,反对欧洲一体化的人,比如都有二战丧父经历的比尔·卡什(Bill Cash)议员和历史学家诺曼·斯通(Norman Stone),总是强调英国在二战中不甘情不愿地加入欧盟所产生的一系列恶果。

想理解英国人为什么那么以国家为傲,必须回到1940—1941年。英国的确在多方面鹤立鸡群,但总有其他国家在同一领域更胜一筹。我们以英国为荣,仅仅因为我们有盛大的庆典、赛车运动和流行音乐业,远远不够,说英国创立了国民健康保险制度更站不住脚,因为德国全国医疗保险制度比英国出现得早得多。我们更为自豪的,对很多人来讲,就是六十多年前参与的那场战争。和其他世界强国不同,除了德国入侵波兰最初的两天,大英帝国最开始就是参战国,直到标志二战结束的对日战争胜利日。打赢这场战争绝对让我们有充足的理由为英国自豪。

战争年代起到的感情宣泄作用之大,使之后任何事件都显得相形见绌,二战后的英国难免成了后英雄时代,20世纪70年代的哈罗德·威尔逊(Harold Wilson)、爱德华·希思、杰里米·索普(Jeremy Thorpe)时的英国完全无法与40年代早期丘吉尔、艾登、蒙哥马利时代的辉煌和传奇同日而语。二战后,英国接连遭受打击,大英帝国解体、英镑周期性贬值、来自亚非英联邦国家的移民大规模涌入、苏伊士运河危机、向世界货币基金组织求援、利兰汽车公司劳资纠纷、1978—1979年"不满的冬天"大规模工人罢工事件。然而,无论遭受什么重创,每当想起1940—1941年,我们都能找到一丝慰藉,认识到英国仍然是一个伟大的国家。

别国也有各自的黄金时代,也曾屹立在历史的聚光灯下。婴儿潮一代的悲哀在于前一代人的黄金时代刚刚逝去,一想到无论怎么努力,也无法重返那个英雄辈出的光辉年代,许多人开始陷入虚无主义。希腊人有5世纪的雅典、法国人有凯旋门(尽管是为庆祝胜利而修建,最终拿破仑并没有打赢俄奥联军),美国人有他们的国父,蒙古人有成吉思汗,回顾起先人取得的辉煌成就,总能让他们激动不已,因此英国人也不应该把过去抛诸脑后,就像T.S.艾略特(T. S. Eliot)1941年在诗《小吉丁》中写的那样:"历史就是现在和英格兰。"

参与战争的人已随风而逝,但是人们对战争的兴趣不会消减,就像帕特农神庙、拿破仑或美国宪法,都不会因为他们的缔造者的逝去而淡出人们视线一样。二战老兵会在21世纪前25年相继离世,但我们对他们的兴趣和对他们取得的成就的敬仰之情不会随着他们的离世而消失。即便所有亲历者都离开,若干年后,我们的子孙后代也将把1939—1945年的人物、事件、教训牢记心头。重启停战日两分钟默哀是对二战的致敬,表明人们对二战历史热忱不减。每当我被请到学校开设以二战为题的讲座,总有老师反复告诉我,二战是他们学生最感兴趣的历史时期。

有人认为英国过度沉溺于二战,极其幼稚,甚至会阻碍我们成长为正常的欧洲国家。他们说除了足球流氓在足球赛上唱响排外歌曲《轰炸鲁尔水坝进行曲》,揭开往日伤疤之外,二战伤害早已痊愈。2000年3月,我搜集的两个星期内与二战相关的新闻标题应该能证明,伤疤远远没有愈合。T.S.艾略特在诗中说:"我们和已死了的一起诞生:看,他们归来,带着我们一同归来。"无论瑞士银行被犹太人起诉,要求赔偿,还是美国科伦拜高中学生崇拜希特勒,大开杀戒,抑或是《辛德勒的名单》、《拯救大兵瑞恩》收获高票房,二战的余音都将不断回荡在这个世界,呈现方式也许还会超出我们今日的想象。

二战中导致盟军胜利、德军失败的因素多种多样:其中,人数众多、装备先进尤其值得一提。不过希特勒和丘吉尔的领导技巧也举足轻重,1939—1945年他们领导功过得失的经验教训,时至今日,在我们陷入没有那么严峻的困境中时,仍然可以提供借鉴。希特勒用什么鬼点子迷惑了整个德国?如果今天我们能一眼看穿希特勒的诡计,为什么当时的德国人做不到?为什么希特勒的劲敌,丘吉尔发出的警告没人理睬?丘吉尔曾准确预言希特勒的每一步行动,几乎次次言中,这种远见卓识是领导力的精华所在。和希特勒不同,丘吉尔从一出生就接受了行使领导力的教育和训练,直到差一点儿误事他才得到大家的信任。为什么大家一开始不信任他呢?

我相信,我们有必要理解领导力的运行机制、执行及滥用的方式。我们需要了解优秀领导应该具备的素质。同时,既然潜在领导会利用各种技巧获得大众信任和支持,我们就需要慧眼识人。我们还需要知道如何分辨潜在的希特勒式领导,因为可以肯定:下一次,他们不会穿马靴、戴袖章,主动暴露身份。

1 1939年之前的丘吉尔和希特勒

> "你知道,我看似凶狠冷酷,不过我只对希特勒一个人这样。"
>
> ——丘吉尔和新任私人秘书约翰·马丁的谈话

以下是大家耳熟能详的电影桥段,20世纪30年代,第三帝国期间,希特勒所到之处,马路两旁人山人海,大家喜笑颜开欢迎元首大驾光临。这些普通老百姓当然并非自发而来,不过他们满脸洋溢的崇拜之情确实是油然而生。那么问题是,这个留着怪模怪样小胡子、生就一副破锣嗓、眼神空洞、相貌平平的希特勒,怎么能让人们着魔似的为他前仆后继呢?

阿道夫·希特勒能让聪明人暂时丧失大脑理智判断这个现象,在宗教之外,达到这种程度十分罕见。德国国防部长、陆军元帅维尔纳·冯·勃洛姆堡(Werner von Blomberg)曾说自己要是得个普通感冒,只要元首热情诚挚地和他握个手,感冒立即无药自愈。另外一位陆军元帅赫尔曼·戈林(Hermann Göring)曾说:"假如希特勒说你是个娘们儿,准保你走出大楼的时候确信不移你就是个娘们儿。"有头脑有智慧的人,不论男女,喝了希特勒迷魂汤的事例不胜枚举。希特勒的一名高级军事参谋瓦尔特·瓦利蒙特(Walter Warlimont)将军回忆说:"就连大战区司令官到总部演讲或汇报,希特勒也能在气势上胜人一筹。"[1]

相比之下,丘吉尔似乎从来没能对谁产生过这种几近神秘的个人力量。那么,希特勒怎么能超越丘吉尔令人如此心生敬畏、顶礼膜拜呢?而又是为什么丘吉尔最终证明,作为领袖,自己棋高一着呢?希特勒和丘吉尔成为领导的秘密是什么?他们靠什么法宝,获得千百万人的拥护爱戴呢?

到目前为止,人们已经尝试了从多个角度展现希特勒和丘吉尔的相似之处。研究丘吉尔家族的历史学家约翰·皮尔逊(John Pearson)说:

> 丘吉尔和阿道夫·希特勒相似之处多到说起来让人不安。事业上,他们都冷酷无情,迷恋军权,受到强烈个人使命感的驱使。他们都自学成才,具有强烈的民族主义和越挫越勇的精神。性格上两人都极端利己,口若悬河,善于表演,游刃有余地控制那些被他们的言语施法的追随者。他们都喜欢通过绘画、若有所思的独白以及夜间放映自己喜欢的电影来放松。他们各自的自传式作品——丘吉尔的小说《萨伏罗拉》和希特勒的《我的奋斗》——所勾勒出的理想中通往权力的道路竟然如出一辙,匪夷所思。[2]

不幸的是,尽管这段话中不乏真知灼见,作者的结论却让人不敢苟同,他声称丘吉尔本有可能在自己通往权力的道路上成为希特勒第二。要说丘吉尔,一路蹚着政敌的血才当上首相,纯属胡编乱造。不只希特勒和丘吉尔,大多数强有力的领袖都"自私自利""对敌人毫不留情"。不同之处在于,丘吉尔靠唇枪舌剑力辩群雄,赢得了国会选举。希特勒则不是利用"长刀之夜"这样的伎俩血洗异己,就是将政敌送往达豪或者其他什么集中营。即便20世纪20年代英国国内遭遇了跟德国一模一样的紧张局势,此类卑劣手段,也从未在丘吉尔的考虑之列。1940年丘吉尔的确依照《国防法规18B》不经审判监押了不少英国人,不过他始终觉得这事,用他自己的话说,"令人痛心疾首",在时机成熟之际,他尽早将他们释放回家。丘吉尔只将枪炮对准入侵英伦三岛的德国侵略者,而非本国平民。

毋庸置疑,我们能深刻感受到丘吉尔强烈的民族主义精神,以往研究对此做了详尽阐述。有别于希特勒,丘吉尔的民族主义精神,不偏执凶残,也不引人憎恶。说话时,丘吉尔不会自顾自滔滔不绝,他更长于开展对话,巧妙应答。希特勒喜爱从不质疑、全盘接受、把自己当偶像崇拜的听众,但丘吉尔很快就会厌倦这种人。至于说丘吉尔迷恋武力,那只限于战时,不巧的是人类历史上最惨烈的两次战争都发生在他在政府任职期间。和平年代,丘吉尔致力于改善民生,将禁止矿产企业雇佣十四岁以下男童写入法律,引入了国民保险制度,让所有工人获得了每周休息一个下午的权利。在艺术追求上,丘吉尔画画的目的是消遣娱乐,希特勒则是为了谋生,一旦没有了生计的压力,希特勒就将画笔束之高阁。

皮尔逊曾将丘吉尔的《萨伏罗拉》与希特勒的《我的奋斗》相提并论,真是荒诞不经。《我的奋斗》描绘的是纳粹德国在东方拓展生存空间的蓝图,是为雅利安民族优于斯拉夫民族的荒谬观点著书立说。《萨伏罗拉》则是个轻松的爱情闹剧,讲述欧洲某个拉丁共和国的弹丸之地,总统之妻与故事中的另一位主人公反对派领袖发生的婚外恋情。《萨伏罗拉》写于 1897 年,1900 年出版,书中的确含有少量提及政治之处,包括建立在新达尔文主义基础上,反映当时包括丘吉尔在内普通大众信奉的人种改良思潮的国家适者生存思想,不过除了这一点,该书与《我的奋斗》再无相似之处。小说根本没有勾勒丘吉尔通往权力之路的自述性计划,主人公萨伏罗拉主张对独裁者穆拉若实行绥靖政策,大革命爆发后他离开祖国,直到小说后记中每个人从此过上了幸福生活时,才开始在劳若尼亚掌控国家权力。

和《我的奋斗》不同,《萨伏罗拉》没有获得商业上的成功,正如丘吉尔坦言:"我一再告诉我的朋友们千万不要阅读这本小说。"原因显而易见,小说情节有些荒诞,人物刻画不够丰满,语言乏善可陈。小说以国难当头,人心涣散,人民屈服在征服者的铁蹄之下开场,接着国家危机四伏,爱国的女主角与英雄一见倾心,时机到了,"爱情和战争中一切都是公平的"。此外,小说中充斥着人们能想得到的那个时期的政治性错误言论,比如写埃塞俄比亚的国王生就"一张黝黑但活泼没有生气"的脸,女人的命运是"让位与屈服",对于书中唯一一个工人阶层小人物,作者说我们"无需再浪费笔墨,因为历史没有给这等人留下一席之地"。又如三十二岁的主人公萨伏罗拉,是个哲学家、业余占星师、政客,不是为了广大人民利益,而是为了实现个人野心走上从政之路。

希特勒和丘吉尔性格脾气迥然不同。丘吉尔是个享乐主义的大胃王。比如,1943年,坐玛丽皇后豪华游轮参加魁北克会议途中,丘吉尔吃的一餐包括"牡蛎、清炖肉汤、大菱鲆、烤火鸡、罗马甜瓜冰激凌、斯提尔顿干酪、各色水果、花样小蛋糕,不胜枚举,佐餐的是香槟酒(1929年玛姆香槟),之后还喝了上好的莱茵白葡萄酒,外加1870年白兰地"。

下面让我们好好谈谈丘吉尔的饮酒问题。丘吉尔常说酒精对于他,利大于弊,这是喝酒之人的惯常托词。不过丘吉尔耄耋之年还体健如牛,说明这话并非言过其实。尽管希特勒坚信丘吉尔嗜酒如命、不可救药,然而我们掌握的证据说明并非如此。一次丘吉尔一边托病拒绝递给他的一杯茶,一边声称:"医生吩咐我早晚餐之间只限饮用酒精饮料。"他在自传《我的早年生活》(My Early Life)中写道:"小时候我就被教导醉酒者鄙。"丘吉尔的朋友弗雷德里克·林德曼(Frederick Lindemann)教授曾经做过一个统计,他说丘吉尔一生中喝过的香槟酒能填满半个火车车厢,不过林德曼教授自己喝下这么多酒,只用了半个世纪。³(林德曼教授可以称之为我们今天所谓政治不正确的大师,他曾问一位公务员:"消除饥饿这个愚蠢的提议是个什么东西?")

历史学家戴维·欧文(David Irving)在他长达几卷的《丘吉尔传》中指责丘吉尔嗜酒如命,这完全照搬了纳粹的宣传口号,假如纳粹赢得了二战,他们肯定会写同样一部书,颂扬仇恨。幸运的是,欧文先生书中自相矛盾,已然证明这是个不实的指控。书中写1941年8月一个周末,在首相的乡间别墅契克斯庄园(除了波尔多红酒外)的酒水有两瓶香槟、一瓶波尔图葡萄酒、半瓶白兰地、一瓶白葡萄酒、一瓶雪莉酒、两瓶威士忌,另外他给我们提供了来宾的数目。单单周日同丘吉尔一起就座共进午餐的就有霍雷希娅·西摩夫人、克兰伯恩勋爵和夫人、贝斯伯勒伯爵和夫人、"罗斯柴尔德家的一对夫妇"、一名英国皇家空军军官、(公认滴酒不沾的)加拿大首相威廉·莱昂·麦肯齐·金。一旦将列出的酒的数量除以这些人周末吃饭的顿数,然后再除以在场的家庭成员以及来宾数量(前面就至少九个),尤其是考虑到当时乡间别墅款待客人讲究排场是基本的礼仪,这些酒并不算多。[4]就欧文自己提供的数字看,除非能证明别墅里的招待酒水全被丘吉尔一人喝掉了,不然丘吉尔够不上酗酒。从为丘吉尔调过酒的几位私人秘书的陈述看,丘吉尔饮用白兰地以及威士忌,都喜欢加入大量水和苏打水把酒冲淡。

作家克莱夫·庞廷(Clive Ponting)抱怨丘吉尔和艾登 1940 年 11 月喝了一瓶价格不菲的 1865 年法国干邑白兰地,不过我们有权问一句:如果这两个为挽救人类文明而战的人不配享用上好的白兰地,那么还有谁配?庞廷为丘吉尔作的传记和他的另外一本著作《1940 年:传说与现实》(*1940: Myth and Reality*),完全否定了英国内外交困之际他所表现出的英勇行为,现在人们只记得他是一个如同约翰·贝杰曼(John Betjeman)诗歌《泥沼》("Slough")中的秃顶职员一样,"打着嗝,却不敢仰望星空",可谓自食其果。

相比之下,希特勒可以说——我们也有证据说——是个不吸烟的绝对的素食主义者。不过他并非完全滴酒不沾。1924 年"啤酒馆政变"之后,庭审席上,他提到偶尔会"为了解渴喝水或者喝啤酒"。巴伐利亚的霍尔兹克钦酿酒厂还专门为他生产过一种只有两度的黑啤。另外,二战期间希特勒曾指出短期内难以让人们改变饮食习惯,不过二战结束后他要"解决这个问题"。少酒而无胆固醇的可怕前景曾经就在胜利的彼岸朝雅利安民族招手。

希特勒私底下是个自命清高的素食主义者,一度害得素食主义蒙上恶名。20 世纪 20 年代,希特勒一个叫米米·赖特尔(Mimi Reiter)的朋友点了一份维也纳炸小牛排,他拉长脸不悦道:"天啊,赶紧吃吧,不过我不明白为什么你想吃这个。我想你不愿意吃一具死尸吧……死动物肉，就是尸体！"此外，他把肉汤称作"尸茶"，还常讲述一个自认为非常幽默的故事，说亲戚们把去世祖母的尸体扔进一条小溪，当诱饵捕获小龙虾作为晚餐。还有一次，他对一位正吃熏鳗鱼的朋友说用死猫喂鳗鱼，催肥效果最好。他还对正在享用乳猪的女士们说："对我来说，烤乳猪和烤婴儿没啥两样。"先不说希特勒待客粗鲁、比喻恶俗，单单他指责别人不道德地对待尸体和死亡这件事，真是纯粹的讽刺。

有一次赫里戈兰岛的渔民赠给希特勒一只龙虾，他却要下令禁止食用这种"丑陋昂贵"的生物，他也不想让别人见到他食用奢侈食物。上台后的最初几个月，他签署了至少三个不同法令，要求保护和善待动物。1936年1月，希特勒政府下令"必须通过快速放入沸水这种方法杀死螃蟹、龙虾以及其他甲壳类动物，如有可能，一次一只"。因为经过几番政府高级别讨论，官员们认为这是杀死甲壳类动物最人道的办法。

希特勒也钟爱鲟鱼鱼子酱，后来他才发现鲟鱼鱼子酱价格昂贵，同时觉得一个吃鱼子酱的领导人和他对自己的人设相悖，便开始只吃普通鱼子。丘吉尔对希特勒这种饮食习惯的人态度强硬。1940年7月他曾以备忘录的形式通知粮食部部长伍尔顿勋爵（Lord Woolton）说："几乎所有我认识的那些趋附健康饮食时尚的人，比如坚持食用坚果什么的，几无例外，个个早衰，英年早逝……强迫英国民众每天喝牛奶、吃燕麦、土豆之类，盛宴的时候再佐以少许柠檬汁，那英国必败。"

希特勒只擅长最极端的黑色幽默，直到生命的最后一刻他还是孑然一身，做不到在感情上向任何人许下承诺。相比之下，丘吉尔是个家庭型男人，富于同情心、机智幽默，有口皆碑。两人的艺术品味也大相径庭。希特勒熟悉古典音乐，尤其受到理查德·瓦格纳（Richard Wagner）作品的启发。丘吉尔则青睐军乐进行曲，吉尔伯特与沙利文（Gilbert and Sullivan）的歌剧，音乐厅里喜剧演员哈利·劳德（Harry Lauder）唱的歌，以及在哈罗公学里唱过、后来总是怀着柔情回忆起的歌曲等。丘吉尔夫人克莱门蒂的表姊妹戴安娜·莫斯利

(Diana Mosley)回忆说,自己小时候听过丘吉尔唱《女王的士兵》("Soldiers of the Queen")那类他年轻时候流行的歌曲,边唱还边用他修长白皙的手打着拍子。[5] 丘吉尔参加魁北克会议的时候,让好几名随从,包括一丝不苟的[外交部常务次长亚历山大爵士]卡多根合唱了好几首音乐厅演出过的老歌。[6] 诺埃尔·考沃德(Noel Coward)写的《私生活》(Private Lives)剧中曾打趣说廉价音乐有着不可估量的影响力,丘吉尔就是这个论断的最佳诠释。丘吉尔听不了像《让我们继续征程朝着最后的终点前行》("Keep Right on to the End of the Road")这样的歌曲,因为这些歌曲总让丘吉尔泪流满面。

丘吉尔是个泪点很低的人。不少现代领导人为了伪装真情实感,使出浑身解数。而丘吉尔颇具摄政时期领导人的风范,敢于正大光明展示情感。对于他,情难自已是家常便饭。如果乔治·W.布什或者托尼·布莱尔在反恐战争期间在大庭广众之下落泪哭泣,很可能会让不少人灰心丧气。但是,丘吉尔生来多泪,整个二战期间,不少时候,他都哭哭啼啼。"知道吧,我经常流泪,"丘吉尔对战后私人秘书安东尼·蒙塔古·布朗(Anthony Montague Browne)说,"你得习惯才行。"丘吉尔在圣詹姆斯布铎斯俱乐部望着阵亡将士名单发呆,泪眼婆娑。当时安东尼还手足无措,但很快便习以为常。丘吉尔早些年的私人秘书约翰勋爵("乔克")·科韦尔解释说,这是"丘吉尔与生俱来的性格品质和特征,他不怕真情流露"。

丘吉尔在以下场合都落过泪:闪电战期间,新闻说为了养活家里的金丝雀伦敦居民排起长队购买鸟食;《热血、辛劳、汗水和眼泪》演讲后;孙子受洗并取名温斯顿之日;在下议院针对法国海军在奥兰遭受攻击发表声明,人们放声欢呼那刻;1940年9月闪电战期间视察空袭过后的伦敦东区;美国来使哈利·霍普金斯(Harry Hopkins)结束访英;1941年6月听说法国沦陷后人民生活困苦[7];赶往普拉森舍湾途中观看亚历山大·柯尔达(Alexander Korda)导演的《汉密尔顿夫人》(That Hamilton Woman);在威尔士亲王号战列舰上参加宗教仪式[8];阿拉曼战役之后阅兵;收到1945年大选结果[9];1945年8月,约翰·弗里曼(John Freeman)回复国王致辞;伦敦爱尔伯特皇家音乐厅阿拉曼战役幸存者首次聚会,接见失明战士[10];斯塔福·克里普斯爵士(Sir Stafford Cripps)葬礼上,以及其他许许多多的场合。1952 年国王乔治六世逝世,温莎公爵参加葬礼,写信给夫人说,"希望在我起航之前能再见到哭鼻子小娃娃丘吉尔",信后补充道,"我在场的时候没人落泪,温斯顿是个例外,一如往常"。对于一名 19 世纪的贵族如此不能掩藏情感,很不符合英国人应有的做派,不过再之前的时代这倒十分常见,不爱流泪那就不是丘吉尔了。

安东尼·蒙塔古·布朗牺牲了个人在外交部的生涯,尽心尽责照顾丘吉尔,直到 1965 年 1 月丘吉尔去世。在肯辛顿市政厅为丘吉尔登记死亡的不是别人正是安东尼,死者职业一栏,他没勾选"退休",而选了"政治家"。盖棺前,丘吉尔宠爱的橘猫乔克跑入卧室,跳上棺材,觑了觑主人平静的脸庞,跳下棺材,再没进过卧室。国葬仪式中,蒙塔古·布朗是唯一跟丘吉尔家人一起行走在灵柩之后的人。据他现今回忆,当日国葬声势浩大,持续了大半天时间,他从牛津郡布莱登墓地返城途中,仍然沉浸在悲痛中,为(丘吉尔)生前也无力挽回的英国急转直下之势痛心疾首。他回到伦敦伊顿广场自己的公寓才发现家里招了窃贼。那一刻,呈现在他眼前的景象,与英国当时的遭遇何其相似。

尽管希特勒和丘吉尔两人的差别多得难以尽数,但作为领导人这方面,他们的相似之处却比我们想象的多。最关键的一点是二者为达到目的都具有超越常人的坚定决心,支持他们在长期的逆境和失败中矢志不渝。希特勒早年困顿不堪,没有一点发迹的征兆。1923 年啤酒馆政变夺权不成,惨遭失败,锒铛入狱,被关在臭名昭著的巴伐利亚兰茨贝格监狱,所幸并没有吃多大苦头。四十岁之前,阿道夫·希特勒可谓处处碰壁。20 世纪 20 年代,他的国家社会主义工人党(人称纳粹)根本不成气候。比如,1928 年选举,只获得了 2.6% 的选票。人们大都没有认真看待这个党,也没有认真看待希特勒本人,他们毫无政治前景这件事,可谓谢天谢地。

德国风云突变的那些年,希特勒的遭遇丘吉尔一清二楚。1937 年他在《当代伟人》(Great Contemporaries)一书中,加入了一篇自己

1935年的文章,文中说读希特勒的成长故事,让人肃然起敬,他英勇无畏、坚韧不拔、能量非凡,在"直指德国心脏的艰苦卓绝的斗争"中,藐视并挑战一切权威和阻碍其前进的反对派,最后不是战胜他们就是迫使他们妥协。(1941年此书重印,丘吉尔甚至保留了以上以及更多对希特勒的褒扬之词,足见其宽宏大量。)

与成功道路上逆境重重的希特勒相比,丘吉尔顺风顺水的生活差点注定他将度过毫无波澜的一生。丘吉尔从小住在布莱尼姆宫,英国政治金字塔的塔尖。到了上预科学校的年纪,他父亲伦道夫·丘吉尔爵士(Lord Randolph Churchill)已经高居英国财务大臣一职。相比之下,希特勒的爸爸只是个奥地利海关官员。丘吉尔显然有个更舒服的人生起点。十岁之前丘吉尔始终被视为祖父爵位的继承人。第一次世界大战开火之前,丘吉尔担任内务大臣,业绩骄人。一战打响后,丘吉尔登上了英国海军大臣的高位,亲自指挥加里波利战役,只是由于军事误判,加上运气不佳,一败涂地、损失惨重,不得不退出内阁,颜面尽失。丘吉尔夫人克莱门蒂说,自己一辈子也忘不了丈夫这次人生低谷遭受的折磨。据传,丘吉尔甚至有了结自己生命的打算。

最终,丘吉尔没有选择沉沦。政治已深入骨髓,他在教堂法衣室等候结婚登记的空隙,也不忘与劳合·乔治(Lloyd George)表述自己的政治见解,传递了他没有轻生打算这个事实。1924年丘吉尔自己也坐上了财政大臣的位置,五年后再次选择政治上成为在野党,从影子内阁辞职,开始了反对印度自治的长期艰苦卓绝但注定失败的斗争。其间,丘吉尔呼吁积极干预俄国内战,镇压英国1926年大罢工,但这些举措没为他的政治声誉增色,相反,在爱德华八世陷入退位危急关头,他支持国王的做法显得格格不入、自私自利。在大多数英国人心目中,他自行其是,像极了一个无可救药的反动派帝国主义战争贩子。结果丘吉尔在自己选区仅以3∶2的微弱优势保住了下次参选资格。长期以来,丘吉尔始终在诸多事情上提出警告,可惜人们对他德国空军规模空前、过于庞大的警示置若罔闻,没人相信他的话。小说《萨伏罗拉》里,就有对此现象的记述。丘吉尔描写劳若尼亚反穆拉若的报纸有这么一段："平时总是使用程度最强的字眼,待真有紧急事务,再也找不出合适的语言来表达……报纸上以往形象地把希特勒比作古罗马亡国皇帝'尼禄'和出卖耶稣的'犹大',这让大人物们乐开了怀,但事到如今却找不到一个程度更深的词儿来描绘。"[11]

20世纪30年代,丘吉尔除了短暂的几个月,始终落在潮流之后。作家克里斯托弗·赛克斯(Christopher Sykes)称他为"糟糕的遗老",就连丘吉尔自己的朋友加拿大报业巨头麦克斯·比弗布鲁克(Max Beaverbrook)也说他"虎落平阳"。1931年出过一本名为《温斯顿·丘吉尔的悲剧》(*The Tragedy of Winston Churchill*)的书。在这十载光阴里,丘吉尔大部分时间把自己关在肯特郡查特威尔的家里,不是画油画就是砌墙,要么就是在为伟大先祖第一代马尔博罗公爵约翰·丘吉尔书写传记。1937年保守党议员阿斯特子爵夫人(Lady Astor)访问斯大林,斯大林向她问起老政敌丘吉尔的政治前途,得到的回答是"已经没戏了",反映了当时大多数政治评论家对丘吉尔的看法。

像希特勒一样,丘吉尔始终恪守信念,最主要的一个原则是,让他拯救祖国是上帝的旨意。尽管饱受奚落、鲜有支持,丘吉尔还是持续不断地发出警告,让人们当心,纳粹进攻的威胁。早在1933年3月,丘吉尔就提醒人们纳粹德国"戾气升腾,战争气焰不断高涨"。希特勒当上元首,在位刚满两个月,丘吉尔就请人们注意"少数族裔在德国受到了残忍无情的对待,为了提升国力,德国已抛弃自由主义"。丘吉尔尤其强调德国空军迅速扩张,相比之下,英国皇家空军不堪一击。丘吉尔说一旦向伦敦投掷燃烧弹,将燃起"漫天大火",英国首相斯坦利·鲍德温(Stanley Baldwin)听了,抱怨丘吉尔杞人忧天。

以上问题产生的原因,部分源自丘吉尔不适合屈居人下。由于没有人尽其才,让他显得躁动不安、四处碰壁,这几乎误导了所有人去质疑他的领导才能。不过一部分与他共事的人却早已认识到他的才干。一战爆发,时任外交大臣的爱德华·格雷爵士(Sir Edward Grey)曾说:"丘吉尔宏图大略、有将相之谋,无须多日,必当首相。"丘吉尔行事果断的性格是国家领导人必备的重要能力,除了做群龙之首以外，他的性格不适合担当任何其他职位。丘吉尔精力充沛，富于使命感，知识丰富，屈居人下的时候，这些能力只能疏远自己的同僚和上级。1940年他入主唐宁街10号那天，许多上议院贵族惶惶不可终日。战时内阁官员伊恩·雅各布爵士（Sir Ian Jacob）多年后写道："人们当时还没有见识、同时也缺乏想象，没想到一个像发电机一样精力充沛的人在外围时只能产生呜呜的噪声，取得中心地位后会有多大的差异。"

尽管20世纪30年代丘吉尔对首相一职翘首以盼，后来他却十分庆幸没有过早得到升迁，不然他就无法和政府实施的绥靖政策脱离干系。他后来写道"这全归于神灵护佑"。终其一生，丘吉尔都坚信自己是命运女神选定之人，终将成就伟业，这也是他使命感的主要来源。一战的时候，有一次，丘吉尔前脚离开掩体，一个杀伤性爆破榴弹就落下将掩体炸得四分五裂。丘吉尔说他"强烈地感到在那千钧一发之际，有只手牵引我走出掩体"。丘吉尔绝非传统基督徒，但是他相信有某种主宰的存在，赋予他特殊使命，不过他在《萨伏罗拉》里谴责了此种想法，男主角对女主角说："我一直敬仰人们的无畏精神，竟然以为一种至高无上的力量应该将自己卑鄙无耻的未来事无巨细地写在天空之上，广而告之，他与谁婚配、他的人生遭遇、所犯罪恶，统统用太阳组成的字母熠熠生辉地写在广袤无垠的蓝天之上。我们皆是微不足道的原子……我的生命无足轻重，虽然我生命卑微，但我能进行哲学思考，失去思考的能力，我将没有这般快乐。"正如丘吉尔在别处写的那样，人皆虫蚁，只不过他认为自己是只发光的虫蚁。

1931年丘吉尔遭遇车祸，在穿过第五大街时被一名意大利裔美国人驾车撞倒，丘吉尔回忆说"我完全懵了……到处闪着强光，我无法睁开双眼……真想不通，我怎么没像一枚鸡蛋或者一只醋栗一样给碾个稀巴烂。"丘吉尔彼时可能无法参透，不过他隐约觉得自己受到命运女神垂青，担任着救英国于水火的大任。正因如此，丘吉尔不屈不挠，逮住时机就发出警告，告诉人们当心纳粹德国的好战情绪。（1944年丘吉尔曾幽默地反驳下议院唯一的共产党议员威利·加拉赫[Willie Gallacher]说:"十一年来我在议会形单影只,但我从不灰心,阁下您也是有希望的"。)

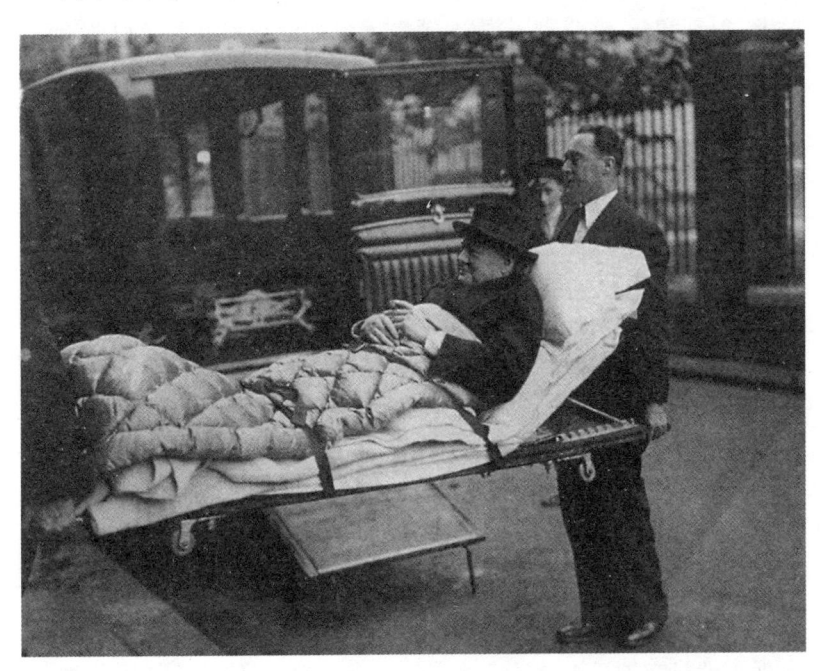

1932年10月,第五大街车祸发生后10个月,丘吉尔仍然没有完全康复,正被抬进他伦敦的家。

丘吉尔写过不下七百篇文章,涵盖冰水、玉米棒、墨索里尼、德国空军崛起等广泛题材,发表在从女性杂志《时尚》(*Cosmopolitan*)到严肃报纸《蓓尔美街报》(*Pall Mall Gazette*)等形形色色的刊物之上。有一篇关于先知摩西的文章,从中人们能一眼看出丘吉尔相信谁能领导英国民众走出困境。文中说:"先知必须受过文明洗礼,还必须走入蛮荒。先知要深刻了解社会的复杂性,以及此种复杂性的后果,先知须有隐世而居的经历,做过深入的思考。心灵炸弹就是这样造就的。"以上哲学思考直指丘吉尔自己。1932年该文发表,可以想象许多人肯定不以为然,认为他荒谬可笑。八年后,那枚炸弹——心灵炸弹,也包括真的炸弹——一经引爆,情势大改。假如丘吉尔当时有政治榜样的话,那应该是克里孟梭。在《当代伟人》中(毋庸讳言,这是一部半自传体著作),丘吉尔写道:"克里孟梭在自己的选区败北,狼狈卸任,饱受嘲讽侮辱,遭到残忍的骚扰和迫害。和平年代,一个公众人物受到如此对待,实属罕见。那些日子真是令人郁闷悲伤,曾经被踩在脚下的敌人开始在他头上作威作福!"不过,几年后的1917年,"克里孟梭终于出任法兰西事实上的独裁者,那时他年事已高却仍然壮志不已。克里孟梭凯旋的情形,如同当年马略重返罗马;尽管许多人顾虑重重,人们见了他,无一不心惊胆战。命运的安排,已经无法避免"。丘吉尔笔下,克里孟梭(丘吉尔也是在想象自己)一上任:"就像一头关在铁栅栏里的无比躁动的猛兽,一边踱来踱去,一边放声嘶吼,怒目圆睁,四周都是不惜一切代价阻碍他走上权力巅峰的人们,可是事已至此,这些人别无他法,只好听从他发号施令。"用这段话描述1940年5月英国保守党的情形,太活灵活现了。

丘吉尔的女儿玛丽·索姆斯(Mary Soames)一语中的地指出丘吉尔"潜意识中强烈相信有幸运女神的存在",不过她也指出丘吉尔"不是传统意义上的宗教徒,从不按时去教堂礼拜"[12]。丘吉尔信仰无所不能的神,但他很少公开对自己的神灵顶礼膜拜,这个神的首要任务似乎就是守护丘吉尔的身体安康。有一次,一位牧师拜访丘吉尔,恭维丘吉尔是"教会的中流砥柱"。丘吉尔回答说:"惭愧惭愧。我觉把我比喻成墙上的一道飞扶壁①更加贴切。"丘吉尔喜爱圣歌,和当时大部分保守派政治家一样,以英国国教徒身份示人,承认教会是社会的稳定器,赞赏教会在英国民族国家发展进程中的积极作用。此外,他还曾用布尔什维克的无神论在政治上与教会做过斗争。丘吉尔的朋友德斯蒙德·莫顿爵士(Sir Desmond Morton)说,丘吉尔"不认为耶稣是上帝……只承认耶稣是所有曾生活在地球上的人类中最优秀的一个"。丘吉尔尤其赞赏耶稣面对死亡展现出的大无畏精神,这是丘吉尔最为看重的人类品质。

---

① 飞扶壁,一种起支撑作用的建筑结构部件,凌空跨越下层附属空间连接到顶部高墙上肋架券的起脚部位。——译者注

丘吉尔1897年在印度写给母亲的家书上说："儿妄以为，上帝不可能造就如我一般的英才，又让我死在西北前线一个微不足道的小冲突里。"想想丘吉尔漫长一生多次与死神擦肩而过，不得不让人相信（这的确有点亵渎上帝）有双"隐形的翅膀"在天上守护。细细算下，如此跌宕起伏的人生，活到耄耋之年概率能有多少？下面我们就来看看那些险些要了丘吉尔性命的事件。丘吉尔母亲怀他的时候，有一天随身带了几杆猎枪，从布莱尼姆宫出来散步，结果中途跌了一跤，只好骑匹小马驹整路颠簸回到布莱尼姆宫，造成早产，生下了差两个月才足月的丘吉尔。当时，无论是伦敦的助产士还是这位助产士位于牛津的助手，都无法按时赶来接生。十一岁那年，丘吉尔在布莱顿上预科学校，患上肺炎，差点要了他的命。二战期间和战后，肺炎两度复发。根据丘吉尔之子伦道夫的记述，他父亲丘吉尔"一生磨难不断，1886年那次肺炎，丘吉尔与死神擦肩而过"。后来一次与死神失之交臂，完全是丘吉尔自己的责任。十八岁那年，丘吉尔和弟弟以及表亲在姑妈温伯恩公爵夫人靠近伯恩茅斯的宅邸追逐嬉戏时，从一座二十九英尺（约八点八米）高的桥上纵身跃下，落到坚硬的地面上，整整昏迷了三天三夜，造成一颗肾脏碎裂。丘吉尔回忆说："足有一年，我无法出门。"后来，丘吉尔又险些溺亡在日内瓦湖。

丘吉尔多次带领军队出征，见证过西班牙军队在古巴的军事行动、印度西北前线与马拉坎德野战军的战斗、恩图曼战役中的第二十一轻骑兵队。此外，他竟然还在布尔战争中被俘后从比勒陀利亚的战俘营逃脱。这些事迹都有详细记录。第十七/二十一轻骑兵队的座右铭"要么死，要么荣耀"，似乎恰如其分地概括了丘吉尔从1895到1900年这段时间的表现。丘吉尔这种看似挑战死神的行为并没有在他二十五六岁的时候终止。他甚至经历过一次空难，却大难不死。

因为一战加里波利战役中指挥不力，丘吉尔不得不从兰开斯特公爵郡大臣一位上辞职，开始担任驻法国皇家苏格兰毛瑟枪团第6营指挥官。不止一次，丘吉尔冒着德国杀伤性爆破榴弹的风险，视察战壕或者地下掩体，他前脚刚走，后面榴弹就落了下来，或者榴弹刚刚落下，他就来了。然而，盟军许多躲在自家城堡里纸上谈兵的高级军官却远离了冲突。

丘吉尔从来没出现在暗杀名单上——考虑到他曲折坎坷的人生,没有经历过暗杀真是令人称奇——不过闪电战中,他的确有过命悬一线的时候。当时他经常冒着枪林弹雨和随时可能落下的飞机残骸,爬上英国海军部大楼楼顶,视察空战情况。1940年9月,他爬上去一回,同月,一颗炸弹不偏不倚落在位于林荫道另一端的白金汉宫院子里。丘吉尔打猎,也接受过飞行训练,二战结束之前,和死神交手是家常便饭。丘吉尔称他的佑护神为自己的"保护人"和"人生向导"。只有相信自己为神所佑,一名领导才可能像丘吉尔这样不断挑战生命的极限。

历史学家保罗·艾迪生(Paul Addison)认为丘吉尔的精神信仰是他"勃勃野心、上古神话、宗教信仰残余三者混合的产物"。达达尼尔灾难①后的岁月里,丘吉尔如果用他的信仰帮助自己渡过难关,挺过那段令他怀疑人生、悲伤绝望的日子,这信仰无可指摘。不过,有关丘吉尔真正的宗教信仰,十分扑朔迷离。1950年6月在影子内阁一次会议上,丘吉尔提到"老人"前来协助,后来他解释说,那个词指的是上帝。然而,三年之后,丘吉尔中风,他跟医生们说自己并不相信灵魂不朽,也不相信死亡时"黑色的天鹅绒——长眠不醒"。半个世纪前他写《萨伏罗拉》的时候,就写过劳若尼亚总统濒死之际"闭上眼睛什么也没看见——一片虚空——只有黑夜、漆黑的夜"。[13]

丘吉尔的若干封通信表明,他似乎也不相信天堂。在一封一旦战死沙场准备留给夫人克莱门蒂的绝笔信中他写道:"不要过度伤心。我坚信,作为人,死亡微不足道,也并不是发生在我们身上最重要的事情……如果死后我们有地方可去,我必将在那里为你守候。"他的书《思索与历险》(Thoughts and Adventures, 1932)也提到:"进入天堂后,我打算把第一个一百万年大部分用于绘画,以探明绘画的真相。"

用丘吉尔自己的话来说,自己"缺乏宗教意识"——二十三岁的时候对英国国教完全丧失了信心,他心中滋生出一种近乎异教徒的

---

① 达达尼尔灾难,此处指加里波利战役。——译者注

信念,信仰命运和天数,让人回想起拿破仑。希特勒则不然。希特勒越来越觉得自己就是主宰万物的上帝,这和丘吉尔的信念格格不入(不过都够自我膨胀的)。如果有什么不同的话,那就是希特勒更加坚定不移地相信自己的宿命,认为自己就是命运的主导。在希特勒心中,自己当年在靠近德国边境的莱茵河畔的布劳瑙出生这件事,必然只可能是至高无上的"上帝"的安排,不亚于"天意"让他来到维也纳分享人民大众的苦楚;当然,和丘吉尔如出一辙,希特勒也称在第一次世界大战中有一双无形的手保护他安然度过战壕中的岁月,而他的伙伴们中有许多都丢了性命。

希特勒说,大难不死,肯定是冥冥之中的安排,这样的人必将肩负天下重任。1937年夏,希特勒认为自己完全不可能犯错,他说:"回顾前五年的工作,可以说,没有天意的安排只靠个人努力绝不可开创如今的大好局面。"跟德国民众说出下文这些话,这个人必定自我感觉好到举世无双:"千百万人中大家选择了我,这是时代的奇迹。同时我也选择了大家,天佑德意志。"希特勒导演的个人崇拜得到了纳粹党的支持:就拿将阿道夫·希特勒比作耶稣这件事,只有来自帕默瑞尼亚邦的德国党卫队师地区总队长舒尔茨持反对态度,原因是耶稣仅有十二门徒,希特勒却有七千万追随者。[14]

希特勒不想做决定的时候也会咨询命运之神和上帝的旨意。除非形势或对手迫使他做决定,不然希特勒不会以自己的名义做出决定。历史学家卡尔·迪特里希·布拉赫尔(Karl Dietrich Bracher)说,希特勒信任命运之神是出于对天命不可违的本能厌恶。希特勒声明说:"即使全党上下都竭尽全力让我采取行动,我也不会轻举妄动;无论发生什么,我都会等待。但是如果冥冥之中有个声音告诉可以行动,我便知时机已到。"听到大脑里有人对自己说话,是精神分裂症的显著特征。假如希特勒是德国的弥赛亚,成了纳粹德国一个崭新信仰的话,那希特勒分裂的两个自我则是合二为一的狂热教友。

希特勒和丘吉尔在野之时,都喜欢孤注一掷,这跟他俩都没有独立的经济保障有关。这种情形,直到希特勒出版了《我的奋斗》、丘吉尔也写了《第二次世界大战回忆录》才有所改观。在野时期,丘吉尔虽说从来没像阿道夫·希特勒那样穷困潦倒,但也有多年处于破产边缘。有人会说丘吉尔的爷爷是公爵,他自己还出生在宫殿里,他一定财大气粗。事实并非如此。几乎穷其一生,更准确说是1948年《第二次世界大战回忆录》出版之前,丘吉尔始终是个负资产人士。富丽堂皇的生活开支巨大,丘吉尔靠做记者和担任公职的收入也就刚刚能应付。1918年夏秋之交,妻子克莱门蒂第四次怀孕,彼时,他们已经陷入财务困境,据说克莱门蒂原打算把孩子送给陆军上将伊恩·汉密尔顿爵士夫人收养。

1915年5月,加里波利一战,英军大败,丘吉尔被迫辞职。之后他的薪资待遇始终低于当部长时年薪五千英镑的标准,直到1917年7月劳合·乔治任命他为军需部长,才有所改观。那之前,丘吉尔靠领取军队军官和后座议员的微薄薪水度日。克莱门蒂不是继承人,无力补贴家用。由于无钱续租,1918年夫妻俩在埃克尔斯顿广场的房子租期满后,不得不搬到科妮莉亚姑姑牛津街附近坦特登街上的房子。同年晚些时候,丘吉尔收到农业部来信,指责他作为一名地主没有尽到保证粮食生产的义务(据公务员莫里斯·汉基爵士回忆,1917年他曾经与丘吉尔一同喝下午茶,参观了丘吉尔荒芜美丽的庄园),萨塞克斯郡卢梭登乡间别墅的土地没有充分垦种。丘吉尔回信给农业部长说,自己不得不承认,他只是因为没有足够资金购买机械耕种他的土地。

后来,丘吉尔做记者赚了不少钱,不过一战期间产出较少,记录一战的著作《世界危机》(*The World Crisis*)多年以后才出版发行,拿到稿费。尽管加里波利一战让丘吉尔名誉扫地,他还是不得不跟自己挥金如土的富豪朋友来往。1931—1939年在野期间,丘吉尔时而得到他们的接济,有一次还收到一辆戴姆勒汽车作为生日礼物。丘吉尔在其他许多领域天赋异禀,但在金融投机上,却屡战屡败。1929年华尔街股灾那天他损失了相当于2002年二十五万英镑的金钱。

总的来说,希特勒和丘吉尔都深谙世事艰难,和丘吉尔不同的是,希特勒坐牢没朋友保释,更没有给他买戴姆勒车的朋友。不过,两人都是意志坚定、不畏人言的楷模,一旦政治风云变幻,这些品质就是他们赢得追随者最主要的法宝。今天,我们把希特勒和丘吉尔视作叱咤世界政坛的领导,往往会忘记在当时的情境下,人们绝没想到他们有一天会走上权力的巅峰。20世纪20年代的希特勒、20世纪30年代的丘吉尔,都是人们眼中的"废柴"。问题是,后来两人怎么摇身一变走上各自国家权力的巅峰?

缔造国家神话

希特勒在兰茨贝格坐牢期间写了一本书,更确切地说是献给自己的副手鲁道夫·赫斯(Rudolf Hess)和埃米尔·莫里斯(Emil Maurice)的,因为参与啤酒馆政变,他们也在服刑。此书读起来仿佛倾听一个在牢房里踱来踱去的人,用杂乱无章而愤怒的语言表达着自己被囚禁的沮丧和失望。书名叫《我的奋斗》,一本彻头彻尾的恐怖作品:它断章取义,充斥着几近癫狂的极端民族主义、扭曲的达尔文主义和令人憎恶的反犹主义。希特勒将笔下的人类历史简化为一场种族斗争,声称世界种种弊端的存在都是国际上犹太和布尔什维克串通所为。通过征服所谓的诸如斯拉夫这样的劣等民族,德意志就会得到救赎。《我的奋斗》还隐藏着希特勒飞速崛起成为德国元首的秘密。

现代政治运动的开启往往必须创造一个无所不包的民族传奇。对希特勒来说,这个民族传奇就是背后插刀传说。这个传说认为德国一战投降,不是因为战场损失过重,不堪重负,更不是因为总统兴登堡或者名将鲁登道夫指挥不力,甚至也不是因为德国皇帝昏庸无能,而是社会主义分子和犹太人合谋出卖勇敢的德国民众的内奸行为所致。对于这套歪理邪说,历史学家一致认为毫无凭据,而纳粹却不错过任何机会散布流言。

有时候,希特勒会重述德国历史,从反抗罗马帝国的日耳曼人阿米纽斯开始,再讲到神圣罗马帝国皇帝巴巴罗萨大帝(腓特烈一世)和腓特烈大帝(腓特烈二世),构建了德意志一段神秘的英雄史诗般的过去,与1919年签订《凡尔赛和约》的屈辱形成强烈对比,希特勒认为反差的原因就是他所谓的背后插刀。事实上,德国一战战败,是英、法、美、加四国部队正面迎敌的结果,而非犹太人从中捣鬼。

1933年3月21日，刚刚当选总理的希特勒在波茨坦会见前总司令兴登堡总统。卑躬屈膝的态度，难得一见。

虽未言明，其实德国非纳粹分子也有人相信背后插刀传说，因为对于一个刚刚战败的高傲民族，这种说法无异是治疗心理创伤的一剂良药。2002年出版的一部传记讲道，普利斯亲王（Prince of Pless），最伟大的德国贵族之一，从他父亲那里听说，父亲与犹太贵妇冯·弗里德伦德尔（von Friedländer）太太在柏林的巴黎广场共进晚餐，那位太太告诉他：

> 您可能还没明白过来，在全世界犹太人鼎力相助之下，德国差点就打赢了战争，后来也是因为我们犹太人德国输了。您还记得吗，1917年英国外交大臣贝尔福发表了著名的宣言，许诺犹太人到巴勒斯坦建立家园。之前，德国皇帝也许诺过为我们建立家园，这就是犹太人直到那时都站在德国人这边的原因。不过《贝尔福宣言》以后，犹太人决定支持协约国试试运气，全世界范围内所有犹太机构都站到了协约国一方。你们肯定还没发现，德国和奥地利最大的错误在于允许犹太人参军，这让我们犹太人有机会从总参谋部之下的军队各个级别收集情报，熟悉德国军用机械，不参军是无论如何也得不到这些情报的。我们将

这些情报统统汇报给协约国。这样一来，协约国早早掌握了你们的各项计划，以及每次军事行动的时间地点。

普利斯亲王回忆说"父亲寝食难安"。无法接受他的犹太朋友们干出这些"勾当"。他们战前就是老相识，这些人一直伪装成忠诚的德国公民、德国皇帝坚定不移的朋友和支持者，在犹太政治领导人一声令下竟长期跟德皇作对。15 有知识有修养的贵族对如此荒谬的谎言以及那些共谋理论都深信不疑，没受过多少教育的德国民众更要偏听偏信了。

无论希特勒《我的奋斗》中心主旨多么令今天的我们反感，我们都得承认此书对德意志帝国主宰欧洲蓝图的描绘十分清晰。对于一个自以为被邪恶势力践踏的民族，不论这个蓝图后面的理论多么荒诞不经，书中描绘的前景都是无法抵挡的诱惑。书中，希特勒说：

> 今天的德国，被人画地为牢，看不到未来和希望，但这不是命运的安排。反抗现状也不是对命运的违抗……德意志要么做世界强国，要么灭亡。做世界强国，德国需要提高在当今世界的地位，同时还要给公民活力。16

当时，没几个人把希特勒的展望当真。这无法动摇希特勒坚定的信念，使命感早已植根心中。1939 年 1 月希特勒跟捷克外交部长弗朗吉席克·契瓦尔科夫斯基（Franzisek Chvalkovsky）说："拜犹太人所赐，1918 年 11 月德国不得不缴械投降，我们要复仇。"这种扭曲怪诞、妄想偏执的阴谋论在大多数现代心理学家看来，跟变态人格基本症状无异。假如没有下面所说 1929 年华尔街股灾那场资本主义危机，希特勒这个变态的名字早可能已经湮没在这个世上。

1929 年 10 月美国纽约股市大幅下挫，希特勒人生上演翻转大戏。大萧条不久便波及欧洲，造成几百万人失业和广泛的社会动荡。1928 年 5 月，纳粹赢得了 2.6% 的普选票和几个议员席位。1930 年 9 月，德国已经有五百万人失业，此次，纳粹赢得了 18.3% 的全民投票和超过一百个国会议员席位。1932 年洛桑会议终止德国《凡尔赛和约》赔款之后的一个月,纳粹得到了37.4%的全民投票。此次选举反对民主的派别赢得了多数选票,是有史以来在一个现代大国,人们首次主动将选票投给反对民主的一方。此时,德国深陷危机,希特勒一夜之间获得了所有成功领袖不可或缺的东西:追随者。六个月后,希特勒当上了德国总理。

丘吉尔也勾画了一幅未来蓝图,并坚信必将实现,那就是,构建在文明价值基础之上的大英帝国。20世纪30年代,丘吉尔在他肯特郡查特威尔庄园的书房中,书写了诸多演讲稿,警告大家纳粹德国对英国以及全世界形成了潜在的威胁。以下是1935年9月,在伦敦卡尔顿俱乐部演说的节选。该演说的背景是,意大利对阿比西尼亚(埃塞俄比亚旧称)的威胁日益严峻,德国《纽伦堡法案》宣布剥夺犹太人公民权,万字旗正式成为纳粹德国官方旗帜。

> 德国正在大规模并以前所未有的速度重整军备。纳粹控制下的全部军事力量都在以战备的规模在海陆空各个方面集结。希特勒独裁下的德国,今年投在海陆空上的军费开支总和至少是英国六倍。德国财政持续为军队提供资金。我十分敬仰伟大的德意志民族,但是现在德国有组织、有计划、有领导地重新武装自己,凡是世界上有能力辨别轻重缓急的人都看得出,德国是当今世界最巨大、最可怕的威胁。[17]

丘吉尔看穿了希特勒的把戏,扩张式的外交政策必定导致战争,他一再呼吁英国要下大力气进行全面军备重整。大家却拿他的话当了耳旁风。各种讥笑贬低扑面而来,称他为"好战分子和军国主义者"、"离群的凶猛野象"。《每日电讯》1938年10月描述他"沉醉于先祖马尔博罗(第一代公爵)的战功不能自拔"[18]。同月,张伯伦政府决定不宣战,对希特勒意欲拆分捷克斯洛伐克的计划采取绥靖政策。这个态度竟然赢得了绝大多数英国人的称赞。显而易见,丘吉尔的观点和他那个时代流行的想法格格不入。

直到1939年3月15日,捷克斯洛伐克遭纳粹攻击并陷落,英国

1939年3月15日,德军入侵捷克斯洛伐克,未遇抵抗,长驱直入。同日,希特勒在布拉格古堡外视察部队。

民众才回过神来,体会到丘吉尔对希特勒真正意图的判断或许自始至终都是正确的。恍然大悟的人们发现,德国利用英、法的犹豫不决,已经抢占先机,就要独霸欧洲。五年来丘吉尔不断呼吁和警示,大家必须团结起来,组成强大的联盟,共同捍卫自由。如今,他的观点终于获得了越来越多人的支持。

总结下来,希特勒和丘吉尔,都具有坚定的具有远见的信念,正是信念最终帮他们赢得了追随者。信念是真正领导力的关键,假如能像希特勒和丘吉尔一样,身处逆境还能坚持信念,那么信念就会变得无坚不摧。领导者要设下人们能够全心全意共同认同的目标,而经理人却不必如此。正如罗纳德·里根(Ronald Reagan)所说:"找到并坚持一个信念,是成功领导力的核心精华——这是我在电影片场学到的、四海皆准的真理。"

1936年，以荣誉和自由为名，纽伦堡帝国政党集会。

毋庸置疑,希特勒的信念极其邪恶,不过当时德国民众并不这么认为。在我们看来,希特勒的想法凶狠残酷,不少德国人在那时却对希特勒坚信不疑,确信他给大家勾勒了一幅充满希望的未来画卷。当然,希特勒的画面主要是由他反对的人和事,而非赞成的人和事组成。因此画上勾勒了他反对的社会主义、布尔什维克主义、《凡尔赛和约》、自由主义、犹太人、大企业、民主、过时的魏玛共和国时期的贵族保守主义。在政治上,比起说自己支持什么,说自己反对什么更加轻而易举(且效果通常更加显著),希特勒将这个世人皆知的事实运用得登峰造极。

演说术

希特勒曾写道:"亘古及今,能开启惊天动地的宗教和政治雪崩的力量自始至终都是语言的魔力。"对于希特勒,文字是能"敲开人们心扉"的"锤击"。他崇拜英国首相大卫·劳合·乔治慷慨激昂的雄辩术,评价说:"大卫的演讲无与伦比,他的演讲表明他对广大群众灵魂深处的想法一清二楚。"因此,纳粹在鼓动宣传上,花招不断,例如,他们发明了今天所谓的"拍照机会"。另外,无可否认,围观希特勒的人群成千上万,以整齐的步伐向前行进,是令人过目难忘的景观。人群的中央,希特勒深知自己必须大放异彩。为达目的,和丘吉尔一样,他也撰写演讲稿,不过他不会像现在的政治家一样交给别人操刀,而总是亲力亲为。

在公共场合,希特勒惯用老剧院里那套伎俩,出场前,甚至登上讲台后,留出时间让人们等待,制造悬念,推高气氛。上台后,他会抓住自己搭扣上刻有"上帝与我们同在"字样的军用皮带,保持这个造型长达半分钟,同时扫视全场,然后才开始演讲。起初,他语速缓慢、声音低沉,不到最后绝不会像我们在新闻短片里看到的那样声嘶力竭、大喊大叫。观众掌声一有稀落下去的迹象,他就继续下去,最后用言简意赅的短句完美收场。这和20世纪30年代西方民主国家通用的许多演讲技巧大相径庭,如今却成了政治演讲的标配。

单靠坚持不懈和领袖魅力不足以让希特勒成为德国元首。希特勒还得营销自己和自己的信念。为了成功,一名领导人必须有能力将自己和自己的想法传达给大众,实现这个目的,最重要的手段始终是——而且可能以后也将一直是——事先精心策划的政治演讲。书面文字、图表、短信、视频链接,尽管这些无处不在,也能打动人心,但哪一个也比不上面对面演讲更能有效传播政治理念。时至今日,尽管电视、收音机、互联网、多媒体提供了许多维护现代公共关系的崭新手段,评判一名领导的时候,我们仍然要看此人是否能用演讲打动人心。公共演讲能力糟糕的人,几乎与伟大领导无缘。

希特勒和丘吉尔都是历史上数一数二的高效演说家,不过他俩谁也不是天生的演讲高手,靠的是刻苦训练。希特勒青睐演讲前将观众的期待推向高潮。1933年11月,当上总理才九个月,在柏林西门子电机厂,由纳粹宣传部长约瑟夫·戈培尔博士主持的对工人演讲中,希特勒的各项演讲技能已经驾轻就熟,成功打造了自己和观众荣辱与共的领导形象,险恶用心可见一斑。希特勒善于运用各种手段,调动听众情绪,对他不一定抱有好感的人也会被他打动,这值得我们细细思考。

"同胞们,工友们,"希特勒这样开场,"今天我能站在这里,对现场的各位工友,还有千百万不在现场的德国工友进行演讲,我当之无愧。"希特勒知道,在场听众以工人为主,极可能同情左翼。他讲到自己参军在壕沟里作战的日子,不少工人都有过类似经历,瞬息之间,希特勒就将他们从自己的对立面争取了过来。他说:"战争期间,有四年半,我曾和大家一起并肩战斗。通过勤奋努力和坚持学习,我不得不说,还有忍饥挨饿,我一步步走到这里。但是,在我内心深处,我还是以前那个我。"以上有一处提到了1918—1919年德国大规模食物匮乏,真乃神来之笔。此类激发大家同理心的话语在那次发言中,比比皆是。

希特勒继续说:"可是,有人背叛了德国的利益,我从没与他们为伍。我坚信要避免厄运,挽救众生免遭涂炭,需要有人代表德国,为此,我站到了这里。"接着他开始攻击《凡尔赛和约》。《凡尔赛和约》规定,德国军队人数不可超过十万,不能拥有坦克部队和空军,海军不能拥有超过一万吨的战舰。一战后,协约国竭尽全力遏制德国崛起。[19]其实，假如德国在一战中战胜，它对其他欧洲国家的遏制也不会比这更苛刻了。《凡尔赛和约》解散了德军总参谋部，占领了莱茵兰地区，逼迫德国接受协约国各种条件，提出战争赔款，并认定德国是一战的始作俑者。尽管双方都认为自己有理，《凡尔赛和约》实际上充当了希特勒最佳的（实际也是唯一的）有理有据的政治理据。正如希特勒在西门子工厂讲话中所说："胜者为王，败者为寇，双方永远各安己命的想法，将导致世界范围产生新的仇恨、新的纷争和不稳定因素，会导致战胜国心存疑虑，战败国愤愤不平。"接下来十年，希特勒全心投入，奋力煽动这种仇恨的火焰，任凭其肆意蔓延成熊熊大火。

希特勒几乎不懂经济，但他知道听众们可能懂得更少，因此把《凡尔赛和约》的经济问题当作了第二个把柄。

> 一战后，世界并不太平，相反，到处是讨价还价，到处是新的纷争。第二点同样疯狂：你必须从经济上征服战败国，战胜国经济才能改善，作为贯穿整个《凡尔赛和约》的基本思想，致使其战败赔款规定极不合理。战后十年，赔款条约一方面给德国人民带来了难以承受的经济负担，另一方面，也将德国的机会剥夺得一干二净，将其逼上了毁灭的边缘。我们都尝到了赔款的苦果，为了赔款，德国不断被迫接受各种不利条款，加大出口，国际竞争地位不断下降，就这样，政治债务慢慢演化成了经济债务。

实际上，这些关于经济的指责都是无稽之谈，一方面因为协约国早已主动减轻了德国的债务负担，另一方面此前的大萧条已经大大减轻了德国的债务负担。但希特勒只关心这么说的修辞作用。谈完经济，他话锋一转，抛出第三个自己最中意的话题：犹太人。他这次讲话主要是为了加速德国摆脱国际制约、重整军备。毋庸置疑，这么做肯定会有损德国国际地位，不过希特勒明确指出犹太人是一切问题的罪魁祸首：

> 目前，有专门的利益集团，负责在民众之间煽动斗争和仇

恨。他们规模不大，行踪飘忽，在世界各国形成派系，专门挑唆民众互相攻击，唯恐天下不乱。他们今天在柏林，明天在布鲁塞尔，后天在巴黎、布拉格、维也纳或者伦敦，他们没有固定的家园，四海为家。

说到这里，听众中有人喊："是犹太人！"希特勒置若罔闻，继续他的演讲："作为唯一当之无愧的国际公民，他们走到哪里就把生意做到哪里，可是我们无法效仿……我深知这些挑唆反德情绪之人，这些国际公民，他们肆意诽谤德国人民，声称德国人民从没亲自上过战场。"当然，事实上，犹太人在一战中立下了汗马功劳，就连德国党卫队也不能抹杀。1942年万湖会议制定了"最终方案"，莱因哈德·海德里希下令，"凡授勋（一级铁十字勋章）或严重伤残的犹太老兵，将被送往老年犹太人隔离区，而不是'向东迁移'"。[20]

西门子工厂演说中，希特勒从未直接提到犹太人，但是指向何人，大家心知肚明，根本不需要人群中那个自作聪明的家伙提醒。希特勒曾说，就算没有犹太人，"我们也得把这个替罪羊编出来。树立具体而非抽象的敌人，势在必行"[21]。纳粹德国希望用所谓的人民共同体团结社会各个阶层。没什么比树立共同敌人更能让人团结一致的了，因此，对犹太人的仇恨成了希特勒攫取权力的支柱。演说中故意不提犹太人，使得希特勒自己和观众之间达成心意相通的默契，在不知不觉的情况下，听众成了他的共谋。

以下仍是在西门子电机厂的演讲内容，不过此刻，希特勒声嘶力竭，提高了语调。

今天无论男女老少，我们团结在一起。他们应该看出，今天我不是作为总理在讲话，而是代表全体德国人民在讲话。几百年来，这一撮人，到处挑起争端，害人不浅。我认为，如今，大家必须团结一致，掌控自己的命运，掌控我们作为一个不可分割的团结一致的共同体的未来。在德国，我可以保障这个共同体会公平正义地对待每一个人，因为我既不属于也不受到任何阶级或者任何等级的约束,除了和德国人民的联系,我一无所有。

听到希特勒的承诺,听到他宣称自己不属于任何阶级,听众一边欢呼雀跃,一边高声唱起了纳粹党歌,《霍斯特·威塞尔之歌》(*Horst Wessel Song*)。

希特勒所强调的德国人民完全将犹太人刨除在外。在此,让民众相信非日耳曼人的"他者"本质,跟强调雅利安人种的身份认同一样重要。[22] 英国哲学家伯特兰·罗素(Bertrand Russell)认为"很多人只能从仇恨其他人、其他民族或其他信仰中获得幸福感"。那么,希特勒对犹太人的仇恨是怎么来的呢?问到点子上了,这是 20 世纪历史推进的关键,不过,至今还没有人给出完全令人满意的答案。有人说是因为有个犹太妓女把梅毒传了希特勒,也有人说希特勒被给母亲治疗乳腺癌的犹太医生爱德华·布洛赫欺骗了,还有人说维也纳视觉艺术学院的犹太教授拒绝了希特勒的入学申请。可谓众说纷纭。这种将原因简单归结为单一因素的想法十分幼稚,也表明这些人用心不良。说不定希特勒跟犹太人没有任何私人恩怨,只是出于政治动机抹黑犹太人呢?

最近出版了一本划时代的新书——《希特勒的维也纳:一名独裁者的学徒之路》(*Hitler's Vienna: A Dictator's Apprenticeship*),作者历史学家布丽奇特·哈曼(Brigitte Hamann)提出了崭新的观点,认为 1908—1913 年,希特勒十九到二十四岁在维也纳旅居生活期间,对很多犹太人印象不错,相处融洽。哈曼从布洛赫医生的账本,到视觉艺术学院考官的种族背景,对维也纳和希特勒有关的一切进行了详细考查,从精神病理角度深入研究这位未来的元首,得出了有趣的结论。

事实证明,希特勒在《我的奋斗》中描写维也纳生活的大部分记述要么夸大其实,要么出于编造。无可争辩的是,希特勒做画匠、疯狂喜爱歌剧、一贫如洗的时候,他结识了一些犹太人,与他们同住。犹太人一直善待希特勒,希特勒也没有对犹太人表现出任何明显的敌意。《我的奋斗》中,在冗长枯燥、关于他在维也纳底层生活细枝末节的描述中,希特勒一次也没有说过曾经和犹太人发生过不快。我们甚至可以说,希特勒最好的朋友有些就是犹太人,比如约瑟夫·纽曼(Josef Neumann)和西格弗里德·海夫纳(Siegfried Laffner)。希特勒的反犹思想可能并不是从他粗暴冷酷、嗜酒如命的父亲,或者是偏狭的奥地利老家耳濡目染的结果,前期他并不反犹,后来的反犹思想或许完全是一战后为提升政治地位、愤世嫉俗、耍政治手腕的产物。希特勒一贫如洗、内向腼腆、毫无所长、偏执仇富,无处发泄欲望。阿尔伯特·斯佩尔(Albert Speer)后来描述说,希特勒住在维也纳的时候,"是大都会中的一个不安的局外人"。和大部分普通人不同,希特勒没有试图改变自己以适应新的生活。相反,他越发孤僻,认为自己得不到赏识都是维也纳人的错。

在维也纳发生的这些日常琐事和压抑时光为希特勒的纳粹精神勾勒出了大致轮廓,只要欧洲大战爆发,这些如同病菌一样的思想,便会疯狂滋长。1914年8月,就在希特勒离开维也纳恰好一年的时候,出现了巨大的社会动荡。那时候,希特勒已经学成出师,他别有用心地将反犹主义纳为自己信条的一部分。他翘首以待,随时准备掀起一场血雨腥风。希特勒的反犹主义源于他和犹太人的私人恩怨、误解还是政治上的机会主义,虽然最有可能的是第三点,但都不重要了。

作家弗雷德里克·拉斐尔(Frederic Raphael)提出了一个有趣的新理论,他认为希特勒母亲的犹太医生布洛赫欺骗并/或误诊了他母亲的疾病,致使希特勒产生了心理扭曲。据他的一篇论文所说:

> 布洛赫医生没治好希特勒母亲的癌症。虽然不能说得太绝对,但那个年代癌症基本就是不治之症,希特勒也没说谁有本事治好母亲。希特勒爱自己的母亲,毋庸置疑;普鲁斯特(Proust)曾在《费加罗报》(Figaro)上写了一篇臭名昭著的文章,为弑母这一行为辩护,称其是每个人偶尔都会发生的冲动。如果说希特勒眼睁睁看着母亲遭受病痛折磨,(从极为人道主义的角度)产生帮母亲解脱的想法,一旦母亲真的撒手人寰,罪恶感接踵而

至,在不堪重负的情况下,他将弑母的罪过转移到最佳替罪羊犹太医生布洛赫医生身上。这个观点会不会显得过于离奇?[23]

也许的确有点过于离奇,一方面可能希特勒就跟我们中的千百万人一样,从来没有伤害自己母亲的念头,不过这个说法也不比许多将屠杀犹太人归结为单一原因的理论更加荒诞不经。

有人认为希特勒反犹主义的根源并非无关紧要,但过于细究这个问题也是不道德的,因为太追根究底反而会对持有相反观点比如戴维·欧文(David Irving)这样的人有利。作家兼评论家乔纳森·米德斯(Jonathan Meades)一针见血地说:

> 有一批江湖骗子,他们的追随者整日争吵不休,试图编造事实或者证明坊间传言的可信性,通过性心理创伤来解释希特勒的行为:什么希特勒的母亲死于犹太医生的误诊、误治啦,希特勒从犹太妓女身上感染了梅毒啦,这些设想令人憎恶,因为他们都想方设法让一些犹太人个体为整个种族所遭受的巨大灾难负责。当然,还有归因于希特勒就一个睾丸的以及邪恶虐待的。这跟传说希特勒小时候往山羊嘴里撒尿,被山羊咬了小鸡鸡的传说一样荒唐可笑。[24]

最后一个说法,如果是真的,可能可以说通很多希特勒的行为,但是说不通他的反犹主义,因为即便希特勒只有一个睾丸,也不能解释1932年一千三百万德国人投票给纳粹党这件事,当时希特勒没有跟他们说自己只有一个睾丸(其实,希特勒一个睾丸也不缺)。让我们感兴趣的不是希特勒行为的驱动力,而是德国民众抛弃民主转而支持不断高呼复仇主义的希特勒这件事的动因。

在西门子工厂演讲中,希特勒小心谨慎地将精心排练的愤怒之情穿插在这精心挑选的场合中,尽管如今呈现给我们的希特勒演讲时候的镜头,他总在愤怒地大喊大叫,实际上大部分时候,他都不会如此。德国外交部长约阿希姆·冯·里宾特洛甫(Joachim van

Ribbentrop）的私人秘书莱因哈德·斯皮奇（Reinhard Spitzy）回忆说，有一次，他与希特勒和手下刚用过丰盛的晚餐，一名随从进入房间，说英国外交官来访：

> 希特勒紧张不安。"先别让他进来！我心情还好着呢。"在众目睽睽之下，希特勒完全没有借助外力，慢慢酝酿好自己的愤怒之情。只见他脸色阴沉下来，呼吸加重，双目闪着愤怒的火花。然后，他走进隔壁房间，对着英国外交官大肆咆哮，外面听得一清二楚。十分钟后，他眉头上渗着汗珠，走了出来。小心地关上门，哑然失笑道："先生们，给我杯茶。英国外交官觉得我刚才怒不可遏！"[25]

虽然希特勒自己是个蹩脚的演员，但是他深知领导人必须擅长表演。刚走上政坛的时候，为了学习吸引观众的技巧，他研究过一名巴伐利亚喜剧演员魏斯·费尔德（Weiss-Ferdl）的表演。希特勒在自己位于慕尼黑（Thiersch-Strasse）简陋的房间里，跟演员们一样，对着镜子不断练习姿态、手势。后来也有一些他练习表演的照片。在慕尼黑的街道上、啤酒馆里，都曾有过希特勒进行煽动性政治演讲的身影，有时候听众就十来个。在这些地方，希特勒开始意识到精心计划、周密准备讲稿对提升演讲效果多么重要。凡在伦敦海德公园演讲角曾经进行演讲的人都知道，多做演讲训练绝对会从智力和情感上快速锻炼演讲者，尤其是遇到有人出言讥讽或者直言不讳唱反调的时候。

希特勒总是亲自检查啤酒馆的音响设备，以便根据音响效果调整自己的音调和音高。有一次，周日上午的演讲中他犯了一个错误。结果，据他后来描述，听众"冷若冰霜"。从那以后，他总是喜欢把演讲放到晚上，因为晚上听众更容易接受他的观点。《我的奋斗》中写道："上午和下午，人们的大脑似乎不愿接受他人强加在自己身上的意愿或观点。到了晚上，人们更容易被强大的意志主导。"（职业演员证实了他的观点；不知道出于什么原因，观众晚间对表演的反应比白天好。希特勒这种奇才竟然将此用到了政治上。)

为了增强观众的接受度，剧院效果，比如军乐、成排的旗帜、冲锋的场面，尤其是具有戏剧效果的灯光，比如军用探照灯、手电筒，都被他拿来用在会议和集会的演讲中。这些纳粹发明的宣传手段，如今在现代政治舞台已经司空见惯。在这方面，丘吉尔就显得寒酸多了。他不怎么召开集会，不雇人美化自己，也不使用特效。丘吉尔习惯在下议院或者通过收音机发表演说，将自己直接面对的听众控制在相对小的范围之内。丘吉尔成为20世纪最伟大的演说家，靠的是语言自身的表现力以及令人信服的论据，靠的是他对英语非凡的掌控能力，而不是哗众取宠的宣传伎俩。

在《我的早年生活》中丘吉尔说："我要让所有的男孩子学习英语；其中出类拔萃者，作为表彰，让他们学习拉丁语；作为额外的奖赏，让他们学习希腊语。别的学不好我不责怪，如果英语学不好，我要责打，狠狠责打。"

丘吉尔也不是生来的演讲天才，没有人生来就会演讲。三十岁的时候，丘吉尔完全凭记忆在下议院做过一次演讲，那次灾难性的经历让他不敢再毫无准备地演讲。有时候，他会为准备一场演讲花上十到十四个钟头，有时候还开着唱片机播放军乐伴奏，他一遍一遍地练习，直到自己满意为止。丘吉尔的朋友伯肯黑德勋爵（Lord Birkenhead）开玩笑说："丘吉尔把自己最好的年华都花在写即兴演讲稿上了。"丘吉尔非常推崇保守党政治家、前内阁成员亨利·查普林（Henry Chaplin）的话，认为议会演说要："不急不躁，娓娓道来。如果你言之有物，必能赢得议员的支持。"亨利·查普林的建议让丘吉尔大获成功，但有时候也会让他一败涂地。

《萨伏罗拉》里，丘吉尔描述了主人公在劳若尼亚市政厅伟大演说的诞生过程，活灵活现、一字不落地再现了他自己的经历。

因为做过许多演讲，他深知，成功的演讲必须精心准备。不经准备也能口若悬河，仅仅是听众感受到的一种假象。动人的演讲如同温室中开出的花朵。讲什么好呢？不知不觉中，抽了不知多少根香烟，才能想到一个打动人心的结语，高尚的思想、生动的比喻、精准的措辞，用所有人都能听得懂的语言表达出来，唤起人民最朴素的情感；让人们超越物质生活，审视自己的灵魂。他的思想渐渐转化成了单词，单词被组合成句子；他自言自语；不知怎么，就押上了头韵。想法接踵而至，如同溪水，急流而过，水面上光影不断转换。他抓起一张纸，迅速用铅笔记下这些想法。他思索着，某一点可不可以反复强调？他随手写下一个大致的句子，然后划掉，经过润色，又把句子加了进去。怎么写悦耳动听，怎么写更有说服力，怎么写能激起人们思想的火花。真是一项充满挑战的博弈啊！他脑海里全是自己要打出的牌，整个世界就是他的赌注。一个小时一个小时就这么过去了。管家端来午餐，他一言不发、奋笔疾书，这并不稀奇，因此管家没敢打扰。钟表滴滴答答地走着，桌子上的饭菜已经冷了，丝毫未动。不久，他站起身来，在房中来回踱起碎步，他仍然沉浸在自己的思绪里，开始小声但铿锵有力地自言自语。突然他停住了，不知为什么，一只手重重地拍在桌子上，代表演讲的结束。[26]

"修辞的力量，"丘吉尔写道，"既非全然天生，也非全然后天习得，而是重在培养。"丘吉尔虽然不是生来的演讲家，却是个完美主义者。1940—1941 的一年中，丘吉尔几次演讲堪称完美。他演讲的抑扬顿挫，得益于五十年前在印度驻扎担任轻骑兵中尉期间，对吉本和麦考利划时代著作的研读，他将前者跌宕起伏的宏大叙事技巧与后者的睿智犀利巧妙融合，自成一体。同时，丘吉尔的演讲风格，还受到以下几人的影响，他们是维多利亚后期的威廉·格莱斯顿、美籍爱尔兰政治家伯克·科克兰（Bourke Cockran）以及年轻时就是杰出政治演讲家的父亲伦道夫·丘吉尔勋爵。

不过有的人并不喜欢丘吉尔那华丽、老派的语言风格。觉得他措辞不够真诚，华而不实，戏谑地称他为介于蹩脚演员和杂耍表演者之间的四不像。20 世纪 30 年代英国气势低迷的岁月里，在退位危机期间，丘吉尔为国王爱德华八世辩护，甚至被下议院议员们起哄赶下讲台。直到 1940 年，英国人民经受最严峻考验的时刻，终于，丘吉尔的演讲才能在这万分危急的关头绽放出了万丈光芒，诞生了战时最动人的演说。西线失利、敦刻尔克大撤退、法兰西沦陷、不列颠之战、闪电战、入侵威胁，诸多因素集结在一起，在丘吉尔演讲中激发出的金句良言,将随着英语这门语言,永世流传。

1940年夏天,丘吉尔的演讲都在呼吁所有英国人不要被困难击垮。彼时,希特勒已经控制了西起法国布雷斯特东至华沙的欧洲大陆,就连各位参谋长也拿不出说得通的打赢战争的方案。由于苏联和美国未参战,英国只能紧咬牙关,祈祷转机的出现。丘吉尔坚称胜利必将属于英国人民,不过他拿不出过硬的论据证明,只能以情动人。

没有克敌制胜的良策,也没有好消息和英国人民分享,丘吉尔冒着政治风险,刻意强调英国面临的险境。就任首相后仅仅三天,丘吉尔就在下议院宣布:"我已准备好埋头苦干、流血流泪,别无他法。"他不回避即将面临的危机,他的话语扫除了英国已持续十年之久的绥靖政策、犹疑不决和失败主义情绪,他称其为"随波逐流、自我放弃的缓流"。丘吉尔毫不犹豫地将与纳粹的矛盾化为善与恶、真与假、对与错的摩尼教的二元较量。这是英国人民期待已久的声音,走出下议院,他对朋友德斯蒙德·莫顿说:"我摸了老虎屁股了,是不是?"[27]

丘吉尔的话确实取得了非同凡响的效果。作家薇塔·萨克维尔-韦斯特(Vita Sackville-West)告诉她身为情报大臣的丈夫哈罗德·尼科尔森(Harold Nicolson)说:"丘吉尔引用伊丽莎白时期的人物和事件,引起大家共鸣,是因为这些话让人们感到一股强大的力量,一种毅然的决心,如同一座坚固的堡垒;远远超越了字面的意思。"提及伊丽莎白时期的英国,极具教育意义。丘吉尔用英国的光荣史激发人们的斗志,用著名的德雷克和纳尔逊的威名,让人们记起英国曾经战胜重重危机,传达给人们一种英国必胜的崇高信念。丘吉尔没有摆脱引经据典的窠臼,他不仅重复自己的名言,也重复别人的名言;比如他在不列颠之战中关于皇家空军的著名论断,引用了1793年约翰·穆尔爵士(Sir John Moore)关于攻占科西嘉岛的宣言:"这是一场史无前例、以少胜多的战役。"

以赛亚·伯林(Isaiah Berlin)在他短篇著作《丘吉尔在1940》(Mr. Churchill in 1940)中,浓墨重彩地指出,丘吉尔依赖了"一种强烈且复杂的历史想象,将过去和未来共同放入一个丰富多彩的英国历史框架"。丘吉尔知道,听众们或多或少了解一些英国历史,他从不说教,也不会根据想象中的现代大众品味改变自己的风格。正如柏林所说:"我们熟悉的丘吉尔战时演说,风格古朴,跟他热情激昂的语调、一本正经的编年史般的形式相得益彰,正合时宜。"

1940年9月,丘吉尔通过广播,警告整个国家德国可能入侵英国,他说:

> 我们不知道他们什么时候入侵我国;也不确定他们是否真的入侵;德国正在以其惯有伎俩、精心策划对我国发动猛烈而全面的进攻,谁也不应对此视而不见。他们可能入侵英格兰、苏格兰或爱尔兰,也可能展开全面入侵英伦三岛,此刻就可能发生。

丘吉尔在战时内阁办公室的这番演讲,通过广播,传向四面八方。这个办公室坐落于白厅一个幽闭的角落,位于地下,是为政府核心人物躲避空袭而建,二战爆发前刚刚竣工。此次演讲前不久,伦敦刚刚经历过第一次空袭。丘吉尔深知,即便希特勒决定不进攻英国,英国的城市也可能时刻笼罩在纳粹炸弹淫威之下。

丘吉尔通过以下话语告诉英国民众,风暴来得再猛烈,英国也不会被击垮:

> 因此,同胞们,我们必须高度重视下周及以后一段时间,这将是决定历史的时刻。此刻堪比当年西班牙无敌舰队逼近英吉利海峡,德雷克正要完成一局保龄球游戏之时,也堪比纳尔逊与驻扎在布伦、对英国虎视眈眈的拿破仑大军对峙之时。我们人人都读过这段历史,今天历史在我们面前以更严峻的形势重演,全世界人类的生命、前途和文明都危在旦夕。

丘吉尔的话让人们感到,自己并非孤军奋战;和他们站在一起的还有英勇的先辈。丘吉尔就是一位历史学家,完美地将1940年英国遭受的困境恰如其分地置于历史语境之下,人们从学校教科书上早就知道了德雷克以及纳尔逊的英勇事迹,两位英雄的名字,仿佛电光石火,照亮了人们的心扉。丘吉尔早就呼唤英国人民拿出勇气,谈到未来千年,他说:"让我们时刻准备着,迎接我们的使命,以行动证明,如果大英帝国和英联邦千年后还屹立不倒,人们仍会说'这是最辉煌的时刻'"。他又提到过去千年,1588年西班牙无敌舰队对伊丽莎白一世统治下的英格兰形成咄咄逼人之势;1804年,拿破仑重兵压境,都与现在的局势如出一辙。作为首相,他在教育部曾对教育大臣R.A.巴特勒(R. A. Butler)说:"您能让孩子们更加爱国吗?告诉他们沃尔夫在魁北克打赢了法国。"这不只对孩子们有效,对大人也有效。通过历史事件,丘吉尔鼓舞人民将自己放入历史的长河,这与描写拿破仑战争类书籍在二战中成功激起了人们斗志有异曲同工之妙。

以现在的政治和社会眼光看,丘吉尔的论点和措辞存在很多政治不正确的地方。克莱夫·庞廷就指出,丘吉尔总是说"我们自己的英国生活,我们的风俗习惯源远流长,大英帝国……",而没有"放眼未来,引入现代民主"。根源是丘吉尔认为不列颠,主要是为了保存和延续自己的身份而战,而非出于正义和捍卫民主完美主义的理想,更不用说为平等、大同而战了。这就是丘吉尔引经据典、利用不列颠人民心中存有的先祖思想、部落思想的原因。这些思想基本都建立在先祖英勇事迹和开创的帝国事业之上。这些思想已经不适应当今政治的需要,但当时却能扭转乾坤。

有些人,比如已故的海尔什勋爵(Lord Hailsham),曾被邀请参加英国BBC第四广播电台访谈节目《荒岛唱片》(*Desert Island Discs*),他提出,丘吉尔在1940年5月希特勒对西线发动闪电战后出任首相,足以证明上帝的存在。因为我不是有神论者,我宁愿相信美国广播人爱德华·默罗(Ed Murrow)的说法,默罗说1940年丘吉尔"充分利用了英语语言的力量,将其投入战斗"。当然,纸张不是他演讲最好的媒介。只有听广播,人们才能感受到,他的话语震撼心灵。只有广播才能传递他的呼喊、他雄狮般的咆哮、他犹如乐曲般动听的语句,他香烟熏燎、白兰地滋润下沙哑的嗓音,和他发自肺腑、宁死不屈的反抗精神。

丘吉尔患有轻微口吃和咬舌的毛病,这对他的公开演讲造成极大困扰。和父亲一样,丘吉尔一生都很难发出"s"音。年轻时,为了矫正,他不断练习带"s"音的绕口令。后来参加美国巡回演讲的时候,他咬舌和口吃的毛病有了很大改善。尽管丘吉尔竭尽全力,言语障碍却从未能完全根除。丘吉尔之子伦道夫后来调侃说:"他中老年时期的演讲,口吃的毛病比咬舌的毛病少得多。"丘吉尔的咬舌问题就连他最久负盛名、最激动人心的战时演说中也听得出来,恶意贬低他的人甚至误以为这是他饮酒过多导致的咬字不清。

1943年丘吉尔在白宫通过无线电广播进行演讲。

希特勒在西门子公司演说中对敌人指桑骂槐的做法,丘吉尔偶尔也会用到。1934年11月在一次电台广播中,提到未来战争爆发的可能诱因,他提醒人们要当心"一个拥有七千万人口、坐飞机几个小时之遥、以战争为荣的国家",就是对纳粹德国显而易见的映射。不过,只要情势需要,他非常乐意直言不讳地称呼敌人,比如,战时对里宾特洛甫(Ribben-trop)和墨索里尼的评判就没有那么文绉绉了。半是调侃,半是由衷的厌恶,丘吉尔始终称墨索里尼为"受人摆布的走狗""马屁精""奴才"和"主子的一条枪"。就连发纳粹这个单词,拖长了的音节,都透露着丘吉尔对他们二人的不屑一顾。"外国人的名字,我们有权任意发挥。"这是他的坚定准则。[29]

丘吉尔的演讲总少不了机智幽默,他还常常自贬自嘲。只有一次,我发现丘吉尔没听懂别人的笑话:当时,大家在讨论蒙哥马利的自吹自擂,丘吉尔的私人秘书卓克·柯维尔(Jock Colville)插话说,蒙哥马利禁止第八军乐队演奏《不列颠投弹兵进行曲》。丘吉尔问原因,秘书说,因为第一句歌词是:"人们说起亚历山大……"(陆军上将哈罗德·亚历山大与蒙哥马利将军在北非战场生了罅隙)。听到这,餐桌旁的客人们全都会心大笑起来。第二天清晨,柯维尔吃惊地发现,丘吉尔对自己的话信以为真,口述了一份摘要给帝国总参谋长,要求立即取消蒙哥马利的禁令。柯维尔说:"我坐立不安,解释说那只是一时说笑,可首相一点也不觉得好笑。"除了这次的一反常态,丘吉尔始终保持着幽默感。他还善于打有趣而引人注意的比喻,例如说:"攻击中国就像鞭打水母,徒劳无益。"妙语连珠,层出不穷,趣味横生。就像奥斯卡·王尔德、萧伯纳和诺埃尔·考沃德一样,当然这些人的智慧大都跃然纸上而非挂在口头,总而言之,丘吉尔的幽默让他获益良多。

据传,希特勒私下模仿他人惟妙惟肖,公开场合,却不苟言笑。模仿取笑他人,不是君子所为。如果说希特勒有幽默感的话,那他的幽默是残忍冷酷的幽默,没什么比看别人忍受痛苦更能让希特勒欢乐开怀了。阿尔伯特·斯佩尔回忆说,希特勒和宣传部部长戈培尔联手戏耍了纳粹官方外交媒体发言人恩斯特·"普齐"·汉夫施滕格尔。汉夫施滕格尔与希特勒关系密切,让著名的国民教育和宣传部部长戈培尔心生不安。汉夫施滕格尔曾多次对希特勒伸出援手。早在1923年他们就成了朋友。同年,汉夫施滕格尔借给希特勒一千美元,供纳粹印刷每日出版的《人民观察报》(*Volkischer Beobachter*)。汉夫施滕格尔是哈佛毕业生,在纳粹建立早期,因为有他这样的朋友,希特勒赢得了上层社会的些许尊重。然而,这一切都未能使他免受戈培尔的恶意。

戈培尔诽谤汉夫施滕格尔,说他人品不好、吝啬贪财、不讲诚信。有一次,戈培尔拿出一张英语唱片,说里面一首歌的曲调是汉夫施滕格尔的剽窃之作,自己写过一首一模一样的流行行军曲。汉夫施滕格尔早就遭到过怀疑,因为西班牙内战期间,有次戈培尔在饭桌上说汉夫施滕格尔对参加西班牙内战的德军作出了反面评价,质疑他们的斗志。听到这些话,希特勒暴跳如雷,大骂汉夫施滕格尔这个懦夫,没有资格指手画脚,说别人勇敢与否,发誓要给他点颜色看看。几天后,汉夫施滕格尔就接到通知,要他坐飞机执行秘密任务,任务装在希特勒给他的一封信里,飞机起飞后才能打开。汉夫施滕格尔打开信封,大惊失色,发现希特勒要他飞往红色西班牙,为佛朗哥做情报工作。餐桌上,戈培尔向希特勒绘声绘色地描绘了汉夫施滕格尔看到密信的反应:他怎么苦苦哀求飞行员赶紧掉头;一再坚称说是搞错了。飞机在德国上空兜了好几个钟头,飞行员最终安然无恙地把飞机迫降在莱比锡机场,汉夫施滕格尔才明白自己受到了捉弄。这个故事成了希特勒茶余饭后最钟爱的谈资,因为这可是他和戈培尔共同策划的恶作剧。[30]

如我们所料,汉夫施滕格尔不久便离开德国,流亡美国,在那里间或为罗斯福总统出谋划策,对付希特勒。

汉夫施滕格尔的遭遇不是特例:戈培尔知道怎么利用元首异于常人的幽默和对恶作剧的喜爱,提升自己,打压对手。真正的领导力在于能够洞察自己是否受到了别人的操控,可惜,希特勒没能看穿戈培尔,可以说戈培尔称得上第三帝国最老谋深算的纳粹党人了。纳粹资深党员欧根·阿达莫夫斯基(Eugen Hadamowski)一度觊觎第三帝国广播公司掌门之位,为了阻止阿达莫夫斯基,戈培尔决定再次上演整人大戏,因为他早就把广播公司管理人的位子留给了自己的老朋友。纳粹上台之前,阿达莫夫斯基在竞选活动期间把公共广播系统打理得井井有条,希特勒对他心存感激,因此戈培尔觉得希特勒可能会支持阿达莫夫斯基。

阿尔伯特·斯佩尔异常精彩地描绘了戈培尔为打压让他讨厌的人而上演的大戏。

  戈培尔让宣传部部长汉克把阿达莫夫斯基找来,正式通知他希特勒已经委任他做第三帝国广播公司经理。吃饭的时候,戈培尔告诉希特勒,阿达莫夫斯基听到这个消息,有多么欣喜若狂,不用说,他陈述的时候增加了一些夸张和不真实的成分,所以希特勒把这完全当了一个笑谈。第二天,戈培尔下令让一家报社伪造了几份报纸,专门报道这个恶作剧,大肆赞扬阿达莫夫斯基。戈培尔把有关报道圈出,呈给希特勒,文章除了荒唐可笑的话语,还有对阿达莫夫斯基读到关于自己报道后态度的生动想象。希特勒和饭桌上所有在场的人笑翻了天,同一天,汉克召见阿达莫夫斯基,骗他对着没有打开的麦克风发表了一通演讲,这又成了希特勒饭桌上的笑料。

阿达莫夫斯基(可能完全没有机会辩解),在自己毫不知情的情况下,尊严扫地。就这样,戈培尔如愿以偿,提拔自己的心腹填补了这个仍空缺的职位。斯佩尔评论说:"某种角度上,希特勒是真正被戏耍的人。据我观察,希特勒在这些事情上不是戈培尔的对手……不过我们也要想到,希特勒允许这种恶搞存在,甚至加以鼓励,说明他也存在问题。哪怕他就说一句话,表达对此类恶搞的厌恶,也可以在很长一段时间内阻止这种事情。"[31]

恶作剧不是正人君子应有的幽默,希特勒仅仅因为有人说一位勤恳能干的官员野心勃勃,就跟别人一起侮辱他的尊严,表明他对人本身就极不尊重。与丘吉尔的妙语连珠和机智幽默相比,两人的差距显而易见。(丘吉尔最有名的笑话,高潮处说"女士,您真丑,不过这样早晨我会更清醒",这句话貌似与《萨伏罗拉》里描述总统莫拉塔

的妻子露西尔的话如出一辙:"我们几乎无法斥责一名漂亮女性,无论怎么斥责,人家还是那个美女子。"³²）

丘吉尔的许多笑话人们都耳熟能详,在此不再赘述。不过有个笑话没有收录到丘吉尔的"笑话集"里(或许因为有杜撰之嫌)。20世纪30年代,丘吉尔在美国宣讲大英帝国的优越性,一位咄咄逼人的反帝国主义的美国女性,想知道英国对甘地在印度发起独立运动的态度,她问了一个很长的问题,结尾说:"那么,丘吉尔先生,您打算怎么对待印度人?"据说丘吉尔做了如下回答:"夫人,我们对待他们至少不会像你们对待印第安人①那样。"

希特勒对丘吉尔避而不见

1932年8月普茨·汉夫施滕格尔差点成功安排希特勒和丘吉尔会面,当时丘吉尔为了给伟大先祖第一代马尔博罗公爵约翰·丘吉尔立传,来到德国,在先祖约翰战斗过的地方实地调研。丘吉尔的儿子伦道夫前一个月为《星期日写真报》(*Sunday Graphic*)报道了希特勒大选。为了跟踪选举,他甚至坐着这位公认的元首的飞机,辗转于各个集会。尽管当时伦道夫就认为希特勒一旦有了合适的军备力量,会"毫不迟疑"地在欧洲掀起血雨腥风,但他非常希望自己的父亲和希特勒会晤。³³汉夫施滕格尔通过外国媒体朋友,认识了伦道夫,与丘吉尔在慕尼黑下榻的宾馆一起用了晚餐。

席间,汉夫施滕格尔谈到希特勒,说他"着了魔一样"——当时希特勒还没开始干涉西班牙内战——他告诉丘吉尔希特勒每天下午茶时间都来这家酒店,所以安排两人会面应该易如反掌。据汉夫施滕格尔离开德国后,因此或许带有偏见的回忆录说,希特勒不想与"他认为政治能力与自己势均力敌的人"见面,还说:"不管怎么样,人们说你讲的这位丘吉尔先生是个极端的亲法分子。"以上记录说明当时至少希特勒知道丘吉尔这个人,从他后来的话判断,希特勒还读过一

---

① 英语中印度人与印第安人为同一个词。——译者注

些丘吉尔的自传。

汉夫施滕格尔曾一度满怀期待,希望丘吉尔在德期间的哪个下午或者傍晚,不久前刚刚拒绝当副总理、发誓只当总理的希特勒,对不列颠战时第一海军大臣丘吉尔先生产生好奇之心,来酒店与丘吉尔以及他的子女萨拉和伦道夫、《每日电讯报》股东卡姆罗斯勋爵和林德曼教授见见面,共进咖啡。那天,汉夫施滕格尔与丘吉尔共进晚餐的时候,谈到犹太人在德国涉足各行各业,丘吉尔对汉夫施滕格尔说,"请将我的观点转达给希特勒,反犹主义开始会让他尝到甜头,但最终会惹火烧身。"

希特勒没有出现,所以丘吉尔始终没得到机会向希特勒直陈胸臆。不过第二天汉夫施滕格尔做了最后一搏,试图说服希特勒与丘吉尔见面。谁能料到,最终丘吉尔竟变成希特勒的劲敌。和当时许多英国政客一样,希特勒做出了错误的判断;他对丘吉尔不屑一顾,告诉汉夫施滕格尔:"丘吉尔到底算是什么东西?在野不在朝,没人有空理他。"汉夫施滕格尔斗胆顶撞说"也有人这么说您"。然而,顶撞也没能让希特勒转变态度。两天后,丘吉尔一行离开德国,返回英国,自始至终没有见到希特勒。

可能希特勒有自卑情结,更可能因为他听信了小道消息,认为丘吉尔"虎落平阳",见面纯属浪费时间,一场本会名垂青史的会面就这样错过了。如果原因是后者,此事应被列入希特勒对形式误判的事例之一。当然,假如两人会面,场面着实难以想象。如果丘吉尔一心想传达自己对反犹主义的看法,两人会面不会持久。考虑到他们都不会说对方的语言,因此两人也不会碰撞出思想的火花。很可能两人像极了拳击赛的对手,赛前见面满是相互揣度和打量。甚至可能成为历史上最让人失望的场景,两人可能只会礼貌性地交换外交辞令,或者随便谈谈一战中的经历。这样的话,不如不见。

领袖魅力

和丘吉尔相比,希特勒浑身散发着领袖魅力的光辉。很多人将丘吉尔的善于指挥的性格当成领袖魅力,不过这是风马牛不相及的两种东西。领袖魅力建立在追随者认为领袖所具备的神秘气质之上,不以传统和制度权威为根基,无章可循,与民选政治领导人的权力有显著的不同。没有人希望丘吉尔像希特勒那样永生执政、独霸专权。丘吉尔是典型的激励型领导,不过没人把他看成超人、天神或者与普通人判若云泥的存在。(个别人持不同意见,比如青年科学家 R.V. 琼斯,1940 年 6 月他被叫到内阁会议室,向丘吉尔解释德国空军的无线导航系统,他惊奇地发现,"战时,每次见到丘吉尔都有种充满活力的感觉,仿佛丘吉尔充满了生命的能量"。[34])

相比之下,中了希特勒魔法的人不胜枚举。这是为何?首先,希特勒很早就发现,不眨眼地与人对视,能起到恐吓和主宰他人的效果,使自己蒙上一层意志坚定、毫不动摇的光环。就像小孩玩的木头人游戏,希特勒要打动一个人,看他的时候眼睛几乎一眨不眨。如果对希特勒没有了解,这种眼神就会令人心神不安。据阿尔伯特·斯佩尔回忆,有次吃晚餐的时候,他和希特勒上演了一次"不眨眼大战"。希特勒瞪眼看着他,斯佩尔决定以坚定的眼神迎战。希特勒就那么盯着斯佩尔,等着斯佩尔退缩。用斯佩尔的话说:"我不知道是什么原始本能让我这样瞪着眼睛……我拿出吃奶的力气,时间似乎过了无限久,我都没有在眼神上退缩。"[35] 幸运的是,这时坐在希特勒身边的一位女士要求希特勒帮忙,才终止了眼神大战。

希特勒非常幸运,遗传了母亲罕见的淡蓝、混杂一抹灰绿色的眼睛。无数人见证了希特勒眼神的魔力。法国大使罗贝尔·库隆德(Robert Coulondre)好像就曾被他的眼神震慑、无法动弹。剧作家格哈特·豪普特曼(Gerhart Hauptmann)把看着他眼睛的瞬间描述为一生最伟大的时刻。美国大使的女儿玛尔塔·杜德(Martha Dodd)说希特勒的眼神"非同凡响、让人难以忘怀"。尼采的妹妹伊丽莎白说:"它洞察了我内心的一切。"希特勒略微突出的双眼,光秃秃的,几乎不长睫毛,却有种奇特的催眠效果,就算事实并非如此,纳粹的鼓吹宣传也已将其传得神乎其神。领袖魅力的产生许多都是人们自我暗示的结果,比如上述这些当事人,假如事先并没听说过希特勒眼神如何具有魔力，他们可能就会完全不会注意到它。

　　当然，希特勒的领袖魅力不只限于他的眼神。大部分人相信领袖魅力是一种天生的气质。事实上，这是一种可以后天习得的特质，不过是一种玩弄自信心的把戏，是我们自己的预设赋予了某人领袖魅力，没人生来就有领袖魅力。希特勒在一战中做下士的时候，在维也纳画画、穷困潦倒的时候，认识他的人，谁也没觉得他具有领袖魅力，甚至都不觉得他

希特勒的眼神：1930 年的希特勒

陆军元帅维尔纳·冯·勃洛姆堡相信见希特勒能治愈他的普通感冒。

赫尔曼·戈林认为希特勒能让他相信自己是个女人。

有做领袖的能力。领袖魅力只不过是希特勒在政治生涯中,通过一次次胜利和自己持之以恒的努力培养出来的一种个人气质。希特勒费尽心机,不遗余力地在人们心目中树立自己永远正确、脱凡超俗的形象,结果后来千百万人都主动接受了希特勒这种极度膨胀的自我标榜。写过希特勒传记的作家,伊恩·克肖爵士将1936年时希特勒的这种心态描述为一种"浮夸型自恋"。[36]

一旦我们将一种不可挑战的权威赋予一名领导人,这个男人(有时是女人)就会获得领袖魅力,领袖魅力的英文单词就来源于希腊语中表示精神的词汇。宗教领袖有时就具有领袖魅力,至少在他们的追随者看来如此,因为他们的权威建立在信仰之上,纳粹主义作为世俗宗教,没什么不同。历史学家迈克尔·伯利(Michael Burleigh)论证了纳粹和宗教最大的相似之处就在于,他们都神化了救世主弥赛亚这样的人物。[37]元首具有不可置疑的权威,他故意强调通过培养超越众人的地位而获得的领袖魅力。同时他还竭力避免与不受欢迎的、让自己看起来会犯错误的事物产生联系,他很少流露个人情感,远离需要展现普通人感情的场合。

差不多所有与希特勒有私交的人都有如下共识,只要希特勒在场,很难做到身心放松。希特勒的情妇爱娃·布劳恩(Eva Braun)拍电影的时候,把希特勒刻画成一位在社交场合和蔼可亲、彬彬有礼之人,但里面的希特勒没有一点真情实感、缺乏热忱。现实中,希特勒将自己塑造成难以接近的样子,从不和他人产生真正的私交。他最要好的朋友不是人,而是他豢养的德国牧羊犬布隆迪。直到自我了断之前的最后几小时,希特勒从来都还没有结过婚。除了身边几个人,大众完全不知道爱娃·布劳恩的存在。所有目击者都说,从没见希特勒对爱娃表现出真正的兴趣,他只是觉得爱娃面容姣好,容易相处,仅此而已。爱娃最后毅然决定留在希特勒身边,以不容置疑的奉献精神、与希特勒共存亡的勇气打动了希特勒。爱娃希望以希特勒合法妻子的身份死得清白,至少希特勒倒是同意给她这个荣誉,以作为对她与自己共同赴死的回报。死后,两人可能还得分道扬镳,毕竟爱娃没有像希特勒那样作恶多端,不必投向地狱的怀抱。

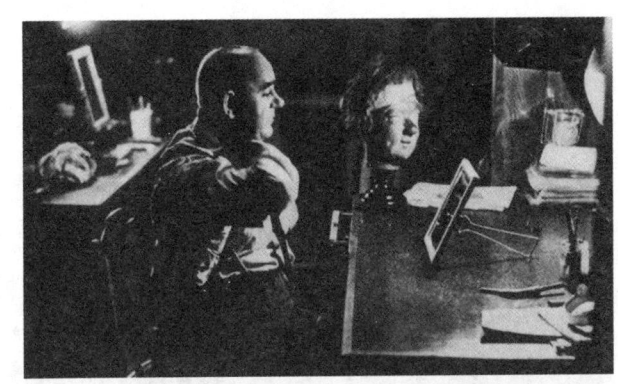

1939年之前的丘吉尔和希特勒　　65

1930年，慕尼黑喜剧演员魏斯·费尔德在化妆间；希特勒研究了他对时间的拿捏、表现方式和表演技巧。

希特勒为最得力的摄影师海因里希·赫夫曼进行夸张表演。

公共关系处理

希特勒喜欢与孩子和动物拍照,除了从不亲吻孩子,其余现代政治家做秀那套伎俩一个不落。希特勒把自己塑造成一个简单朴素之人,从公共关系角度看,这或许比声势浩大的纳粹集会更胜一筹。而戈培尔则忙着把希特勒鼓吹成"人民总理",强调他艰苦朴素、与普通民众心心相连。因此,尽管不少德国人都认为纳粹官员们不可一世,戏称他们为"骄傲的金松鸡",却把元首看成自己的一员。希特勒的这种做法,如今已经成为现代领导人必备的亲民宣传手段。(比如美国政客们在接待日很少有人一丝不苟地身着正装)

因为惧怕削弱自己的超人气质,希特勒虽然近视,却从不佩戴眼镜。秘书们只好用特大字体给他打印讲稿。[38] 希特勒也不允许别人在他进行剧烈体育运动的时候拍照,甚至不让自己的贴身侍卫看到自己衣衫不整。有一次,墨索里尼在照片里以泳装示人,希特勒大为不悦,称自己绝不如此;还说要是哪个"娴熟的造假师把自己的脑袋安到一个浑身赤裸、只穿泳裤的人身上,那简直就是噩梦"![39] 就连当着医生宽衣解带,希特勒也极不自在,此外他也从不容许别人对他敏感的腹部进行 X 光检查。党卫队首领海因里希·希姆莱(Heinrich Himmler)曾经建议他接受按摩治疗,遭到严词拒绝。希特勒自始至终把自己裹得严严

希特勒戴眼镜的照片十分罕见;希特勒害怕此类照片会影响他超人的形象。

实实，哪怕大热天也穿着长长的白色内衣。1944年7月20日，希特勒在炎热的夏日遭遇"炸弹阴谋"，被划破了裤子，人们才发现，这传言不假。

相比之下，丘吉尔对外表不屑一顾，对丢面子的事，从不挂怀。他深知别人对自己毕恭毕敬都是因为自己偶然成了"国王的第一大臣"。1944年，丘吉尔在摩洛哥不幸染疾，两个随从用桌布做成一个临时吊床，把他生拉硬拽到阿特拉斯山野餐，像这种毫无尊严地被人拖来拖去，他从不以为然。人们常常见他工作时身穿睡衣，趿着拖鞋，甚至忘乎所以，当着工作人员或同事，宽衣解带、沐浴更衣。有一次，刚刚裸身走出浴室，就撞见来访的罗斯福总统，罗斯福吃了一惊，丘吉尔自我解嘲说："不列颠首相没有什么需要跟美国总统隐瞒的。"丘吉尔天生爱戴有趣的帽子、爱穿制服，这也不是个有魅力的嗜好，他是唯一在位期间穿过军服的首相，就连威灵顿公爵也没这样做过。和罗斯福总统的合影里，有丘吉尔身穿名誉空军指挥官军装的照片，也有身穿第四轻骑兵上校军服的照片，还有身着皇家苏塞克斯团第四、五营（五港同盟）荣誉上校军服的照片。尽管大多数人觉得丘吉尔在服装上的标新立异妙趣横生，他却实实在在地把罗斯福总统的衣着品味衬托得胜人一筹。从《萨伏罗拉》可以看出，丘吉尔知道穿着干练的种种优点，但他明知故犯。书中描写萨伏罗拉进入劳若尼亚国家舞厅的时候："虽然穿着简练，但是什么装饰、勋章、肩章上的星星，也不能与他争辉，和巴黎的铁腕公爵一样，他一派领袖风范，沉着自信、不慌不忙。"[40]

希特勒在兰兹堡坐牢，墙上挂着他的桂冠。

丘吉尔做首相之前都不怎么注重着装规则。1940年,他发明了一种以垒砖工人工作服为样本的连体裤,只是将衣服的质地换成了天鹅绒,前面装了一条从上至下的拉链。内阁办公人员都笑话他的"婴儿连衫裤"。丘吉尔甚至还将这款连体裤穿到了一些正式场合,比如视察部队、接见外国政要等。苏联人对此不以为然,认为他"过于民主自由"。这印证了希特勒已经知道的观点:领导人穿朴素的服装,不仅不会让他淹没于芸芸众生,反而使他更加鹤立鸡群。

1939年在查特维尔,丘吉尔身穿被戏称为"婴儿连衫裤"的连体裤。

纳粹党自然喜欢盛装打扮。海因里希·希姆莱的全套礼服已经华丽得天下无双,赫尔曼·戈林的制服则有过之而无不及。戈林青睐奖章,还增设了几款,设立之初他就知道自己最有可能成为这些奖章的获得者。希特勒的军装朴素无华,没有金色编带,也没有肩章、肩带、翻领徽章或者勋章,只别一枚表明他一战中曾是个英勇战士的朴素铁十字勋章、一枚纳粹党徽和一枚小小的别的徽章。希特勒鼓励其他纳粹领导穿着浮夸,自己却刻意衣着朴素。这是他"人民总理"亲民形象的一部分。通过着装,他向人们传达这样一个信息,那就是,跟其他领导人不同,他至高无上,无需特别的制服或者徽章来强调。

1938年,希特勒出访罗马,会见墨索里尼,特地为所有随行人员定制了制服。为制服操刀的是帝国舞台设计师、帝国服饰委员本诺·冯·阿伦特(Benno van Arent)。阿伦特由于设计徽章大放异彩,被阿尔伯特·斯佩尔称为"帝国的锡匠"。阿伦特最拿手的是歌剧和轻歌剧布景设计,因此为随访人员设计了双排扣常礼服,上面密密匝匝装饰着金色编带。只有元首穿着一如往常,干净利落。照他的话说:"我周围的人必须看起来衣着华美,这样才能强烈衬托出我的简单朴素。"

少女联盟(有些看上去像是少妇)与偶像希特勒见面。一旁的是海因里希·希姆莱。

官邸对比

希特勒人为创造的领袖魅力,部分得益于巧妙设计的媒体拍照机会,将他塑造成一个化繁就简、热爱自然的人。为满足这个设定,他必须与公众保持距离,精挑细选一个远离城市的基地。领导偶尔深居简出,才能凸显自己掌控一切。对于这些,希特勒了然于胸。就这样,巴伐利亚阿尔卑斯山脉的贝希特斯加登地区与希特勒产生了不解之缘。希特勒在贝希特斯加登找到一座叫作萨尔茨堡的山村,在村子上面,沿着山腰修建了乡间别墅贝格霍夫。希特勒为他与这一地区长期的联系感到自豪,啤酒馆政变前,希特勒乔装打扮,曾拜访过一名在此居住的法西斯同僚。多年来,希特勒在这个地区住过不少小旅馆。后来买了栋房子。马丁·鲍曼、赫尔曼·戈林、阿尔伯特·斯佩尔,为了便于和希特勒见面,相继在此修建官邸。希特勒的房子成了该地区的元首总部。纳粹在山坡地下还筑起了钢筋水泥地堡,其中有三千码的遗迹保存至今,其余大部分于1945年被美军炸毁,以防新纳粹把这里变成避难所。(这种担忧不无道理,当年墨索里尼被软禁在意大利阿布鲁齐地区大萨索山顶峰的旅馆,后被德国伞兵奇袭营救,如今这个旅馆的一部分成了博物馆,纪念德国党卫队此次行动。)

希特勒开创了政客热衷于抓住和孩子"拍照机会"的先河。

"我和萨尔茨堡有不解之缘,"希特勒1942年1月对密友说,"许多计划的雏形诞生于此,实施于此。我人生中最美好的时光也在这里度过。我所有伟大的项目也是在这里构思、成熟。有闲暇时光,有挚友陪伴!"假如希特勒阴魂不散的话,他的阴魂留恋徘徊之处不会是柏林威廉大街附近的地堡,而是萨尔茨堡。

希特勒认为萨尔茨堡的乡间别墅贝格霍夫是建筑史上的旷世杰作,有些夸大其词。不知为什么,希特勒不喜欢涂了清漆的家具,只青睐裸松材。为希特勒作过传的作家诺曼·斯通(Norman Stone)说贝格霍夫"与伊恩·弗莱明笔下的恶棍真是天作之合,它镶着巨大的红色大理石,墙上挂着劫掠而来的油画,地上铺着厚厚的巨幅地毯,壁炉里火焰熊熊,超大号扶手椅彼此老远地一一摆开。暮色渐浓,炉火噼啪作响,来宾们在一起老生常谈,扯着嗓子才能让对方听到"[41]。希特勒五十岁生日那天,纳粹党送给希特勒一件号称土木工程奇迹的礼物——"鹰巢"。它高六千英尺,由石头打造,屹立在群山之巅,俯视着整个地区,还有他挚爱的萨尔茨堡。

萨尔茨堡摄人心魄的风景并没给希特勒带来心灵上的平静,相反,却似乎只促使他作出了最极端的决定。萨尔茨堡的日子里,希特勒苦心钻营,攫取了德国至高无上的权力,用臭名昭著的贝希特斯加登方案,拆分了捷克斯洛伐克,策划了对苏入侵。约瑟夫·戈培尔是萨尔茨堡的常客。在日记里他总是抱怨希特勒在萨尔茨堡住的时间过长,不过山区的宁静生活让希特勒更加无所不用其极,这让他满意。1933年3月末,在萨尔茨堡,希特勒决定在全帝国范围内,对犹太人经营的商业、服务业、提供的医疗、法律服务进行抵制。美到令人窒息的风景,在希特勒心中激起的不但不是善,仅倒是深深的罪恶。他没有更加柔软慈悲,而是更加铁石心肠,雅利安民族统治世界的美梦开始在他心中膨胀。传说中,德国皇帝巴巴罗萨就睡在贝希特斯加登山脉的最高峰之一温特山山巅,据此,1941年6月对苏的入侵行动被命名为"巴巴罗萨"就不足为奇了。

1933年夏,萨尔茨堡成了许多德国人的朝圣之地。伊恩·克肖爵士写道:"为了一睹帝国总理风采,崇拜者成群结队,慕名而来",巴伐利亚秘密警察头子不得不下令在贝希特斯加登实施特殊交通管制,禁止使用野外双筒望远镜观察"人民总理的一举一动"。可是,人们对希特勒的兴趣有增无减,希特勒下午散步的时候,为了不让人群靠近,迫不得已在整个地区拉起警戒线。如此便形成了一个传统,每天,两千多人,年龄各异,从德国四面八方汇集而来。他们满怀虔诚,沿着陡峭的山坡,来到萨尔茨堡,常常需要经历几个小时的等待,才会见一名副官发出信号。这时,人们就列成一个纵队,静静地走过希特勒面前。在希特勒最亲近的一个副官弗里茨·维德曼(Fritz Wiedemann)看来,这种疯狂的个人崇拜已经有了宗教的意味。人们的疯狂行为无疑进一步让希特勒觉得自己超凡入圣。

在巴伐利亚,纳粹不放过任何一个机会鼓吹希特勒。林林总总的照片中,有的是希特勒身穿德国传统皮裤,斜倚在树干上;有的是希特勒和孩子们在一起,孩子们满面笑容、金发白肤、满眼崇拜;有的是希特勒在轻拍他的德国牧羊犬布隆迪;有的是希特勒观看自己亲手规划的未来之城蓝图;有的是希特勒开心悠闲地与爱娃饮茶;有的是雅利安之父希特勒;有的是希特勒身着斗篷迎接大卫·劳合·乔治与温莎公爵之类的贵宾访问贝格霍夫;有的是希特勒在工作中,慰问老人,在白雪皑皑的山坡上行走……不一而足。

远离城市的喧嚣,有一个可以安静思考、写作和休闲的地方,对丘吉尔同样重要。1922 年 9 月,丘吉尔出资五千英镑,以十分划算的

希特勒和牧羊犬布隆迪。

价格购买了肯特郡的查特威尔。当时,查特威尔已经破败不堪,在拍卖市场起拍价六千五百英镑,也无人竞标。买这栋房子,丘吉尔靠的是表叔赫伯特·文-坦皮斯特勋爵曾经留给他的一笔遗产。丘吉尔刚出任殖民地大臣的时候,坦皮斯特在威尔士的一次列车事故中不幸丧生。

此外,在接下来的十八个月中,丘吉尔还花了近两万英镑对查特威尔进行修葺。那之后很多年,房子高昂的维修支出始终是他的负担。为此,克莱门蒂终日忧心忡忡,害怕房子会让他们破产。查特威尔将肯特的维尔德美景尽收眼底,令人心旷神怡,不愧是偶尔受到"黑狗"①困扰之人离群索居的完美去处。

丘吉尔在野期间,穿着崩开了线的大衣在家修缮屋瓦。

如果萨尔茨堡是中欧最具德国特色的乡村,肯特郡则是最具英国特色的郡县了。贝格霍夫的地理环境和美景激发了希特勒征服世

---

① "黑狗"一词出自丘吉尔的一句名言:"心中的抑郁就像只黑狗,一有机会就咬住我不放。"后成为英语世界中抑郁症的代名词。

界的春秋大梦,肯特维尔德的美景则坚定了丘吉尔阻挡希特勒美梦成真的决心。

对建筑的态度

希特勒十分痴迷于建筑的力量,因为建筑最能凸显他和他的帝国最新取得的辉煌成就。如果希特勒知道丘吉尔曾说:"我们首先塑造建筑,然后建筑反过来塑造我们",他定会由衷赞同这一真知灼见。希特勒有个狂妄的柏林改造计划。在戈培尔举行一场场盛大集会膜拜希特勒,希特勒几乎成了他们的宗教信仰的时候,斯佩尔则奉希特勒之命在柏林波茨坦广场几百码之外,重新建造总理府。希特勒要求总理府不仅要建得震撼人心,而且要建得摄人心魄。今天,当年的新总理府已经荡然无存,取而代之的是几座居民楼和一座幼儿园(真乃奇思妙想!)。建筑蓝图表明,扩建后的新总理府面积是旧总理府的二十倍之多。1938年新总理府破土动工之日,是意义非凡的一天。那年3月,没费一枪一弹,希特勒霸占了奥地利,10月夺取了苏台德,实现了两个巨大的外交目标。

在为德国人民寻求生存空间、积极扩张领土的过程中,希特勒不遗余力地给国外到访者尽可能留下刻骨铭心的印象。斯佩尔建造新首都日耳曼尼亚的时候,希特勒对他说:"不久之后,我就要召开极其重要的会议。为此,我需要让人们尤其是各国政要惊叹不已的雄伟

1938年,新总理府建成之日,建筑师阿尔伯特·斯佩尔和希特勒在欣赏他们的杰作。

来访者必须穿过气势越来越雄伟的九百英尺长的厅堂,才能到达希特勒的书房。

礼堂和沙龙。"新总理府建成后,绵延四分之一英里。虽然其地址是沃斯大街2—6号,这里却没有入口。斯佩尔特意选择在违反逻辑的一侧威廉大街上修了大门。也就是说,来访政要必须穿过逐层升高的九百英尺厅堂,转过中心巍峨耸立的大理石廊下,才能来到希特勒书房。希特勒对斯佩尔的杰作十分满意,赞赏说:"入口到接待大厅那段长路,会让他们品咂出德意志帝国的无上权力和辉煌。"

希特勒的书房足足有一千二百平方英尺,天花板上吊着笨重的水晶灯,地上铺着厚厚的素色地毯。巨大的办公桌正面装饰着三个头像,其中一个是美杜莎,头上顶着一团张牙舞爪的蛇。古代神话中,凡是见了美杜莎的,无一不中了她的魔咒,变成石头。希特勒的这间书房很少用来办公,其最大的功能就是向来访者宣传希特勒令人生畏的魅力和德意志举世无双的国力。

唐宁街10号的英国首相官邸,是白厅的一栋联排房屋,至少从外表看,在规模和风格上没什么特别。罗伊·詹金斯(Roy Jenkins)

描述它的时候说:"首相官邸建于 18 世纪早期,一个以偷工减料闻名的时代,是伦敦最破的大房子之一。"和《神秘博士》的时间机器与宇宙飞船一样,首相官邸不可貌相。周围很多小楼其实都是他的一部分,同时由于和其他英国行政部门有通道相连,外面无法看出,其实内部十分宽敞。从这一点看,首相官邸与希特勒炫耀多于实用的新总理府判若云泥。即便如此,首相官邸所有办公区域加起来也比不上希特勒一个书房大。

英国首相不可能发展出希特勒的那种领袖气质,不难理解。二战前,英国政治领导人经常自己在大街上散步,不像今天这样有保镖、智囊、助理前呼后拥,这使他们几乎没有可能获得领袖魅力。即便在二战期间,丘吉尔也经常从唐宁街步行到议会大厦。如今,就算

1940 年 7 月 4 日,丘吉尔手持着演讲稿,大步流星地走出唐宁街,准备向下议院宣布法国舰队在奥兰被击沉。

和平时期,哪怕三四百码的距离,首相也常常需乘车前往,只在比如2002年为王太后举行葬礼之时,这种能攫取政治资本的时刻,才下地走走。

政治道具、标志和商标的使用

希特勒和纳粹党将道具和商标玩弄得得心应手,他们的军服、马靴、万字符、臂章、旗帜、党歌、敬礼姿势,都赋予纳粹及其追随者一个易于辨识的团体身份。希特勒最有潜力的面部特征是他滑稽可笑的一小撮人中胡,曾随着希特勒对其宽度的修饰,经历了各种不同阶段的发展。丘吉尔也懂得政治家需要与众不同的标志。丘吉尔曾撰文,描写政客们的道具,比如威廉·格莱斯顿的衣领,鲍德温的烟斗等。丘吉尔言不由衷地说:"我从不沉溺于道具。"难道丘吉尔认为一般人会戴霍姆堡毡帽、打圆点装饰的领结、穿高高的翼领、抽《罗密欧与朱丽叶》牌超大雪茄?1941年夏天,丘吉尔发明了代表胜利的剪刀手。他有几十顶帽子:陆军军帽、海军军帽、木髓遮阳帽、澳大利亚丛林遮阳帽、俄罗斯雷锋帽、霍姆堡毡帽、巴拿马草帽、大礼帽等不一而足。其中一顶斯特森牌帽子,最近刚刚在拍卖会上以一万英镑成交。除此之外,他甚至还有一顶美国原住民酋长的羽毛头饰。丘吉尔很少吸烟,不过出现在公共场合,他总是点燃一根雪茄,拿在手中,还建议身旁的保守党国会议员说:"永远别忘了自己的标识!"[42]

形成强烈对比的是,希特勒坚决不吸烟,认为烟草是"印第安人对欧洲人带给他们烈酒的强烈报复"。他甚至找出了反对吸烟的种族动因。纳粹1933—1945年间实施了世界上最为严厉的禁烟活动:禁止公共场所吸烟,禁止给女性烟草配额,发展出了最高级的烟草流行病学,首次将烟草和肺癌联系起来。担心雅利安人种的身体健康受到烟草毒害,二战爆发前,半数都是纳粹党员的德国医生引领了禁烟运动。禁烟广告指出,希特勒、墨索里尼和佛朗哥,没一个吸烟,而斯大林、罗斯福都是老烟枪,丘吉尔更是烟不离手。[43]

希特勒利用将军们的盛装打扮刻意突出自己的简单朴素。

尽管禁烟活动轰轰烈烈,纳粹统治早期,德国香烟消费量实际上还是从1932年的每人每年五百七十根上升到1939年的九百根!(而同期法国只是从每人每年五百七十根上升到六百三十根。)德国禁烟活动分子跟希特勒抱怨说他们不得不与美式香烟广告竞争。不过由于烟草公司声称他们早期就开始积极支持纳粹政权,甚至还推出过一个叫作"冲锋队"品牌的香烟,向纳粹政权致敬,因此希特勒不愿意和烟草公司翻脸。烟草公司还为希特勒常年提供了源源不断的税收,1937—1938财年就贡献了不少于十亿德国马克,对纳粹连年捉襟见肘的财政来说,不可多得。1941年的时候,烟草税收占到了政府全部收入约百分之八,对保证希特勒的作战计划,起到了举足轻重的作用。

德国空军、邮政以及许多工厂、政府、纳粹办公室、疗养院和医院都实行了禁烟令。党卫队首领海因里希·希姆莱也宣布身穿军服的现役党卫队队员禁止吸烟。尽管如此,德国的烟草消费还是持续上升。到1941年,尽管有些防空设施里提供吸烟室,但基本都不允许吸烟。德国六十个大城市的公交车、火车也是一样。1941年11月烟草税提高至最高水平，纳粹宣称在整个帝国开始终结吸烟行为。统计表明，虽然有87.3%的士兵声称自己是烟民，比原来高，但是他们的抽烟量却少了23.4%。1940—1941年，德国人吸掉七百五十亿根香烟，如果搜集在一起，能堆成一座高四百三十六英尺，粗细一千平方英尺的圆柱。

人际关系能力

您觉得谁更善于管理人事，希特勒还是丘吉尔？尽管希特勒离群索居，不真正关心除了自己以外的任何人，但他没有把奉自己若神明的纳粹党众丢下不管。他们生病的时候，希特勒来医院慰问；生日和圣诞节的时候希特勒给他们送礼，甚至亲自挑选合适的礼物。有的人，比如他的贴身侍卫，把希特勒看作再生父母。

希特勒最喜欢的秘书格尔达·克里斯蒂安（Gerda Christian），2000年八十三岁去世的时候，仍然对她称为"头儿"的希特勒充满美好回忆，这是从1945年以来，都未曾动摇的。希特勒自杀前，格尔达始终在地堡里陪伴在他左右。她一生都认为希特勒"公平仁慈"，从来没说过希特勒一句坏话。这个世上再邪恶的领袖也不缺少为之辩护之人。比如十六世纪的莫斯科老百姓，肯定有人怀念伊万·瓦西里耶维奇（Ivan Vasilievich）。他们会一边喝伏特加，一边说尽管伊万是个暴君，但是他非常公平，他的残暴都是环境使然。相比其他批评，"可怕"实际上是个更加容易赢得尊重的爱称。成吉思汗可能也有这样的支持者。多年后，他们会斩钉截铁地说关于成吉思汗的故事都是误传，也许成吉思汗（Genghis Khan）自己根本不知道人们以他的名义干的勾当，因此遭到误解，至少他还让牦牛按时跑出来吃草。特兰西瓦尼亚人回忆起瓦拉儿亚大公（Vlad the Impaler），可能会多愁善感地说，"那时候我们都安分守己"。

艾瑞克·霍布斯鲍姆（Eric Hobsbawm），人称在世最伟大的历史学家。和艾瑞克差不多同时代的历史学家们，罗伯特·布莱克、阿萨·布里格斯、艾伦·布洛克、安东尼娅·弗雷泽、保罗·约翰逊、休·托马斯，他们可都还活着，鬼才知道为什么艾瑞克成了世界上最伟大的历史学家！有个人尽皆知的现象，那就是知识分子和作家，虽然他们无时无刻不标榜自己客观公正、不偏不倚，面对赤裸裸的权力，却常常不假思索，俯首称臣。越是残暴的政权越能让他们真心诚意、俯首帖耳。

1804年拿破仑率大军挺进布伦，聪颖敏感的英国人对拿破仑英勇事迹仍然崇拜得无以复加，就是这种不幸现象的绝佳例证。在《拿破仑和英国浪漫主义》(Napoleon and English Romanticism)一书中，历史学家西蒙·班布里奇(Simou Bainbridge)记述了拜伦、赫兹利特、华兹华斯、柯勒律治、骚塞对雄心勃勃、来自科西嘉的明星拿破仑无限"痴迷"。在政坛上，辉格党对敌人掩饰不住地大加赞扬，简直到了叛国的地步。后来成了墨尔本勋爵的威廉·兰姆(William Lamb)，在剑桥大学读本科的时候，用拉丁文写了一首拿破仑颂歌，给母亲的书信中，记录了他如何听到拿破仑胜利的消息，欣喜若狂，听到拿破仑失败的消息，伤痛欲绝。兰姆和查尔斯·詹姆士·福克斯(Charles James Fox)一样，崇拜拿破仑的"旺盛精力"。这与英国作家和贵族20世纪30年代崇拜纳粹德国的"旺盛精力"相差无几。历史学家阿瑟·布赖恩特(Arthur Bryant)1939年6月甚至把希特勒描述成"无名战士复活"，当时距二战爆发只有三个月，而且他也不像格尔达·克里斯蒂安夫人一样跟希特勒认识。

20世纪，知识分子表现出对暴君的迷恋，对他们的同胞产生了极其恶劣的影响，甚至真正的英才比如让-保罗·萨特(Jean-Paul Sartre)、E.H.卡尔(E. H. Carr)也会在政治上美化他们。导致人们批判能力变差，削弱了对暴君的反抗。格尔达·克里斯蒂安，年轻幼稚、终日待在柏林的地堡，缺乏见识，判断失误情有可原。见多识广的职业文人，比如20世纪30年代《纽约时报》驻莫斯科记者沃特·杜兰蒂(Walter Duranty)，对乌克兰大饥荒亲眼所见，却仍然大加称赞，这完全不可原谅。另一名美国记者，林肯·斯蒂芬斯(Lincoln Steffens)，为了哗众取宠，有过之而无不及。

伦敦黑帮分子双胞胎克雷兄弟的辩护者，会不假思索地说，兄弟俩维护了东区治安；爱尔兰共和党人辩护说，爱尔兰共和军有效打击了小规模毒品交易。不论出于什么目的，没有险恶用心的人，都不会非得把好人好事分个优劣高下。人类本性中喜欢抬杠的怪癖，激励我们成为《皇帝的新装》中说出事实真相的小孩。当然，控制得当，抬杠行为有时甚至对民主有益。比如，珍珠港事件后，蒙大拿州珍妮特·兰金夫人（Mr Jeanette Rankin）以 1 票对 388 票，反对美国众议院对日宣战。虽说她并不明智、判断有误，但她果断勇敢、坚持和平，毫不气馁。只有独裁者才要求百分之百的统一意见，而且这往往是无能的表现。

格尔达·克里斯蒂安夫人的人生结局堪称讽刺。格尔达曾经跟朋友说："为元首工作，我无怨无悔。全德国上上下下不让女性吸烟那会儿，头儿对我们网开一面。"格尔达患有肺癌，与疾病做了长期艰苦卓绝的斗争，最后不治身亡，算得上希特勒助她一死。

与希特勒不同，在丘吉尔手下工作，如蹈水火。丘吉尔身上，一般看不到《萨伏罗拉》里描写的"伟人必备的魅力"。人事管理上，他时而态度粗鲁、冷嘲热讽。秘书们搞不懂他"没头没脑的抱怨和不加解释、随口而出的只言片语"。对没准确理解他的人，丘吉尔常常出言不逊。"你到底哪儿上的学？"他咆哮着问。"为什么不多读读书？"要是丘吉尔活在当代，极可能被告上劳资仲裁法庭。虽然他常常事后安抚别人，但却改变不了他脾气暴躁的事实。好在丘吉尔对上对下态度一致，都是这副臭脾气。

20 世纪 20 年代，丘吉尔做财政大臣的时候，与当时的卫生部长内维尔·张伯伦意见不合。据说丘吉尔为此当着首相斯坦利·鲍德温的面，在房间里"踱来踱去，挥着拳头大嚷大叫，长篇大论"。张伯伦认为丘吉尔的脾气"幼稚可笑、粗鄙不堪"。他写信给鲍德温说："就算给我天堂般的待遇，我也不愿意为丘吉尔工作！反复无常之人！后面这个词儿虽然已经被人用滥，但这就是对丘吉尔性格的真实描述！"1940 年夏天，英国危机四伏，丘吉尔身心俱疲，此时他接到一封妻子的家书，上面写道："您傲慢粗暴、说话带刺，在同事和下属

时任财政大臣的温斯顿·丘吉尔与他的议会私人秘书鲍勃·布思比、女儿戴安娜和保镖 W. H. 汤普森去下议院提交 1929 年预算。

中人缘不佳,这会让你吃亏的,"又补充道,"必须跟您明说,最近我注意到您态度愈发恶劣……不如从前和善。"丘吉尔接受了妻子的提醒,痛改前非,不过正如澳大利亚总理保罗·基廷(Paul Keating)说的:"领导力不在于为人和善。而在于做出正确的决定,在于自身的强大。"[44]

1941 年 6 月,在下议院的演讲中,丘吉尔公开承认自己说话粗鲁无礼:

> 我自己习以为常的口头禅,无论口头还是书面,比各位批评家的话语更加冷嘲热讽,吹毛求疵。事实上,我常常纳闷同事们竟然还愿意与我谈话。

对于劝谏的态度

克莱门蒂能在信中对丘吉尔坦言相告,说明夫妻二人十分恩爱,开诚布公、婚姻稳固。1908 年 4 月 16 日,丘吉尔在给克莱门蒂的情书中写道:"遇到一位如此聪明睿智、如此品德高尚的姑娘,真是三生有幸。"1964年4月18日,距两人第一次通信已经五十六年,其间经历了两次世界大战,丘吉尔做了两届首相,两人互致了许许多多信件和电报,这一天,克莱门蒂再次写信告诉丈夫三党领导人想拜访丘吉尔,庆祝他退出议会。两人的通信中,有一封开篇就充满真爱的话语,那是克莱门蒂不在身边的时候,丘吉尔写道:"空空如也的小兔子床看了让人充满忧伤。"这说明好莱坞演员凯文·科斯特纳(Kevin Costner)2001年5月,在毫无证据的情况下说丘吉尔曾经对妻子不忠的话完全没有道理。用丘吉尔最小的女儿玛丽·索姆斯(Mary Soames)的话说,克莱门蒂也许和艺术品贸易商特伦斯·菲利普(Terence Philip)"共度过一段浪漫的假期",但其真实性仍存在争议。在查特威尔的金玫瑰路上,日暑下方,埋藏着克莱门蒂这段短暂往事的纪念,菲利普送给她的一只鸽子的尸体,墓碑上面刻着W.P.克尔(W. P. Kerr)的话:

> 巴厘鸽长眠于此。
> 勿须远行,
> 清醒之人不远处,
> 茕茕小岛,
> 牵我思绪。[45]

(假如丘吉尔就是诗中所指"清醒之人",那这首诗就更加值得玩味了。)

克莱门蒂有浪漫的一面,也有凶悍的一面。她没时间和丘吉尔诙谐幽默的朋友周旋,例如比弗布鲁克勋爵、布伦丹·布雷肯、伯肯黑德勋爵。不过她能用自己凶狠恶毒的眼神让戴高乐还有蒙哥马利这样的将军闭嘴。和丘吉尔这样脾气暴躁、要求严苛的人结婚,没有点勇气还真不行。她每次言辞犀利,都是为了为丘吉尔辩护。1953年法国大使举行午宴,克莱门蒂无意中听到前外交大臣哈利法克斯勋爵说丘吉尔拖了保守党的后腿,便猛烈反击道:"如果国家全指望您,二战可能就打不赢了。"克莱门蒂和丈夫丘吉尔是一对平起平坐、开诚布公的夫妻,对比之下,爱娃·布劳恩做希特勒情妇很多年后,仍然称希特勒"我的元首"。即便希特勒让爱娃直说,爱娃也不可能拉希特勒到一边,提醒他对下属的态度。

希特勒和爱娃·布劳恩直到希特勒五十六岁自杀前几个小时才结婚,据说因为希特勒是同性恋。不来梅大学洛塔尔·马克坦(Lothar Machtan)博士 2001 年出版的《不为人知的希特勒》(*The Hidden Hitler*)一书中做了详细研究,精密论证,说希特勒在性取向上,和梅尔·布鲁克斯(Mel Brooks)在《金牌制片人》(*The Producers*)中刻画的一模一样,但这个结论难以令人信服。马克坦声称,希特勒 1933 年前是个行为不检点的同性恋,之后还极度压抑自己的同性恋倾向,1934 年发动长刀之夜大屠杀,正是为了掩盖自己同性恋这个秘密。

不巧的是,这类理论有个难以避免的通病,说得好听是证据不足、支离破碎,说得不好听,所谓的证据只是无端揣测而已。尽管 20 世纪 20 年代开始就有几十本自传出版,书名从《希特勒的飞行员自述》《希特勒的医生自述》到《希特勒的贴身侍卫自述》,不一而足,但没一个超过《希特勒的情人自述》,成为畅销书。马克坦博士认为,原因是长刀之夜中被屠杀的一百五十人中,很多都是冲锋队员和希特勒性取向的知情人,这次对人证、物证的大规模毁灭几乎没有漏网之鱼。

马克坦博士的理论存在多处疑点。众所周知,戈培尔对同性恋恨之入骨。如果知道希特勒是同性恋,他会心甘情愿听命于希特勒,还为希特勒杀死全家并自杀?被戈培尔怀疑同性恋的将军们,前途尽毁。在集中营里,同性恋被视为犯罪,遭到处罚。尽管马克坦博士引用了 20 世纪二三十年代早期反希特勒的宣传,但是宣传的内容全部来自希特勒最坚定的政治敌人,本身的真实性就存有疑点。

希特勒死后被出柜,始作俑者是历史学家和贝登堡、基钦纳、蒙哥马利三位勋爵的电视纪录片制作人。让人生疑的不仅是希特勒这方面的污名,还因为他被迫闪婚。与希特勒在一战中并肩战斗过的人说,睡在壕沟里的日子,战士们会往希特勒的小鸡鸡上涂抹鞋油。马克坦博士说,这种行为"在德军中非常普遍"。

上文所说和希特勒曾并肩战斗过的人叫汉斯·门德(Hans

Mend),人称"幽灵骑士"。门德在一战中和希特勒在同一部队服役,不过他是个勒索犯和恋童癖,曾因性侵犯锒铛入狱,和希特勒在金钱上纠缠不清,但他从未与人提起这档子事。此人最终平静地死于达豪集中营,很多人据此认为希特勒杀人灭口。但据此人一贯表现,很可能是他干出了什么其他勾当。无论如何,假如希特勒真想把知道他过去秘密的人杀人灭口的话,屠杀完冲锋队领导后,给门德留下一条活口,那可是希特勒百密一疏了。

1933年之前,德国社会民主党和共产党的报纸一直以同性恋为武器,攻击希特勒。因此,说希特勒是同性恋并不是什么新鲜事,也不是什么禁忌话题。对此,马克坦博士持相同观点。成千上万关于希特勒的出版物深入挖掘了这个话题,尤其是他和鲁道夫·赫斯、阿尔伯特·斯佩尔之间是否超越了普通朋友这件事。如果我们相信马克坦博士,那么希特勒就是一个贪图男色、欺负弱小、毫无节制,对司机、战友、威尼斯的应召男孩、街上的陌生人处处留情的小流氓。不知什么原因,马克坦又说:"希特勒和斯佩尔怎么会有了同性恋关系,关系到了何种程度,这些我们不能妄加揣测。"马克坦博士甚至希望我们相信希特勒和假小子爱娃·布劳恩结婚,仅仅是为了不让后来的历史学家追究他的同性恋历史,爱娃可能知道自己只是希特勒的门面。尽管如此,她还是毅然决然,与希特勒一同赴死。

诺曼·斯通教授在他1980年出版的《希特勒传》

希特勒和他的金发美人——爱娃。爱娃总是称他为"我的元首",直到二人被迫结婚。

(Hitler)中深入考察了希特勒的性取向。摒弃了希特勒从一个到处拈花惹草的同性恋，摇身一变，成为德国总理的观点，给出了一个更加可信的说法。斯通认为希特勒处于"半性无能"状态，他血液中的睾酮水平只有正常人的一半："没人知道希特勒脑子里想什么，他始终对此秘而不宣。"除此之外，他35岁的时候，可能还是处男之身。

斯通认为希特勒的真爱之一是建筑，许多优秀建筑却拜他所赐惨遭摧毁，真是个悖论。他对女人和男人在性上都不感兴趣，性行为让他懦弱。他与赫斯关系亲密，但赫斯不是同性恋。希特勒和罗姆也很密切，他们互称用亲密随意的"du"表示你，而不是正式疏远的Sie。然而以上都不能作为希特勒和他们有同性恋性行为，或者希望与他们发生同性恋性行为的有力证据。

纳粹党成立早期，汉夫施滕格尔就对希特勒和其他纳粹党员都了如指掌。当时他说希特勒属于"克制欲望、宁可给自己打飞机的男人"。当时的汉夫施滕格尔还没必要跟美国特情局撒谎，夸大希特勒的性能力。希特勒可能的确与自己的侄女格莉·劳巴尔（Geli Raubal）有染，导致了格莉1931年9月自杀。这说明希特勒至少是双性恋。斯通教授判定："他十分孤独，但已铁了心肠，决定与权力共度一生。"这比马克坦博士的观点更加令人心悦诚服。

纵使希特勒是个同性恋，那也完全无法解释他的政治行为以及履行这些行为的方式。如果没了自己精心打造的领袖魅力，希特勒必将湮没于芸芸众生。剑桥大学现代史教授理查德·埃文斯（Richard Evans）睿智地指出："希特勒唯一真正超乎常人的特点是他善于用演讲蛊惑人心。一战后他偶然发现了自己这一才能。除此之外，希特勒没有过人之处，也没提出过什么惊世骇俗的想法。他是个狂热分子，对犹太人的仇恨，由衷而生，后来则演化成实现政治目的的卑劣手段。不过在魏玛共和国时期的极右翼空想家中，他这些思想并不出挑。"[46] 相比而言，无论用什么标准衡量，丘吉尔都是一个非凡之人。

有的书说希特勒是同性恋。

管理风格

丘吉尔经常无事不管,还干涉他人,声名狼藉。用今天的专业词汇来说,他就是个"微观管理者"。珀西·詹姆斯·格里格(Percy James Grigg)在丘吉尔担任财政大臣的时候,曾担任他的秘书,回忆说:"经常整个上午都忙得不亦乐乎,丘吉尔既要做起草重要政府文件、考虑新的财政方案这样的大事,又要做修改文件、纠正工务局让国有企业为捷克斯洛伐克供应火柴这样的小事儿。"

每天上午,还没起床那段时间,丘吉尔思维最为活跃,经常灵光乍现。他会不停地发出指令、问这问那。比如,20世纪20年代,做财务大臣的时候,一天吃午餐前丘吉尔做了如下工作:让财政次臣调查限制教师涨工资一事;质询内阁秘书长增派潜水艇到香港是否必要;询问外交部从波斯向英国发送电报的成本。管得太宽造成丘吉尔与他人关系紧张,一些有经验的财政官员不喜欢丘吉尔,认为他干涉了一些本来在低级别完全能够妥当处理的小事。

作为财政大臣,丘吉尔还想方设法在1926年大罢工期间控制英国政府喉舌《英国宪报》(British Gazette),以至于报社编辑不惜一切把他拦在印刷大楼之外。报纸首发前夜,编辑跟首相斯坦利·鲍德温抱怨说,丘吉尔"对临时工过于苛刻",大家"犹如惊弓之鸟"。五天后,又抱怨说:"丘吉尔在大家忙得不可开交的时候跑来添乱,强行要求修改无关紧要的内容,员工们火冒三丈。"更糟糕的是,丘吉尔好像还不断给印刷工作人员们演示如何操控机器设备,班门弄斧。

希特勒运用全然不同的方式管理政府。他不喜欢召开会议、阅读报告或者凡事落实到笔头。他说:"努力工作一辈子能有一个真正的创见就不错了。"对比希特勒的懒惰,丘吉尔工作十分卖力,用他自己的话说:"为了能让自己每天多工作至少两个小时,我午饭后小憩一个小时。"这种作息方法,本书作者也深得其益。战争期间,它让丘吉尔得以工作到凌晨两点,但却害苦了丘吉尔手下的工作人员。如果白天不午休一下的话,很难吃得消。

跟丘吉尔比,希特勒相当好逸恶劳。丘吉尔常常思索如何解决复杂的经济问题,有时候百思不得其解,而希特勒根本不予考虑。1932年希特勒说:"我有将所有问题化繁就简的本事。"希特勒知道自己想要的就是零失业和大规模军备重整。为此,他任命德国顶尖经济学家亚尔马·沙赫特(Hjalmar Schacht)出任经济部长和军备重整全权代表,很少干预他的经济治理工作。希特勒曾跟沙赫特说:"通货膨胀是缺乏调控的结果,买卖双方都缺少调控……我一定要让价格平稳下来。我的先锋队就是干这个的。"[47]希特勒的经济观让"计划经济"这个名词增加了一分邪恶的意味,比那些中央经济统制论者做得更甚。

在沙赫特的精心治理下,德国经济奇迹逆转,开始向好,但是不无代价。军备重整项目带来的财政赤字意味着20世纪30年代中

1935年,财政部长亚尔马·沙赫特向希特勒半身像敬礼。

期,经过三年的经济繁荣,德国开始出现食品短缺。农业部部长里夏德·达雷(Richard Darre)面对当时的情形,异常担忧。他的备忘录像雪花般飞往希特勒办公室。整整两年后希特勒才肯召见他陈述详情,但一切都是徒劳。希特勒对达雷担忧的细枝末节的经济问题不感兴趣,认为这些问题最好交给专家处理。

直到军队扩张计划出现了明显的风险,希特勒才亲自过问。沙赫特警告说,除非大规模削减军费,不然德国就是自取灭亡。但戈林比沙赫特更加清楚希特勒想要什么,他夸下海口说:"虽然对经济一无所知,但我有满腔热血。"沙赫特竭力限制军备重整规模这件事,让戈林嗅到了一箭双雕的机会,既可以讨好希特勒,又可以扩大自己的势力范围。戈林许诺制订一个"四年计划",供应食物和军火。因此,希特勒委任戈林为扩军备战"四年计划"的全权总代表。几个月内,戈林就请了大量专家为具体经济问题制定了解决方案,这些专家和沙赫特经济部的专家展开了角逐。

1937年5月沙赫特找到希特勒,表达了自己对戈林一系列计划的不满,但希特勒没让他说下去。希特勒不想插手二人的角逐,让沙赫特和戈林直接对质。几个月以后,沙赫特别无他法,提出辞职。以上就是希特勒治国理政的典型案例。希特勒对政治或者管理细节不感兴趣。相反,希特勒制定总体目标,放手让下属自行解决出现的纷争。

下属跟希特勒打交道最好的办法就是像瓦尔特·莫德尔(Walter Model)上将那样,从不请示、直接激情万丈地提出强有力的建议,偶尔选择性忽视不可能完成的命令,先斩后奏。这套行事方式往往奏效,尤其是假如莫德尔能成功说服希特勒相信某个战略原本就是希特勒的主意的话,获得希特勒支持就是板上钉钉的事情。莫德尔为人粗犷,绝对忠诚。1944—1945年,为了抵御红军,莫德尔被希特勒从一个前线调往另外一个前线,赢得了"防御之狮"以及"元首的救火队员"的称号。1945年4月20日,莫德尔开枪自杀。

希特勒甚至还鼓励国家机器之间展开竞争,造成各个部委和追随者之间一种新达尔文主义式的争抢。有异于"团队协作"管理法,希特勒从不介意政府机构之间产生纷争。最后的结果就是,外交部

1937年,在晚会上,希特勒怒斥了两名圣诞老人。

长约阿希姆·冯·里宾特洛甫恨空军司令赫尔曼·戈林,赫尔曼·戈林讨厌装备建筑部长阿尔伯特·斯佩尔,阿尔伯特·斯佩尔害怕党卫队首领海因里希·希姆莱,海因里希·希姆莱憎恨纳粹党秘书长马丁·鲍曼,马丁·鲍曼看不上宣传部长约瑟夫·戈培尔,约瑟夫·戈培尔看不起里宾特洛甫。这些不和都是希特勒挑起的,而每个人最终或者单独都要向希特勒汇报。显而易见,这种情形十分荒谬。但如此一来,正中希特勒下怀,符合他的新达尔文主义世界观,巩固了他的权力,让他成了各家争端的最终仲裁者。

斯佩尔下面讲的故事可以作为希特勒这种治国理政技巧的例证。斯佩尔回忆说:

外交部长里宾特洛甫有个驻统帅部联络官,名叫瓦尔特·黑韦尔(Walter Hewel),希特勒总让黑韦尔将与里宾特洛甫在电话里的谈话内容转述给他,乐此不疲。希特勒甚至手把手指导黑韦尔如何让里宾特洛甫出丑,如何迷惑里宾特洛甫。有时,黑韦尔和里宾特洛甫通话的时候,希特勒就站在一旁,黑韦尔一边捂着话筒,一边将里宾特洛甫的话说给希特勒,希特勒听完,小声告诉黑韦尔如何应答。通常,希特勒让他说的都是些冷嘲热讽的话,意在激起里宾特洛甫的疑心,以为别人在涉及外交的问题上左右了希特勒的意见,对外交部事务横加干涉。

如此治国理政,断然行不通。

1939年,二战爆发,丘吉尔出任第一海军大臣,掌管所有海军战区。时间不长,人们就发现,在野的日子并没有改变丘吉尔微观管理的习惯。丘吉尔坐在海军大楼办公室,如今称为丘吉尔室的地方,向下属和内阁同僚机关枪一样发出了许许多多的建议和命令,涉及战争的方方面面。有位海军军官在日记中坦言:"丘吉尔对水兵的工作展现出极大兴趣,常常对水兵指手画脚。他绝非凡人,对形式把握之精准,令人惊讶。但我希望他只管好自己的地盘。"[48]丘吉尔知道自己有这个毛病,三年后有次他跟下议院说:"我肯定不是个需要经常被人耳提面命的人,但是我喜欢对别人这么做。"

在丘吉尔看来,自己第一海军大臣的"地盘"远远超出了皇家海军的职责。1939年9月10日,刚刚上任一个星期,他就写信给外交大臣哈利法克斯勋爵。在谈及埃及电报成本一事前,说他认为哈利法克斯的朋友,英国驻意大利大使珀西·洛兰爵士(Sir Percy Loraine)"似乎不理解我们的决心"。最后他的话听起来像极了一个彬彬有礼的威胁:"我希望您不介意我在外交部电报一事上对您的一再提醒,我想这样比起我直接在内阁里提出此事要好得多。"几天后,丘吉尔再次给哈利法克斯发来建议,敦促他将保加利亚纳入巴尔干防御体系。同时丘吉尔还给掌玺大臣塞缪尔·霍尔勋爵(Sir Samuel Hoare)写信,信中称呼他为"亲爱的山姆",质询了是否有必要对汽油和肉类食品实行供给制、限制娱乐、宵禁,等等。还提议建立"一个由五十万四十岁以上男性组成的地方志愿军"。这封信的结尾同样像极了一个威胁:"我听到来自各个方面、持续不断的投诉,说后方缺乏组织。难道我们不能处理此事吗?"

领导精力旺盛、干涉他人、进行微观管理并不罕见,而且也不见得就是坏事。直接参加管理也许能提高办事效率,但一切都取决于实现的手段。微观管理存在的主要问题是,业务越强的员工,越不喜欢被管三管四。丘吉尔能激发人们那个时代最急需的东西——热情和斗志,所以大部分员工和同僚对丘吉尔的指手画脚忍耐有加。丘吉尔,用他一位秘书的话说,不仅仅是个"讨厌鬼",同时还是针"兴奋剂"。[49]谢天谢地,在他身上,后者胜过了前者。丘吉尔有很多缺点,经历过很多失败,但是他旺盛的精力、永不气馁的精神大大地弥补了这些不足,甚至在1940年春的挪威行动中也是这样。

挪威行动的倡导者本就是丘吉尔。早在1939年9月,丘吉尔就建议通过在挪威水域布雷,切断德国的铁矿石供应。当时,挪威是中立国,出于法律和外交上的考虑,挪威行动被耽搁了数月。1940年4月,皇家海军最终被派往挪威,结果却被德军先发制人。德国清楚盟军此行目的,在英国舰队到达之前,就占领了挪威主要港口。经过数星期战斗,英国攻占了最关键的海港纳尔维克。可惜的是,第二天就迫于形势匆忙撤离。不久,挪威陷落。当时,英国海军是世界海洋霸主,此次失败,颜面尽失。这件事成了当时许多悖论中的一个。正因为挪威行动惨败,张伯伦被迫辞职,丘吉尔才当上了首相。其实,与张伯伦相比,丘吉尔作为第一海军大臣,应该为盟军在战争上的失误承担更多的直接责任。不过,人们经常会根据一位领导的精神,而不是他的行动来评价这位领导,这不无道理。丘吉尔就具备了伟大领导最需要的一项精神技能:鼓舞他人。

希特勒和丘吉尔在战争期间,都能利用强大的民族主义精神。与夏尔·戴高乐有种"对法国的想法"一样,丘吉尔对不列颠曾经的样子和能够达到的样子,也有自己的想法,这种想法建立在他(常常是过于浪漫化的)对不列颠历史的理解之上,有种英雄主义的意味。希特勒对德国人民和德国人民内在的国民性格没有这种出于本能的浪漫理解,他只是一味迎合德国民众的痛苦和愤怒,而且这是他那些把戏中唯一的基调,丘吉尔则能与时俱进。

尽管丘吉尔总是拿特拉法加海战、拿破仑、纳尔逊激励英国民众,希特勒却始终没有遭遇滑铁卢的迹象。1940年7月,丘吉尔不得不承认这一点,他说,"到目前为止,我们还一直处于守势",到1942年,"我相信,战争格局将会改变"。丘吉尔的预言成为现实——1942年下半年,盟军在阿拉曼和斯大林格勒取得了有史以来最大的胜利。然而,仍然看不到必胜的希望。丘吉尔呼吁人们坚定必胜的信念。由于他的领导和非凡的演讲技能,同时也由于别无选择,人们只能盲目相信胜利终将属于英国。

希特勒也鼓励德国人民,希望他们相信,德国的各种努力抗争,都是过去各种艰苦卓绝抗争的延续。希特勒说自己的思想与巴巴罗萨、奥托·冯·俾斯麦等伟大德意志英雄一脉相承。德国顶级战舰之一就以俾斯麦的名字命名。1945年4月,红军挺向德国总理府,危急关头,希特勒让戈培尔把巴巴罗萨即腓特烈大帝的故事读给他听。

希特勒和丘吉尔都要求各自的国家做出极大牺牲,这是一种极不符合人类本能的领导形式。管理大师们写的领导力手册和书籍告诉我们:"领导者最基本的任务就是让被领导之人产生良好的自我感觉。领导创造一种共振,一种能让人们释放出人性光辉的正能量。"[50] 关于令人讨厌的最后一句管理者语言,良好的自我感觉,经常能从自我牺牲中激发出来,这是事实,至少战时如此。1940年12月15日,闪电战期间,丘吉尔的一位助理政务次长理查德·劳(Richard Law)指出了这个事实。他跟丘吉尔的私人秘书说:"希特勒权力的秘密在于他要求大家做出牺牲。丘吉尔也知道这一点,在自己的演讲中,充分利用了这个道理,不过〔劳工大臣欧内斯特·贝文〕(Ernest Bevin)认为许诺提高工资、缩短工作时间更可以提升士气,这并不正确。"[51]

丘吉尔从来没有要求英国人牺牲的,是希望。1941年,在苏联和美国参战前,完全无法预料如何打败希特勒——丘吉尔他自己都不能肯定——但是他的演讲在广播中听起来仍然乐观笃定、胜券在握:

> 在首都,我们为奋战在各自岗位的英国海军、空军、预备役军队欢呼。他们知道,他们身后的不列颠民众永远不会退缩,反

而会积极抗争——尽管战争可能艰苦卓绝、旷日持久；从苦难中寻求灵感，寻求生存之道，寻求成功之道，这不是为了我们自己，而是为了所有的人——胜利不仅属于我们这个时代，而且属于长久的、更美好的未来。

希特勒领袖魅力背后的驱动力是对权力的追逐。然而，丘吉尔表明领导人不需要领袖魅力或独裁权力也能鼓舞他人。见过希特勒的人会觉得希特勒无所不能，见过丘吉尔的人反而觉得他们自己无所不能。因此，真正的激励总是胜过人为制造的领袖魅力。

"为元首而奋斗"

希特勒有效的领导技巧之一就是推行"为元首而奋斗"这一概念，或者做会取悦元首的工作，即便元首并没有直接要求人们去做。在纳粹统治期间，这一点在反犹问题上展现得淋漓尽致。戈林接替沙赫特之后，采取了更加激进的措施，将犹太人从德国经济领域剔除出去。到1938年4月为止，超过百分之六十的犹太公司遭到清算或者"雅利安化"。1938年，吞并奥地利后，反犹暴行在全德国范围内滋长起来。希特勒觉得不能让自己和反犹运动产生联系，但还要确保反犹势头继续滋长，这两者对他的国际地位同等重要。1938年，希特勒到德国各地视察，但不允许媒体将视察和犹太问题的讨论联系起来。

1938年11月7日，波兰犹太人赫舍尔·格林斯潘（Herschel Grynszpan）暗杀了德国驻巴黎大使馆第三任秘书恩斯特·冯·拉特（Ernst vom Rath）。第二天，在各地纳粹党头目煽动下，德国各地发生了大规模反犹游行和反犹活动。11月9日傍晚，纳粹头目在慕尼黑老市政厅集会，庆祝啤酒馆政变十五周年。招待会刚刚开始，冯·拉特就因为伤势过重不治身亡。戈培尔在日记中写道："我跟元首解释这件事。元首决定：继续游行示威。撤回警察。犹太人该尝尝众怒的滋味了。"

由于戈培尔和捷克电影明星丽达·巴洛娃（Lida Baarova）产生了婚外情，引发家庭不和，他在希特勒心中形象大打折扣。因此他抓住反犹这个机会，希望提高自己在希特勒心目中的地位。如今，机会摆在眼前，在反犹这个关键问题上，通过"为元首而奋斗"，戈培尔期待重新获得希特勒的青睐。希特勒离开老市政厅后，戈培尔发表了一通煽风点火的演讲，暗示纳粹党应在全国范围内组织开展反犹"游行"。纳粹头目们立即将这个意见下达给地方官员，纳粹分子和冲锋队活跃分子开始对犹太会堂、犹太人的生命和财产痛下毒手。

戈培尔用恶搞哄骗希特勒，打击对手。

希特勒主意已定，党卫队本身不能参与水晶之夜行动。用戈培尔的话说，反犹游行要达到"众怒自然而然爆发"的效果。如戈培尔所说，如果党卫队参与，就会使暴力行动看起来更像有组织的活动。这一点，参与行动的大多数人都心知肚明。《慕尼黑协定》签订刚刚六个星期，纳粹政权的本质就再次在世人面前原形毕露。希特勒急于和这次事件撇清关系。无论他的辩护者怎么为他辩解，显而易见，戈倍尔的行动都得到了希特勒的全力支持。水晶之夜后的第二天，与一百名主要媒体记者的见面会上，希特勒做了一个秘密演讲，高度评价了戈倍尔在宣传事业上取得的胜利。几天后，即11月15日，戈培尔的日记显示，元首"身心愉悦，强烈反对犹太人，完全赞同我的政策以及我们的政策"。希特勒怂恿戈林制定一个解决"犹太问题"的协同方案。

戈林抓住机会，攫取金钱，注入他摇摇欲坠的四年计划。戈林告诉保险公司，如果不想损失海外业务，就必须为损失保险。至于犹太人，他们这些怪胎的损失只能自己承担了。保险公司把赔偿金付给第三帝国，而不是犹太人。戈林还向犹太人征收十亿马克的"赎罪金"。1939年1月1日，犹太人被完全禁止从事经济活动。

希特勒的下属们使出浑身解数讨好希特勒，导致纳粹制度走向极端。尽管前面除了丘吉尔，还有很多人都发出了预警。水晶之夜告诉全世界，纳粹主义是一种邪恶的信仰，极可能将全世界卷入战争。经济上，戈林的四年计划根本无以为继，投入军备重整的金钱造成的窟窿，需要通过某种手段弥补。战争就是他们的解决方案。丘吉尔没有错，希特勒对战争蓄谋已久。宣战那天，张伯伦任命丘吉尔再次担任第一海军大臣。丘吉尔重返政坛。

1940年之后的丘吉尔和希特勒

> "战争是个凶残的家伙,所有荣耀的外衣都已扯掉,只剩下了无聊的机械重复。"
>
> ——20世纪30年代丘吉尔与下议院议员罗伯特·伯纳斯在茶室的对话

战争爆发第一个月,人称"假战",又称"静坐战"时期,所有人都宣扬必须谨慎,丘吉尔则不断鼓动大家不仅在海内,而且要在海外展开行动。不过丘吉尔对不列颠反潜艇措施过于自信。1939年9月,在布里斯托海峡,"勇敢号"航母被鱼雷击中。10月,一艘德国潜艇突破斯卡帕湾防线,击沉"皇家橡树号"。战争爆发后前9个月,英国损失了八十万吨的船舰,而德军潜艇和水雷的损失则小得多。1940年春末,丘吉尔公开宣称,皇家海军已经将德国前线的U型潜艇打到只剩十来艘。假如这个数字准确,英国皇家海军就应该解决了大部分前线的德国部队。可惜,事实并非如此。丘吉尔不得不将反潜作战指挥官调到现役部队,以免他不断纠正丘吉尔的错误信息。

1940年1月20日,丘吉尔通过广播向中立国讲话,敦促荷兰、比利时和斯堪的纳维亚国家"与英、法站在一起,共同抵御侵略和恶行"。希特勒感到威胁的到来,开始先发制人。后来截获的希特勒会议记录表明,1940年初,希特勒仍然认为"让挪威保持中立,对德国最为有利"。2月他转变了想法,认为:"英国打算在挪威登陆,我要抢先到达挪威。"丘吉尔命英国和"哥萨克号"驱逐舰驶入挪威海域。在挪威,英军为了解救英国战俘,强行登上德国船舶"阿尔特马克号"。这个事件发生后没几天,希特勒就下令攻打挪威。一方面,丘吉尔利用英军在阿尔特马克号事件中的成功,大肆宣扬。另一方面,挪威政府则强烈抗议英国侵犯挪威领土。在希特勒看来,挪威被动接受英军,必然是两国沆瀣一气,引爆了德国先发制人的行动:入侵挪威。

1940年4月9日傍晚,丘吉尔正在内阁同僚空军大臣塞缪尔·霍尔爵士家参加盛大晚宴。当晚丘吉尔兴致勃勃,因为他在挪威海域布雷的想法,终于得以实施。这是一项他打算已久、自鸣得意的计划。通过此计划,他希望能切断德国从斯堪的纳维纳国家进口铁矿石的重要渠道。霍尔在他的日记中记录道:"他满心欢喜,以为抢了德国人先机。丘吉尔十点半离开的时候,信心十足、意得志满。"[1] 回到海军总部,他才发现大事不妙。被釜底抽薪的不是德国人,而是自己,因为有消息传来,说一支庞大的德国海军正朝挪威火速前进。第二天,纳粹占领了挪威重要海港纳尔维克。没过几个星期,挪威就全部沦陷,希特勒占领挪威。

爱德华·狄特尔(Eduard Dietl)是德军指挥官,他仅率领两千名山地步兵、两千六百名水兵,就打败了包括挪威第六师在内共两万四千五百名士兵的盟军。问题出在哪儿?[2] 其实,德军早就得到了准确情报,对英国的意图一清二楚;丘吉尔的计划惨遭失败,不怪别人,全怪自己。2月2日,丘吉尔在伦敦举行的一次中立国新闻记者秘密会议上,透露了大量信息,暗示将会进行挪威行动。很快,消息就传到了德国情报机构耳中。1940年3月末,全世界媒体已经渐渐充斥着同盟国将对斯堪的纳维亚国家出手的揣测,后来人们发现丘吉尔的侄子贾尔斯·罗米利(Giles Romily)被派往纳尔维克,进一步证明了大家的疑惑。

形成鲜明对比的是,希特勒的大胆计划做到了密不透风。在希特勒亲自督办下,德国最高指挥部内部成立了最高机密机关国防军最高统帅部(OKW)。希特勒任命法尔肯霍斯特将军(General von Falkenhorst)负责代号为"威悉河演习"的准备工作。为了保守最高机密,一开始执行任务,德国连地图也没有配给法尔肯霍斯特。法尔肯霍斯特自己买了份德国贝德克尔出版社出版的挪威便携地图,回到旅馆。到了下午,回来给希特勒看他制订的作战计划。希特勒当场同意。关于这个计划,希特勒对里宾特洛甫都只字未提。由于保密工作完善、行事果断勇敢、计划周密翔实,仗打得十分顺利。希特勒将此次行动称为当今军事史上最大胆的军事行动,当之无愧。

对比而言,英国政府机构臃肿,难以实现这种短平快的操作。丘吉尔不顾斯堪的纳维亚中立国身份,在挪威海域布雷,必须咨询内阁、外交部、法国人、自治领以及其他组织机构的意见——他不能对国际舆论不管不顾。在英国,没有哪个个体有足够权威,一声令下,就能让丘吉尔开展行动。做个决定必须牵扯这么多部门,难怪德国人对英国人的计划洞若观火。

希特勒实施独裁,比起英国领导人更容易做到瞒天过海。希特勒的内阁自1938年,就从未召集过,接下来也不会被召集。英国外交大臣哈利法克斯勋爵犹豫不决,大大拖延了盟军的行动。而在德国,希特勒根本没让外交部长里宾特洛甫参与决策。做好保密工作是希特勒的部队纪律,高高悬挂在每个办公室墙上。其中,第一条就是:"没必要知道自身任务之外的信息,自己任务的信息如非情不得已,不要告知他人。"

挪威战役中,希特勒出现精神异常,实在堪忧。希特勒莫名其妙,开始对纳尔维克的形势惶恐不安,命令陆军元帅威廉·凯特尔(Wilhelm Keitel)起草命令,让纳尔维克的部队撤退到中立国瑞典,不再出击。因为指挥官告了病假,一名临时代替的、较低级别的军官,迅速做出反应,力挽狂澜。这名军官是伯恩哈德·冯·罗斯伯格(Bernhard von Lossberg)中校。当时他在国防军最高指挥部柏林办公室值班,接到希特勒下达给纳尔维克指挥官撤退的命令后,立即找到陆军元帅凯特尔和陆军元帅约德尔,并断然拒绝将希特勒的命令发送出去。他说,这个命令违背常理,与导致德国战败的马恩河战役所犯错误如出一辙,当初的马恩河战役导致战争进入长达四年的阵地战,也导致了德国的失败。

约德尔毫不含糊地说,自己无权撤销命令。但他想出了一个周旋之策,先把希特勒的命令撕毁,然后给纳尔维克的指挥官发出一份升迁贺电。第二天,约德尔跟希特勒解释,电报没发出去,因为与他前面刚刚发出的贺电内容矛盾。就这样,手下人补救了希特勒险些铸成的大错。希特勒如此出尔反尔并非个案。1940年夏,在法国战役中同样的事情再度上演。尽管西线的闪电战闻名于世,但经过仔细研究,我们会发现闪电战的成功暴露的,不只是希特勒的军事才能,还有他的人格弱点。

1940年5月之前,盟军的心态可以用一个词概括:"马奇诺防线",一条法国人在法德边界修建的复杂防御工事。马奇诺防线于20世纪20年代晚期开始修建,30年代早期完成,以担任多年法国陆军部长的安德烈·马奇诺(Andre Maginot)名字命名,被认为是当时最先进的防御体系,坚不可破。事实上,这条防线,后来给法国带来了军事上的奇耻大辱。法国最高统帅部以为和德国的战争会重蹈一战覆辙,上演阵地战。马奇诺防线本质上就是西部前线的一条钢筋水泥线。这是典型的领导失误,法国最高统帅部浑然不觉:历史不会原封不动发生重演,墨守成规的领导者只能等来失败。有人提醒丘吉尔要以一战为鉴。1944年丘吉尔在下议院打趣说:"我肯定不会犯同样的错误;要犯,也应该是崭新的错误。"

纳粹准备进攻法国的时候,人数和装备明显处于劣势。同盟国人数、枪械、坦克的数量和质量更胜一筹。然而,德军有个难以估量的优势:他们有出类拔萃的将领。德国将领认识到军事环境与1918年相比,已经发生了翻天覆地的改变。波兰战役表明坦克和俯冲轰炸机协同作战能带来速度和极大的破坏性。因此,德国最高指挥部准备在西线大规模使用这种新型战术,并将其命名为"闪电战"。在英国,由于下院要求张伯伦下台,英国国会陷入了全面政治危机。

丘吉尔上台

1940年5月7到10日,一次轰动的议会政变后,时任第一海军大臣的丘吉尔代替张伯伦成为战时首相。张伯伦是制定战前绥靖政策的高级领导人之一,他领导了保守党人为主的国民政府长达三年,辞职的时候仍然在保守党内部以及英国国民中得到很多人的支持。英国远征军挪威战役失利,很快就要给下议院带来暴风骤雨。圣灵降临节公众假日到来前,大家一致同意,国会休会期间,举行的传统辩论将以挪威失利和目前为止政府的战争态度为主要议题。威斯敏斯特的国会议员们浑然不知,希特勒正在准备在西线全面实施闪电战。1940年5月7日星期二傍晚,英国国会议员召开会议,五十五小时以后,德国将对荷兰、比利时、法国展开全面入侵。

国会辩论导致张伯伦领导的国民政府垮台,让人始料未及,就连张伯伦自己也万万没有想到。辩论开始前,张伯伦告诉哈利法克斯勋爵,他觉得辩论"没用"。然而,有威望的议员煽风点火的演讲,后座保守党议员的不支持,张伯伦自己的表现不佳,持续不断的幕后阴谋诡计和利益交换,丘吉尔一反常态、毫无亮点的演讲,种种因素叠加起来,经过两天辩论,威斯敏斯特的气氛急转直下,出现了要求张伯伦下台的呼声。

有个叫约翰·穆尔-布拉巴赞(John Moore-Brabazon)的后座保守党议员不顾下议院法规,站在会场白线以外,偷偷用微型美乐时相机拍摄了一些后来被称为"挪威辩论"的模糊照片。从照片上,我们可以看到,张伯伦起身为他的内阁辩护,议会大厅和廊下人头攒动。张伯伦费尽全力为4月4日称希特勒"悔之晚矣,错过了公交车"这种骄傲自满的话进行辩解。他那次沾沾自喜的断言四天后,德国就对挪威发起进攻,英军被迫于5月2日撤出挪威。

工党议员不断插话,张伯伦艰难地完成了那次长篇大论、乏善可陈的演说,为自己和自己领导的政府开脱责任。"我尽力保持中立,"张伯伦那天的演讲充斥着这样的话,"既不让人们产生不切实际、无法实现的奢望,也不描绘悲观绝望的画面,让人们心惊胆寒。"张伯伦的做派和大不列颠从前雄狮般的首相,大小皮特、巴麦尊勋爵、劳合·乔治的领导风格天差地别,人们失望透顶。

反对党工党领袖克莱门特·艾德礼给予回应,对挪威战役中的计划组织、实施步骤进行了猛烈抨击。艾德礼指出,张伯伦政府完全没有从希特勒去年秋天对波兰的闪电战中吸取任何教训。"没有在精力、强度、驱动力、决心上全力以赴进行作战。"艾德礼讥讽张伯伦"错过了所有通往和平的公交,反而坐上了战争的公交"。艾德礼在发言结尾称自己对英国最终赢得战争充满信心,但是要赢得战争必须"起用新的掌舵人,代替将英国带入战争的张伯伦"。

随后,自由党领导人阿奇博尔德·辛克莱爵士(Sir Archibald Sinclair)开始发言,将大家注意力转移到国家各部门领导"自以为是且毫无根据的自吹自擂,与德军迅雷不及掩耳的重拳出击形成鲜明对比,可叹可笑"。一贯如此,毫无改变。从1935年大选之后,保守党就占据了议会249席,成了多数。如果此次辩论只限于党派纷争,张伯伦政府毫无畏惧。保守党后座议员帝国主义者陆军准将亨利·佩奇·克罗夫特爵士(Sir Henry Page Croft)发表了一通支持张伯伦的言论,遭到工党议员约书亚·韦奇伍德上校(Colonel Josiah Wedgwood)严厉驳斥,称克罗夫特"盲目乐观",并且预言不列颠将遭受"闪电"入侵,保守党内部不堪一击的表面团结被砸开了第一道裂缝。

海军舰队司令罗杰·凯伊爵士(Sir Roger Keyes)是代表朴茨茅斯的保守党议员。他身着装饰着六排勋章绶带的海军军礼服,站了起来。他说挪威战役"指挥不力、令人发指,我保证下议院不允许此类错误发生"。凯伊参加过著名的1918年泽布吕赫突袭,是位英雄,他的观点很有分量。辩论目击者的日记和信件有许多对那天的记述。几乎所有记述都指出,凯伊的演讲铿锵有力、掷地有声。尽管挪威海战几乎通盘由海军部指挥,和丘吉尔有交情的凯伊却设法规避了丘吉尔对挪威溃败所应负的任何个人责任。"整个国家都指望他帮助我们赢得战争。"凯伊在一片掌声中坐下之前这样评价丘吉尔。

之后不久,德高望重的保守党前内阁大臣利奥·埃默里(Leo

Amery)起身发言,再次给了张伯伦政府前座议员重重一击。埃默里身材矮小、不善言辞,但他是张伯伦老家伯明翰的代表之一,也曾担任第一海军大臣,这使得他的话有了额外的分量。埃默里一边猛烈抨击张伯伦政府,一边感到下议院的民意渐渐倒向自己。他决定冒险一试,用1653年奥利弗·克伦威尔解散长期议会时说的话,结束自己的演讲:"你们占着茅坑不拉屎。离开吧,我说,让我们结束吧。以上帝的名义,走吧!"这些话产生了戏剧性的效果,成为压垮张伯伦政府的最后一根稻草。据说,听了这些话,数位议员给张伯伦投了反对票。

陆军大臣奥利弗·斯坦利(Oliver Stanley)费尽口舌、竭力挽救颓势。几名支持张伯伦国民政府的后座议员,也竭力为张伯伦争辩。然而,前面工党领袖艾德礼的发言已经引导了辩论的风向。第一天辩论临近结束的时候,显而易见:辩论的议题已从挪威战役指挥是否得当,升级到是否应让张伯伦政府继续执政这个问题。

1940年5月8日星期三,辩论进入第二天。工党党员赫伯特·莫里森(Herbert Morrison)重提挪威战役,张伯伦领导下的国民政府真正到了岌岌可危的地步。前一天各部大臣已经成为万夫所指。这一天,显而易见,一大群从前支持国民政府的议员,或因反对30年代的绥靖政策,或因官场失意,或因被解雇,或因不满保守党,或因"政治经验不足",都开始摩拳擦掌,要利用这个时机,把票投给工党和自由党,让张伯伦下课。当时,军队对政府的无能义愤填膺,数位身穿军服的年轻议员出现在议会大厅,让大家感到张伯伦政府形势不妙。大量一贯支持保守党的议员,选择弃权,或者干脆没有参加最后投票,这令保守党议员首领更加担忧。

莫里森提出,"至少部分大臣缺少或用错了精、气、神",直接点名张伯伦、财政大臣约翰·西蒙爵士(Sir John Simon)和空军大臣塞缪尔·霍尔爵士。莫里森还代表工党提议辩论结束的时候,进行正式表决,"对大家的态度摸个底,看看他们对政府的管理表示满意还是忧虑"。

张伯伦起身表示同意,但他态度相当不理智。他说:"下议院的朋友们,我接受这个挑战。打心眼里,我欢迎这么做。至少我们将看出谁支持我们,谁反对我们,今天晚上请朋友们鼎力相助。"国难当头,这一席明目张胆搞党派小圈子的话给张伯伦带来了毁灭性的灾难。

接着,20世纪30年代最大的绥靖派塞缪尔·霍尔爵士发言,结果,被海军舰队司令罗杰·凯伊、工党前排议员休·道尔顿(Hugh Dalton),还有不下七位其他议员,一顿冷嘲热讽。空军大臣霍尔不得不承认,皇家空军"规模太小",道出了一个执政持续近十年政府的腐朽无能。

接下来发言的是劳合·乔治。18年前,即1922年,张伯伦把他赶下首相的位置,终于他等到了复仇的时刻。劳合·乔治有威尔士人口若悬河的本事,又是威名远扬的一战英雄。他说,大不列颠国难当头,形势危急,超过1914年,张伯伦没有能力把全体大英帝国人民发动起来。劳合·乔治极尽讽刺挖苦之能事,直指张伯伦个人,给他当头一击。一位保守党后座议员向劳合·乔治发难。劳合·乔治软中带刺地给予了反击:"您现在不喜欢听,以后也得听。希特勒不会回应组织监督员(党鞭)。"对于张伯伦对波兰和中立国的保证,他认为:"我们的许诺一文不值。"

丘吉尔已准备好独自承担挪威战役的全部责任。此时,劳合·乔治做出了整个辩论中最生动的评论:"正直高尚的绅士不会任凭别人拿他作挡箭牌。"结语他提到张伯伦提出的全国人民为了胜利牺牲自我的呼吁:"牺牲什么,也不如他牺牲首相大印更有助于胜利。"

当天其他主要人物比如艾尔弗雷德·达夫·库珀(Alfred Duff Cooper,由于《慕尼黑协定》已辞职)、前劳工部长斯塔福·克里普斯爵士以及年轻议员昆汀·霍格(Quintin Hogg,后来的海尔什姆勋爵)等都做了发言。不过下议院始终在等待丘吉尔为辩论画上一个句号。这次演讲丘吉尔没有发挥出最高水平。他大发脾气,指责工党议员伊曼纽尔·欣韦尔(Emanuel Shinwell)"在角落里鬼鬼祟祟",工党对丘吉尔出言不逊很是光火。丘吉尔最后呼吁大家"摈弃仇恨,搁置个人恩怨,同仇敌忾",然而谁也没听进去。

"休会"声音响起的时候,投票结果显示下议院两百八十一票赞成,两百票反对,现任政府取得的赞成票比反对票多出八十一票。下议院由三个党派组成,这个差额比和平时期小得多。大量一贯支持保守党的议员此次投了反对票。其中有阿斯特子爵夫人、罗伯特·布思比、哈罗德·麦克米伦、昆汀·霍格、约翰·普罗富莫、爱德华·斯皮尔斯将军、沃尔默勋爵、哈罗德·尼科尔森、莱斯利·霍克-贝尔利莎、当然还有利奥·埃默里、海军舰队司令罗杰·凯伊。投票过程中,两名一贯支持保守党的议员,哈罗德·麦克米伦和温特顿伯爵,开始高唱《不列颠万岁》,直到被出奇愤怒的保守党人制止。工党议员对着张伯伦大喊:"你错过公交车了"。总共有四十一名政府支持者投了张伯伦的反对票,大约五十人宣布弃权。不出所料,张伯伦政府受到重创。结果公布后,张伯伦从下议院辩论厅昂首阔步走了出来,显然,他的首相一职已经岌岌可危。丘吉尔也为张伯伦做了辩解,幸亏他的话没引起大家重视。然而,丘吉尔表现出了应有的忠诚,以免让保守党怀疑他吃里爬外,当时,大部分保守党人仍然同情张伯伦。

尽管前一天晚上,张伯伦的国民政府在挪威战役辩论投票中以八十一票胜出,但是考虑到平常都以两百多票胜出,许多人认为张伯伦政府已经失去人心。5月9日星期四清晨,支持国民政府的企业管理者开始营业,希望从市场反应确定事件造成的影响有多严重。首先,保守党首领竭尽全力找出前一晚投了政府反对票以及弃权的保守党员谈话,以期买回人心。然后,张伯伦的议会私人秘书,邓格拉斯勋爵(后来成为首相的亚历克·道格拉斯-休姆爵士),引荐了一些领头的后座议员,来到唐宁街10号,请他们直抒胸臆,并告诉他们只要不让首相下台,可以牺牲财政大臣约翰·西蒙爵士和空军大臣塞缪尔·霍尔。

那天上午,张伯伦还亲自会见了利奥·埃默里,许给他财政大臣或者外交大臣的职位,都被断然拒绝。上午10点15分,张伯伦似乎认识到,自己也许得辞职了,因此他打发人把朋友、外交部长兼思想上的灵魂伴侣哈利法克斯勋爵找来。会晤中,二人一致认为工党和自由党都需要参与政府治理。只要张伯伦做首相,工党不太可能进入政府,因此张伯伦问哈利法克斯是否愿意组建新政府。如果是,自己愿意做他的手下。根据哈利法克斯的日记记载,哈利法克斯"费尽口舌，说服张伯伦自己不是合适人选"，尤其是"首相一职无法与下议院的主流保持联系"。

意味深长的是，张伯伦没说可以改变规则，紧急情况下，可以让一个上议院贵族在下议院旁听。据说当时张伯伦已经开始和政府的立法机关商议建立这样一个机制。[3]相反，张伯伦含糊其词，说如果组建联合政府，下议院很少会作出反对首相的决定。

谈话内容让哈利法克斯极不自在。他从来没期待也从没想到自己会成为首相候选人。这次会面后，他回到外交部，跟外交副大臣拉布·巴特勒(Rab Butler)说，尽管"自己干得了首相这个活"，但是丘吉尔将是实际的指挥人，因此"自己很快会沦为傀儡首相"。鉴于外交大臣在英国始终是接替首相的第一人选，是最有权势的内阁大臣，因此，假如自己留任外交大臣一职，可能会更好地制约丘吉尔。

当时工党正在伯恩茅斯召开年会，前一天晚上巴特勒刚刚和休·道尔顿以及赫伯特·莫里森谈过两次话。两人都对巴特勒说如果哈利法克斯当首相，工党愿意加入内阁。道尔顿还说"丘吉尔必须继续领导防务"。艾德礼也告诉丘吉尔的朋友布伦丹·布雷肯，工党愿意与哈利法克斯组阁。

国王乔治六世也支持这个方案。他认为如果哈利法克斯做首相，大嘴巴张伯伦首相、工党领袖和广大的保守党都会各退一步。此时哈利法克斯如果想当首相，可谓唾手可得。然而，哈利法克斯知道自己存在致命缺陷。一来自己对军务不感兴趣，二来缺乏经验，不适合当战时首相。1942年1月，丘吉尔在下议院开玩笑说："两年前就有人让我去做首相，当时没几个人竞争这个职位。现在，也许市场行情变好了。"

唐宁街10号召开决定首相人选的重大会议之前，丘吉尔和安东尼·艾登以及金斯利·伍德爵士曾共进午餐。伍德原来是个铁杆张伯伦派，现在却亲自建议丘吉尔去当首相。以前，丘吉尔是个粗声大嗓门、不切实际的人，而此次政府危机期间，丘吉尔的表现无可挑剔。他展现出来的沉着冷静起到了四两拨千斤的效果。

5月9日星期五四点半，张伯伦、丘吉尔、哈利法克斯、党鞭大卫·马杰森(David Margesson)在内阁会议室开会。哈利法克斯觉得自己不能胜任首相一职,态度非常诚恳。丘吉尔对此次会议有个著名的描述:"在我从政生涯中,经历过多次重大会谈,这无疑是最重要的一次。通常,我都夸夸其谈,但这次,我保持了沉默。"丘吉尔称只过了"一个长时间的停顿",感觉比停战日默哀的两分钟还要长。哈利法克斯仿佛忍受不了沉默的尴尬,脱口而出,说在座的同僚比他更有资格担当首相。此时,丘吉尔认识到"明显要找我做了,果然要让我做首相了"。

八年后,丘吉尔的描述遭到了质疑。首先丘吉尔写的会谈时间和日期有误。其次,他甚至完全忽略了马杰森。丘吉尔经常谈起这次会议,和许多流传甚广的故事一样,越传越神。从现存的记录以及马杰森自己的回忆,再考虑到当时的时局因素,有人认为,当时,根本就没有"长时间的停顿"。事实上,哈利法克斯"几乎立即指出丘吉尔更加适合战时领导英国"。

最近新发现的一条有力证据表明,的确有过一段静默,不过是发生在丘吉尔提出自己更加适合首相一职之后,或者至少是说哈利法克斯不适合做首相之后,这两者差不多都是一回事。当首相根本不是别人恳请丘吉尔,而是丘吉尔自告奋勇的结果。2001 年,美国驻英大使老约瑟夫·P.肯尼迪(Joseph P. Kennedy)的通信和日记由他孙女编辑出版。里面记录了 1940 年 10 月 19 日肯尼迪去拜访张伯伦。当时,张伯伦住在乡下家里,身患癌症,已经时日无多。天南海北聊了一阵战争和身体状况之后,张伯伦谈起了挪威战役投票后的那次会谈。肯尼迪写道:

> 当时张伯伦希望让哈利法克斯担任首相,并说自己愿意在哈利法克斯手下工作。哈利法克斯却说"以主的名义,我可能干不了这个工作"。最后丘吉尔说,"我也觉得你干不了"。他不肯出山,所以就这么定了。[4]

在日记中,"最后"这个词出现在句子中间,而首字母却是大写,暗示前面确实有个停顿或者长时间的讨论,然后丘吉尔残忍地坦白了自己也认为哈利法克斯不能胜任想法,"所以就这么定了"。

还有一种可能的解释,但是站不住脚。那就是"他不肯出山"指的是丘吉尔,而不是哈利法克斯。意思是丘吉尔拒绝参与上议院主持的哈利法克斯为首的政府。尽管这个解释能从字面上解释肯尼迪的句子结构,这种解释却不符合当时的政治环境,就连反对党都愿意参加哈利法克斯为首的政府,丘吉尔又是个爱国者,所以他不会不参加。丘吉尔不可能拒绝出任首相,他是以退为进,其实张伯伦的话就是想说哈利法克斯"不肯出山"当首相。同样,历史学家戴维·卡尔顿(David Carlton)创新性地提出一个理论,说张伯伦把丘吉尔出任首相看成帮助英国渡过眼前危机的权宜之计。危机过后,就会把丘吉尔换掉。因此私下里也希望丘吉尔,而不是哈利法克斯做首相,因为哈利法克斯不可能被换掉。这个理论迎合了那些将政客的阴险狡诈无限夸大的人群,但其本身则过于牵强附会。

真正的领导力就在于此。丘吉尔相信自己最适合首相一职,他赞同哈利法克斯不适合做首相,直言不讳自己想当首相。英国首相这样的高官几乎不会天上掉馅饼一样落到人们怀里;丘吉尔只是看准了时机顺势而为。

张伯伦还得出面询问工党首领,是否愿意加入自己的政府,或者希望换掉首相以后,加入政府。工党领袖艾德礼和他的副手阿瑟·格林伍德(Arthur Greenwood)来到唐宁街 10 号,说此事必须咨询伯恩茅斯开会的工党同事们,第二天再打电话告知他们的决定。二人私下里提醒张伯伦,工党很可能不愿意为他效劳。艾德礼在挪威战役辩论上演讲之后,几乎不再发表什么意见。几个小时后,即 5 月 10 日黎明,希特勒在西线发动了闪电战。希特勒在张伯伦辞职当日发动闪电战成为历史上的一大巧合,不过也只是纯属巧合。没有证据表明希特勒在英国政治危机的紧急关头开战是故意为之。

希特勒在西线发动闪电战后的第一次内阁会议于 1940 年 5 月 10 日 8 点召开。开战的消息完全出乎意料;不到一个星期前,哈利法克斯还提醒所有英国使馆,"德国不久可能就会对我们展开全面武装进攻"。消息已经传到内阁,德国入侵了当时还是中立国的比利时、荷兰，意在包抄马奇诺防线，一举击溃法国。上午十一点半内阁召开第二次会议，此时张伯伦已经提出，军事形势严峻，自己应该推迟辞职。这样的危急关头，怎么能更换政府呢？张伯伦对自己的理由非常满意，但是应者寥寥。

此时掌玺大臣金斯利·伍德爵士——此前他还一直是个忠诚的张伯伦派——直言不讳地对张伯伦说，危急关头说明他应该马上下台。空军大臣塞缪尔·霍尔爵士指出："除了我帮张伯伦说话，大家都一言不发。哈利法克斯完全无动于衷。"许多其他在桌旁就座的各部大臣，尤其是丘吉尔，不过可能哈利法克斯也包括在内，觉得欧洲大陆当时的险境让张伯伦下台一事刻不容缓。大部分人都不知道的是，前一天，伍德还去拜访了丘吉尔，敦促他不要接受首相一职。时隔一日，伍德就改变了立场，他的行为很快就会得到丘吉尔的嘉奖，启用他做财政大臣。

伯恩茅斯的工党领袖打来电话，宣布工党愿意加入联合政府，前提是张伯伦下台，张伯伦的命运已经不可改变。然而，关键的是工党没能力左右谁来继任首相。有些政治家，比如罗伊·哈特斯利（Roy Hattersley）、朱利安·克里奇利（Julian Gritchley）、迈克尔·富特（Michael Foot）、芭芭拉·卡素尔（Barbara Castle），几十年来一直说，是工党让丘吉尔坐上首相之位，纯属无稽之谈。事实上，工党当时宣布的是愿意参加哈利法克斯领导的政府；不是别人，而是张伯伦和国王乔治六世选择了丘吉尔。工党在下议院人数极少，对左右时局有心无力。

尽管前一天张伯伦已经和丘吉尔达成一致，当天下午，张伯伦还是做了最后一搏，试图说服哈利法克斯改变主意，接受首相一职。邓格拉斯勋爵致电外交部的亨利·"奇普斯"·钱农，让他转达外交副大臣拉布·巴特勒，要尽量说服哈利法克斯接受首相一职。巴特勒来到外交大臣办公室的时候，被告知哈利法克斯去看牙医了，联系不上。因此，张伯伦只能去了白金汉宫，国王乔治六世在那里接受了他的辞呈，乔治六世在日记中说："我跟他说，我认为他受到了极不公正的对待，对于这些争端的发生，我万分难过。"谈到谁继任首相的时候，乔治六世"自然推荐了哈利法克斯"，因为"这是明摆着的事"，不过张伯伦告诉乔治六世,哈利法克斯"不感兴趣"。哈利法克斯是位尽职尽责的公务员,如果国王行使权利亲自去找哈利法克斯,可能会让他改变主意,但是国王没有直接过问。

最终,5月10日晚上六点,反而是丘吉尔被国王任命为首相。可能因为丘吉尔在国王的兄长爱德华八世的退位危机中不负责任的表现,国王并不想任命丘吉尔。然而,根据宪法,这是他必须履行的义务。乔治六世只能开了个玩笑来缓解尴尬。根据丘吉尔的回忆:"陛下接见了我,他和蔼可亲,让我坐下。他上下打量着我,一时似乎充满疑问,随后说道:'我猜你不知道我为什么找你?'我顺着陛下的话,回答:'陛下,我想不出原因。'陛下笑道:'我请你组建政府。'我说遵命。"

丘吉尔深知,他要做的第一件事就是邀请工党和自由党加入他后来所说的"大联合政府"。他请艾德礼和阿瑟·格林伍德加入极为精简的五人战时内阁。除了他们三个,还有张伯伦和哈利法克斯。丘吉尔知道他也要善待保守党,因为正如他当晚写给张伯伦的信中所说:"很大程度上,我就握在您的手心里。"

晚上9点,张伯伦在广播中向全国解释了自己辞职的原因,呼吁大家支持他的继任者。当今女王,彼时年仅十四岁,跟母亲说,听了张伯伦的话,她热泪盈眶。同晚,丘吉尔一直工作到深夜,第二天凌晨三点才上床睡觉。"明显有一种巨大的解脱感。终于,我成了全局的指挥,仿佛有命运之手在牵引,所有前半生都在为这一时刻、这一考验厉兵秣马。"

希特勒通往贡比涅①之路

1940年6月21日,希特勒来到位于法国巴黎城外的贡比涅纪念

---

① 1918年11月11日在第一次世界大战中战败的德国在贡比涅森林的"福煦列车"上与法国签订了停战协定。法国元帅费迪南·福煦和德国政治家马提亚·艾尔兹贝格签名。二十二年后,遵照希特勒的命令,"福煦列车"被从博物馆里拉出来,将它们放在二十二年前所在的位置——车站中央的轨道上,法国被迫与纳粹德国在此签署停火协议。——译者注

碑。这座纪念碑是为纪念一战德国战败而建。美国报纸记者威廉·夏勒(William Shirer)记录了希特勒那天的肢体语言：

> 他走下纪念碑，换上了一副经典的蔑视姿态……缓缓扫过空地……突然，仿佛表情和内心没有同步，他调整了一下身体，配合自己的情绪。迅速双手叉腰，肩膀拱起，双脚分开。一副挑衅的模样，流露着对纪念碑和二十二年来它所代表的意义的不屑一顾。纪念碑是德意志帝国屈辱的见证。

一个星期后，即6月28日，希特勒做了两件一反常态的事情：一是早早起了床，二是出门观光。和任何尽职尽责的德国旅游者一样，外出前，元首阅读了关于巴黎主要建筑的资料。黑色的奔驰加长轿车车队朝着凯旋门行驶，经过玛德莲教堂的时候，希特勒兴奋地向随从侃侃而谈，卖弄他对这里多么了如指掌。

在荣军院，希特勒静静地注视着拿破仑的坟墓。希特勒经常喜欢拿这位欧洲征服者与自己作比。如今，希特勒相信自己凭借领导力已经成为——用凯特尔将军的话说——"有史以来最伟大的军阀"，短短十个月就征服了半个欧洲。只有英国和他们的帝国领地以及勇敢的希腊仍在反抗。然而，战争初期，德国部队克敌制胜的法宝，很快就会变成希特勒的致命弱点。丘吉尔因势利导，为当今渴望拥有领导力的人们树立了轨物范世。

希特勒闪电战大败法国，回国后名声大振，达到顶峰。闪电战，这种崭新的作战方式，不是希特勒的独创发明。入侵法国的作战计划也并非出自希特勒之手。一切都得归功于两位将军，埃里希·冯·曼施坦因(Erich von Manstein)和海因茨·古德里安(Heinz Guderian)。早在20世纪30年代，古德里安就一直主张快速坦克战，出奇制胜。根据古德里安的想法，曼施坦因发展出了所谓的"镰刀闪击"行动，突破法国防线，让法国的人力物力优势无处发挥。

曼施坦因希望穿过阿登山区，对一片普遍被认为坦克无法穿越的禁区进行武装攻击。当地流传的说法是从这一地区找突破口简直就是头脑发热,但这恰恰是德国出奇制胜战略的关键。坦克部队就是要出其不意。这个行动方案能让德军迅速向英吉利海岸挺近,狠狠插入盟军内部,如同镰刀造成的一个伤口(这个比喻源自丘吉尔。)。

大部分最高指挥部的将军都喜欢保守作战,认为主要战线应该放在北部的列日两侧。他们认为曼施坦因让坦克穿过阿登山区,过于冒险。因此,下了调令将曼施坦因匆匆调往一个无足轻重的岗位,但遭到希特勒否决。对希特勒来讲,军队最高指挥部(陆军总司令部[OKH])的计划毫无想象力,停留在"军校学员层次"。[5]相反,曼施坦因的镰刀闪击行动冒了极大风险,但能出奇制胜。因此,希特勒命令军队最高指挥部按照曼施坦因的计划行动。

以上就是激励型领导力的一个例子。希特勒认识到最高指挥部的行动计划实际上比看似胆大妄为的镰刀闪击行动风险更大,因为从北部进行传统打击,正中了同盟国如意算盘。成功的领导不会孤注一掷;但会进行有计划的冒险,因为他们知道有时候一点冒风险也不冒的话风险最大。

假如不是古德里安大胆提出设想,德国的入侵可能就会陷入和一战一样的阵地战。入侵法国第三天,古德里安的坦克部队就到达了马斯河,希特勒和军队最高指挥部命令古德里安原地休息,等待后面以最快速度赶来的步兵师。结果出现了欧洲有史以来最大的交通堵塞;一千五百辆坦克、五十万步兵从马斯河一直堵到莱茵河,绵延一百五十英里。镰刀的刀锋即将深入割下,将法国和英国在北方的部队和南方的部队一切为二,希特勒却萌生了深深的疑虑。他为古德里安率领下的坦克先锋部队暴露的两翼担忧。古德里安知道部队每晚到一天,就给了同盟国部队更多撤退和重整旗鼓的时间。所以,5月14日,他决定不顾希特勒的命令,继续推进,把跟他一起的其他师也一路带上。

由于同盟国害怕再次陷入一战那种损失惨重的僵局,结果造成1940年德国闪电战战无不胜。不过,如果以为历史会一成不变重演,肯定以失败告终。希特勒整个政治生涯都建立在冒险的基础之上,但是在实施曼施坦因大胆计划的时候,希特勒的表现和他在挪威事件上一样,胆小怕事。

5月17日，陆军参谋长弗朗兹·哈尔德（Franz Halder）在日记中写道："无比讨厌的一天。元首忧心忡忡。被自己的胜利吓昏了头脑，一点儿险也不想冒，宁可不让我们前进。"6 古德里安在瓦兹河畔接到停止前进的命令，等后面的步兵师跟上来。这是一个重大的战术失误，表明希特勒尽管愿意冒险，也愿意采用闪电战术，却根本不懂闪电战的道理，令人大跌眼镜。

而古德里安则完全明白只有速度和突袭才能使他们不至于遭到敌人反攻。他以辞职的方式，表达自己对命令的激烈反对。直到希特勒允许他从事所谓的"武装侦察"——无论他怎么理解——他才撤回了辞职申请。古德里安决定把"武装侦察"解释成允许按自己意愿行事，重新开拔，朝着英吉利海峡海岸线推进。急行军开始了。

古德里安革命性的机械化战争模式排山倒海，打了同盟国军队一个措手不及。开战后十天内，第一股德国部队已经到达英吉利海峡海岸线上的索姆河河口。镰刀闪击行动完成了：北面的同盟国部队，包括英国远征军，全部陷入包围圈。这是四百年来英国历史上最糟糕的日子。英国远征部队即将损失二十五万名官兵。自从16世纪英国加来失守以后，还没有一次像这样的惨败。然而镰刀闪击行动的成功并不能归功于希特勒的领导，而要归功于曼施坦因的计划和古德里安的大胆进取与主动出击。假如古德里安拘泥于希特勒的命令，那么"战"有了，"闪电"却没了。一个没了闪电的闪电战，很有可能，会产生全然不同的结果。

古德里安能逃过英国部队的眼线吗？古德里安在法国一役中，战功赫赫，得到希特勒嘉奖，荣升中将。长期以来，英国人都认为德国人就像行走的机器，德国士兵总是盲目地听从命令，这是一个曲解。德国的任务导向指挥原则让古德里安获得了主动。

任务导向原则

任务导向指挥首先出现在19世纪的普鲁士军队，如今成了北约的官方原则。任务导向原则的意思是总部的任务限于指定目标，具体怎么实现目标由现场指挥决定。服从不是终极标准，成败才是终极标准。任务导向原则是希特勒得以出奇制胜、打赢法国的秘密武器，是有效领导的关键原则。管理大师称其为赋能授权：信任下属，靠下属发挥主观能动性和专业技能实现目标。重要的一点是从上至下、全体德国官兵都经过专门训练，一旦需要承担指挥责任，马上就能代替上级发挥作用。

如果 1939—1941 年期间，德军领导效率极高，为什么一年之后就溃不成军了呢？原因就出在希特勒这个自我任命的国防军最高指挥官身上。希特勒领导力的致命缺陷在对法国闪电战中已暴露无遗。1940 年 5 月 24 日上午，希特勒来到靠近卢森堡边界阿登高地上的法国小镇沙勒维尔-梅济耶尔。总司令格尔德·冯·伦德施泰特（Gerd von Rundstedt）将军把那里的布莱伦屋变成了 A 集团军群司令部，主要对付西南方被包围的盟军。所有德国坦克师都由伦德施泰特指挥。当时伦德施泰特六十四岁，属于保守派。他希望坦克师等待落在后面的步兵部队。

陆军总司令瓦尔特·冯·布劳希奇（Walther von Brauchitsch）将军以及陆军参谋长弗朗兹·哈尔德（Franz Halder）将军表示强烈反对。他们认为，如果不收紧包围圈，联军就会穿过英吉利海峡逃脱。5 月 23 日夜里，布劳希奇和哈尔德撤掉伦德施泰特，将坦克师指挥权交给东北的 B 集团军群。第二天早上，希特勒来到位于沙勒维尔-梅济耶尔的司令部，接见伦德施泰特，获知此事。

冯·布劳希奇和哈尔德的决策非常正确，但没事先请示希特勒。尽管德军受过训练，根据任务导向原则见机行事，但希特勒不能接受军队最高指挥部擅自做主。如今，胜券在握，希特勒急于表明军功不属于各位将军，而属于自己。军队是德国唯一有能力废黜希特勒的人，所有在西线的军功都必须算到希特勒一人头上。因此，希特勒立即撤销了坦克师换帅的命令，并授权伦德施泰特下达停止前进的命令给坦克师。

这个著名的停止前进的命令，给了联军喘息之机，成功撤退 338 226 名英国、法国和比利时官兵。二战中敦刻尔克停止前进的命

瓦尔特·冯·布劳希奇将军、希特勒和弗朗兹·哈尔德将军,时断时续地实施任务导向原则。

令遭到了德国将军史无前例的强烈抗议。布劳希奇数次致电希特勒,希望能撤销命令,结果白费口舌。布劳希奇颜面尽失,用他自己的话说感觉把自己"逼急了眼",而希特勒却暗自窃喜。

后来,事实证明这是个严重错误,希特勒却称自己故意放走英国人,以表明自己不想跟英国人交战,与他真正的动机风马牛不相及。希特勒不让坦克师前进和他宽宏大度毫无关系。其实,根本不是出于战略考虑。现代历史学者最近的研究表明,希特勒的主要目的是要借此挫挫军队的锐气。[7]

希特勒不让陆军进攻,反倒让戈林的空军去消灭被围困在敦刻尔克的盟军。希特勒也希望给希姆莱的党卫队足够时间赶上来,加入敦刻尔克战役。只有让陆军、空军和党卫队共同作战,希特勒才能攫取主要军功。

德国空军大败而归。敦刻尔克最终被拿下的时候,大部分盟军已经乘船安全渡过英吉利海峡,去迎接第二天的战斗了。同时,希特勒在与军队最高指挥部的较量中，白白占了上风。这只是希特勒在二战中犯下的第一个重大错误。希特勒不惜以军事判断失误为代价，努力扩张和保护自己的势力范围，为自己的最终失败埋下了伏笔。希特勒的副官格哈德·因格尔（Gerhard Engel）少校后来说："希特勒有的决定不是建立在军事推理基础之上。只不过是用来向军队指挥官们表明大家应该各安己为、恪守本分。"[8]

丘吉尔的直言不讳

假如当初英国远征军全部在敦刻尔克被俘，很难想象希特勒新上任的英国对头丘吉尔怎么能拒绝寻求和纳粹和谈。幸亏没那样，丘吉尔将成功营救盟军视作一个反败为胜的案例，来鼓舞士气。也许正是希特勒和纳粹成全了丘吉尔。1940年5月，丘吉尔入主唐宁街10号。不过这个位子要坐得稳，丘吉尔需要采用全新的领导方法，抛开逻辑和理智，专攻人心。简单来说，尽管丘吉尔告诉英国民众英国必胜，但他自己也没有取胜之法。在一系列鼓舞士气的演讲中，对于如何取得胜利，丘吉尔做过几次承诺，但是他话越来越离谱。

丘吉尔呼吁——只有出类拔萃的领导能够，而且只有在非常时期——民众用心去感受，而不是理性计算。假如丘吉尔判断失误，人们会因为他误导大家，愤怒地找他算账。1940年5月13日，就任首相后，丘吉尔进行了第一次演讲，他放下架子，坦白诚恳地说他已"准备好埋头苦干、流血流泪，别无他法"。不过下面说了很多点子，他说："你们问，我们的目标是什么？我可以用一个词回答：胜利，不计一切代价，取得胜利，不论要用多久，不论多么艰难，尽管我们恐惧，但是我们要胜利；因为没有胜利，就没有生存。"

六天后，丘吉尔发表了第二次公开演讲。当时，德国人已经突破了法国北部的马奇诺防线，对丘吉尔来讲，当务之急便是安抚英国人，支撑他们必胜的信念，然后丘吉尔才能再去想如何取得最终的胜利。丘吉尔的确对法军寄予厚望，他说："我们应该相信，法军能守住阵地，在法国人民的全力支持下，英法联军在实力上绝对不输德军。

至于我，我对法军和法军统帅具有难以战胜的自信。"

然而，法军并非不可战胜，仅仅十天后，英国远征军就从敦刻尔克进行了大撤退。通过展现自己不屈不挠的勇气，丘吉尔有效地让英国人民无地自容。英国人在过去的二十年里，一直坚定地对德国实行绥靖政策，他们还热烈欢迎《慕尼黑协定》，对丘吉尔的英雄主义行为冷若冰霜。丘吉尔在演讲中预言，德国纳粹将对平民动手：

> 严峻的考验降临之际，在英伦三岛，有许多男人和女人会觉得安慰，甚至觉得骄傲，因为他们有幸和前线年轻的陆军、海军和空军战士承担同样的风险，甚至还分担了他们至少一部分的伤亡。这一刻，难道全体国民不应该竭尽所能吗？

这番讲话，让人们在英国本土遭到侵犯之前，就产生远忧，将他们的紧张与恐惧转化为英雄主义精神。尽管不是所有人都和丘吉尔一样，对最终胜利充满信心，但是这些人也不会说出自己的恐惧，以免失败主义思想传播开来。这就是丘吉尔领导的过人之处。正如1940年6月4日，丘吉尔对下议院所说：

> 有人对我说，希特勒先生有一个入侵英伦三岛的计划，过去也时常有人这么盘算过。当拿破仑带着他的平底船和他的大军在布伦驻扎一年之后，有人对他说："英国那边有厉害的杂草。"英国远征军归来后，这种杂草当然就更多了……虽然大片的欧洲领土以及许多著名的古老国家已经沦陷，或者可能沦落到盖世太保和纳粹各种国家机器的魔爪之下，但是，我们不应颓废或者退缩。我们应该坚持到底，我们将在法国作战，我们将在海洋中作战，我们将以越来越强的信心和力量在空中作战，我们将不惜一切代价保卫本土，我们将在海滩作战，我们将在敌人的登陆点作战，我们将在田野和街头作战，我们将在山区作战，我们绝不投降。

在一次悲凉的无线电演讲中，丘吉尔说："在我们前面是充满艰辛和苦难的长长暗夜,不仅有极大的危险,还有更多的苦难、不足、错误和失望,这都是我们无法逃避的命运。死亡和痛苦将与我们同行,坚持和勇敢是我们唯一的后盾。我们必须团结一致,毫无畏惧,从不动摇。"丘吉尔令人沮丧的大实话后面有他长远的打算,这被戈培尔一眼看透。这位纳粹宣传部长在一篇题为《丘吉尔的伎俩》的杂志文章中写道:"他的《鲜血、汗水和眼泪》的讲话,让他无懈可击。他就像一名给病人下了病危通知书的医生,每当病人身体恶化,他就自鸣得意地说他早就预言了死亡。"通过让公众对坏消息做好准备,丘吉尔抵消了纳粹对胜利的宣传。如果英国人已经从首相那里听到了最坏的消息,英国人的士气就无法再被挫伤。

在对下议院解释敦刻尔克大撤退的时候,丘吉尔深知无论希望多么渺茫,自己都必须传播希望,以鼓舞英国人民继续作战。丘吉尔选择强调美国可能马上参战这种可能,尽管他内心明白这个可能小到可以忽略不计。丘吉尔以对未来的展望结束了演讲:"直到,时机到来,强大的新的世界挺身而出,拯救和解放旧世界。"从他和罗斯福总统的谈话中,丘吉尔知道,如果美国未受到挑衅,直接武装参战的可能性就十分渺茫,但是领导就得给人们希望,即便希望可能不会实现。

关键一点是,即使英国民众被丘吉尔欺骗,那么也只有一小部分人真的希望如此。职业骗子说,为了成功骗取人们的信任,受害者必须至少潜意识中希望被骗。这就是1940—1941年期间,英国人民的集体潜意识;他们相信丘吉尔,因为他们希望自己相信。唯一的备选项,与希特勒签署和平条约,太可怕,太不光彩。然而,如果问问个别英国人,理智上,他们是否确实相信美国会参战,是否可能通过对整个欧洲大陆采取禁运迫使希特勒投降,或者通过丘吉尔在那个奇怪又崇高的十三个月里提出的其他手段打败德国,他们可能会竭力解释他们相信最终英国必胜,并想方设法找出理由。

攫取全权

丘吉尔从一战达达尼尔战役惨败中吸取了深刻教训。他说:"让无权做决定的下级军官指挥一场决定性战役,真是大错特错。"丘吉尔还写道:"在没有全权的情况下,想建功立业,这是我犯下的致命错误。如果有了全权,就得心应手了。"因为这样的前车之鉴,1940年入主唐宁街10号后,丘吉尔就下定决心,攫取全权。

丘吉尔说,撤退不能赢得战争,单单鼓舞人心的演讲也不能赢得战争。为了获得全权,丘吉尔首先要解决的就是克服繁复僵化的决策过程,这在张伯伦在位的时候就存在了。丘吉尔不失时机地抱怨任何事情都"要咨询所有人,然后根据大部分人的常识找出解决方案"。帝国防务委员会只负责制订战略计划,但不负责计划实施。丘吉尔认为,这个委员代表了"最大程度的研究和最小程度的执行"。

丘吉尔的解决方案是将责任与直接执行力结合。丘吉尔不喜欢单纯的顾问委员会。他说,战争"更像一个歹徒挥舞着棍棒劈头盖脸揍另一个歹徒"[9]。丘吉尔向哈罗德·麦克米伦(Harold Macmillan)抱怨的时候,同样直言不讳:"把最勇敢的海军、空军、陆军战士放在一起,你会得到什么?得到的是他们加在一起的恐惧。"麦克米伦还记得,丘吉尔说这话的时候"他的咬舌音让这些话尤其突出刺耳"。

丘吉尔早期当军需大臣和殖民地大臣的时候,就成功简化了决策过程。他知道简化流程才能让执行者不至于淹没在细枝末节和重复工作之中。二战期间,丘吉尔想方设法减少政府和管理上的重复设置,他出色的组织技能派上了用场。他甚至还有一种天赋,能简化行政语言:地方防卫志愿军在他口里变成地方军,公共供给中心变成了不列颠食堂,等等,不胜枚举。

一战期间,战时内阁有十个人,过于庞大。另外,战时内阁还错误地把三名在朝大臣包含进来。结果内阁讨论涉及太广,经常超出制订行动计划的需要。张伯伦为解决这个问题,希望由查特菲尔德勋爵担当主席,建立一个军事协调行动委员会,协调军队行动和战时内阁制定的大政方针。这个委员会,只有顾问之责,对任何部门都没有约束之实,也不能发号施令。丘吉尔上台后,很快对此怨气冲天,他说:"自己既没有决策权,也没权力推行决策。"在丘吉尔施压下,1940年4月,委员会被废除。丘吉尔当上首相后,把战时内阁从十人精简到五人。"只协调不干事的日子一去不复返了,"一位高级官员后来写道,"我们将既有指挥权,又有领导权,还有行动权,一应俱全!"[10]

丘吉尔没有停下自己的脚步。他迅速着手获取更大的权力。他相信,用他的话说,战争中的战略性失败都是"缺少统一指挥,意见分散"造成的恶果。指望一个委员会能指挥战争那是痴人说梦。除此之外,他发现英国竟然在政治决策和军事决策制定上没有清楚的界限。他决心新建国防部长办公室,自己当部长,让他信得过的伊斯梅将军做他和各位参谋长的私下联络人。这一举措无论在政治上,还是在管理上,都是丘吉尔的一记高招。在新的组织架构中,丘吉尔获得了更大的权力。他直接负责战争计划制订和执行,但是由于开销巨大,涉及的官僚机构庞杂,丘吉尔并没有重新组建或者组建一个真正的国防部。正如丘吉尔提醒伊斯梅的那样:"我们必须多加小心,不要把我们的权力定义得过于精确。"比起被政府、议会或者被比前两者都强大的前任首相张伯伦限制了我们的行动,保持权力范围的灵活性和模糊性,在实际应用中能起到事半功倍的效果。

丘吉尔还立即着手削减委员会数量。合并了许多职能重复的对美军事和民事使团。当上首相两个星期,丘吉尔就给内阁秘书长发出通知说:"我确信内阁大臣们现在都需要参加这样那样无关痛痒的委员会。我们应该通过抑制合并,达到减少委员会的数量的目的。"丘吉尔对通过委员会做集体决策深恶痛绝,然而这就是英国政府始终秉承的基本理念。

不过丘吉尔的政府仍旧是民主政府;丘吉尔没有独裁权,仍然通过内阁工作。丘吉尔知道,首相的权力永远都是下议院赋予的。1916年下议院迫使时任首相赫伯特·阿斯奎斯(Herbert Asquith)下台,1940年5月又迫使张伯伦下台(丘吉尔如果研究历史的话,还应该想到首相阿伯丁勋爵在克里米亚战争中的命运,这三个人都表明,带领英国参战的首相,通常没等战争结束,就大权不保了)。1941年12月,丘吉尔在美国国会发表讲话说:"我是下议院的孩子,成长过程中,父亲就教导我要相信民主。其宗旨就是'信任人民'……无论在英国,还是在美国,公务员都以做国家公仆为荣,以骑在人民头上作威作福为耻。"

实际上,丘吉尔对组织机构的精简意味着即便政策存在争议,他依然能够推行下去;其中就有一次关于使用兰开斯特这样的重型轰炸机对德国城镇进行轰炸的案例。张伯伦当首相期间,轰炸机只能用来散发传单和对海上目标发起攻击。对陆地目标进行空袭属于越界,一则怕德国报复,二则怕承担法律责任。皇家空军曾计划对德国黑森林地区军事目标展开打击,但提议被当时的空军大臣金斯利·伍德爵士驳回。伍德回复说:"你们可知那是私人财产?接着,你们是不是要轰炸德国埃森啊!"[11]

丘吉尔却毫不拘泥,上任没几天就授权对德国军事和工业目标进行轰炸。三个月后,不列颠之战打得正酣,德军向伦敦市中心投下第一枚炸弹。丘吉尔绕过参谋长和空军大臣,当机立断,让轰炸机司令部对柏林进行报复性空袭。这样的迅捷决策,在以前政府的组织架构下,简直不可想象。丘吉尔作出了正确的决定。接下来四年里,战略性轰炸是大不列颠唯一一个将战争引向德国本土的手段。

丘吉尔另外一个获取英国军队控制权的绝招是他著名的备忘录,"祷文"和"当天执行"的小贴纸。丘吉尔思想活跃,令人吃惊。"他每天都能产生十个主意,"丘吉尔的帝国参谋总长阿兰布鲁克勋爵评价说,"这里面,只有一个好主意,不过丘吉尔自己也不知道孰优孰劣。"罗斯福做过类似的评价,说丘吉尔一天能冒出百来个点子,其中六个是好点子(尽管百分比小了,但绝对数量变多了)。

丘吉尔观察入微、注重细节。他命人在直布罗陀巨岩放生了精准数量的猕猴(二十四只);命人查看一战缴获的武器检修后是否可用;伦敦遭受大轰炸期间关心伦敦动物园动物的安危;确保前线作战的官兵享有优先啤酒配给权。他甚至想一探究竟,用蜡是否能在轰炸期间保护士兵听力。[12]在备忘录上,他常以"祈祷问询……"开头,因此这些备忘录又被戏称为"祷文";许多这种祷文上还打上了红色标记,表示"当天执行"。比如,1940年5月10日,丘吉尔走马上任那天,希特勒在西线发动了战争,危机重重,但是在所有紧急处理的事物中,他首先想到的是邀请流亡荷兰的德意志帝国前皇帝威廉二世

"叛逃到英国"。(这最后成了阿兰布鲁克口中的九个或者罗斯福的九十四个糟糕的主意之一,并未执行。)

有时候丘吉尔凡事都过问的风格会失去底线。他的私人秘书卓克·柯维尔(Jock Colville)回忆说,有一天夜里在财政部:

> 和往常一样,丘吉尔命我致电海军部值班队长,看有什么消息。结果没有,值班队长许诺说一旦有任何风吹草动立即打电话通知我。一小时后,我奉命再次询问,值班队长很委屈,提醒我刚才已经对我作出承诺。凌晨两点,我奉命再次询问。刚睡了几个小时被我吵醒的值班队长暴跳如雷,像训下级一样,把我骂了个狗血喷头。丘吉尔听到电话里连珠炮一样的回复,以为至少一艘敌舰被我军击沉。他抢过听筒,结果听到一连串的骂人话,把他逗笑了。听了一两分钟,他解释说,他只是首相而已,想知道海军那里是否有任何消息传来。[13]

丘吉尔写道:"担大任者,需要有'一览众山小'的能力,才能掌控全局;永远都不应该下到谷底直接参与实际或个人事务。"然而,1940年,才当上首相,他就训诫自己的手下说:"高效成功的政府就得大事小情统统都管。"最初上任的几个星期,他甚至连海军部外面挂的旗帜尺寸都要亲自过问。一位私人秘书写道:"凡是跟二战有关的文件,丘吉尔都要审查,即便最细枝末节的小事他也不厌其烦,事必躬亲。"丘吉尔下达的命令有关于兔子的,有关于如何不让威士忌行业遭受损失的,他甚至还改过一些军事行动的代号。

希特勒也会被战争中的琐事缠身,有一次他亲自下令禁止在柏林赛马。但是他和丘吉尔之间有个决定性的不同之处:希特勒大都通过私人秘书马丁·鲍曼(Martin Bormann)签署命令,不亲自签署。希特勒几乎从不书写。如此一来,一旦出了问题或者决策不得民心,他就可以免责或者免于和事件发生直接关联。"能口头发号施令就不要书面通知",这是希特勒的原则。这给了他(和为他辩护的人,尽管都不可信)否认自己包括大屠杀在内的滔天罪行的机会。

趁希特勒不注意，秘书们吞云吐雾。

丘吉尔不怕承担责任。1944 年 4 月 21 日，丘吉尔告诉下议院："接下来的日子里，我不想反复对过去说过的话多做解释，也不想总是出尔反尔，或者不停道歉。"第二年，他进一步说："如果有人说我犯了一个错误，我只能学着克里孟梭在重大的场合公开承认：'我也许还犯了许多您没听说过的错误。'"丘吉尔早就习惯了指责和赤裸裸的诽谤。二战爆发的时候，他脸皮已经有犀牛皮那么厚，刀枪不入。经历过加里波利大溃败还能重返政坛，那脸皮必须得够厚。《丘吉尔自传》在谈到其他事务的时候，丘吉尔写道，"大家都把责任推到我身上。我注意到他们几乎一贯如此。我猜是因为他们认为我承受力比较强"。

当然，丘吉尔不明白为什么不关自己的事情也要自己承担责任。和希特勒不同，丘吉尔喜欢一切落实到笔头。丘吉尔夫人克莱门蒂曾经提醒将军路易斯·斯皮尔斯爵士："丘吉尔思考的时候，经常会对别人的话充耳不闻。但他会认真思索所有书面报告的各种深意，而且过目不忘。"给丘吉尔写报告，文字要短小精悍，直奔主题。1940

年7月,丘吉尔给战时内阁秘书处提出以下建议,这些建议,二战大部分时候他自己都能身体力行。他说:"希望大家一定要明白,我作出的都是书面指令,或者都需要在口头说过之后立即变成书面指令,并由我确认。除非有书面记录,不然,说我的决策导致国防问题,我概不负责。"[14]

高级公务员诺曼布鲁克勋爵回忆说,这个建议立即产生了深远的影响:"在此之前,所有首相都通过信件获取信息,或者给同事们提出建议,这些信件常常出自私人秘书之手,然后署上首相的名字。现在,各部大臣收到的都是丘吉尔亲自书写、内容通常压缩为一张4分纸①大小、语言风格具有明显丘吉尔特色的备忘录。"[15]丘吉尔通常一大早或者一天结束的时候,就开始写这样的备忘录。

丘吉尔是率先认识到统计数字和量化分析价值的现代政治家之一。他任命自己的朋友林德曼教授领导统计办公室,该室共约二十人,里面有经济学家、几名公务员、至少一名科学家,以及写报告的文书兼打字员等日常侍从。很快这个部门就证明了自己的价值,他们提供的统计数字得到了丘吉尔的充分利用。"别总想着说一个观点怎么好,列出事实证据来。"丘吉尔写道。

丘吉尔知道自己是个特立独行之人,他同时还想要确保军队和公务员队伍里,与众不同之人能够出人头地。丘吉尔首相上任几星期后,就任命安东尼·艾登为国防大臣。在一封写给艾登的信中,丘吉尔说:"我们需要精力充沛、积极进取之人,而非老气横秋、因循守旧之辈。"大概六个月后,丘吉尔给陆军元帅约翰·迪尔(John Dill)写信说:"只给军中任劳任怨的人升职,会给我们带来不可弥补的损失……这个时代需要有魄力、有眼光的人才,而不仅仅是那些符合传统用人标准的人。"就这样,半疯的奥德·温盖特(Orde Wingate)、同性恋艾伦·图灵(Alan Turing)、布莱切利庄园里桀骜不驯的学者们才得以有机会为二战贡献自己的聪明才智。丘吉尔相信人才不论出处,即便这意味着他要突破传统的藩篱,四处寻寻觅觅。在写给陆军元

---

① 大英帝国旧制下的一种纸张,8 * 10英寸,比现在的A4纸略小。

帅约翰·迪尔爵士的一封信中,他谈到佩希·霍巴特(Percy Hobart)这位聪明绝顶、不因循守旧的坦克将军,丘吉尔写道:"帮我们赢得战争的不只是听话的好孩子,还有那些调皮捣蛋的坏孩子。"

丘吉尔深知,要阻止德国入侵,除了利用空中优势,别无他法。1940 年 5 月,丘吉尔任命他的朋友比弗布鲁克担任飞机制造大臣,成为丘吉尔选人用人不按常理出牌的最佳典范。比弗布鲁克是加拿大报业巨头。人们觉得他为了赚钱,不择手段,因此名声不佳。但是比弗布鲁克一战期间担任过情报大臣,拥有《每日快报》集团,是英国有头有脸的人物。

丘吉尔是当今管理大师所谓的"走动式管理"的表率。他总是在参观工厂、火炮掩体、探照灯部队,举不胜举。坐上首相之位不久,他就视察了英军战斗机司令部,对他们嘘寒问暖。空军上将休·道丁爵士(Sir Hugh Dowding)告诉丘吉尔他急需更多资源,包括飞行员、夜间防御能力,尤其是更多飞机。丘吉尔很快发现,燃眉之急是要解决战斗机数量不足。因此,他全力支持比弗布鲁克,增加战斗机数量。丘吉尔甚至否决了国王和其他人的决定,坚持让比弗布鲁克加入枢密院。

幸运的是,时隔不久,比弗布鲁克就证明了自己高效的执行力。他使用高压手段,常以恃强凌弱的办法达到目的。转眼间,在他严厉督导下,飞机产量大幅提升。他还抢走了生产轰炸机的资源,但是他也简化了官僚过程,至少短时期内达到了提高战斗机数量的目的。比弗布鲁克高调呼吁家庭主妇捐壶捐锅给国家熔化。即便募捐得

歼击航空兵司令休·道丁,大不列颠之战中粉碎了德国空军的空中进攻。

来的金属制品很少会成为飞机原料,但他为提高公众意识和鼓舞士气做出了巨大贡献。

6月3日的会议上,新任空军大臣阿奇博尔德·辛克莱爵士汇报说大不列颠还缺少飞行员,十万火急。5月,生产战斗机还是头等大事,如今,飞行员数量又加了进来。丘吉尔告诉辛克莱,他视察亨顿的时候,发现许多飞行员赋闲在那。丘吉尔以一种现代 CEO 的权威语气命令道:"把这些人给我从犄角旮旯里找出来!随时通知我进展。"

8月中旬,辛克莱已经找到更多飞行员补充"皇家空军";其间,他得到了丘吉尔的全力支持。丘吉尔否决了皇家海军的投诉,把舰队航空兵借给空军上将休·道丁。结果,在丘吉尔的领导下,尽管不断出现损失,战斗机飞行员总数还是有了上升。英国大刀阔斧、雷厉风行,而德国却仍然死气沉沉。德国空军上层行事迟缓;8月,戈林甚至休假出游打猎,还沉溺于他的玩具火车,不能自拔。

9月15日,丘吉尔视察了战斗机第十一航空团司令部。巧的是,那天正是不列颠之战的决战日。在那里,丘吉尔目睹了这场一决生死的空战,他看到皇家空军如何一飞冲天,又如何凯旋。那天的胜利意味着德国入侵英国的春秋美梦,事实上已经幻灭。9月17日,希特勒决定无限推迟"海狮行动"。尽管直到10月12日,当年入侵英国的计划才被正式取消,但德军对外宣称的时间是第二年春天。1941年7月,希特勒再次将该行动推迟到1942年2月。"届时,苏联的战斗应该已经结束。"然而,1942年2月13日,希特勒最后一次就"海狮行动"询问海军元帅雷德尔(Admiral Raeder)时,雷德尔终于说服了希特勒彻底"放弃计划"。丘吉尔已经看出,面临潜在的威胁,全国人民才能更加团结一致,因此即便"超级机密"破译出来的电文已经说明英国渡过了德国入侵的危险,丘吉尔还是不断警告人们,德国可能会入侵英国。丘吉尔认识到,这样做是保持全国人民团结一致的不二法门。

假如德国成功入侵英国,英国长时间的主权独立在1940年戛然而止,那么,这一定发生在尼斯登。尼斯登建有地堡,一旦德军占领伦敦市中心,丘吉尔和其他政府高级大臣就会撤离到地堡,在那里继续战斗,直到最后一刻。用丘吉尔自己的话说:"悠久的不列颠历史不会终结,除非我们每个人都倒在自己的血泊之中。"他在《萨伏罗拉》里描写总统莫拉塔视死如归,等待死神降临:"往往人们相信自己必须赴死之时,都希望能够坦然面对,有尊严地离开生命的舞台,这种希望会战胜其他一切感情。"[16]因此,可能丘吉尔亦是如此。虽然皇室、英国黄金储备以及皇家海军都会撤离到渥太华,继续战斗,丘吉尔私下主意已定,要与伦敦共存亡。(当然,他是否被允许这样做是另外一回事,考虑到德国入侵后诸多难以预料的场景,一个在加拿大的活首相比一个在尼斯登的死首相对大家的事业要有利得多。)皇室有许多富丽堂皇的行宫,伍斯特郡的门德雷斯菲尔德庄园就是之一,这是皇室往北撤离到苏格兰登船点的其中一站。如果国王下令把丘吉尔带走,丘吉尔能不服从命令,继续作战,难以让人信服。撤退计划当然是严加保密的,因为 1940 年夏天,政府的主要职责是对抗任何失败主义情绪,这种情绪严重消磨了欧洲大陆盟军继续战斗的意志力。

战胜失败主义思想

1940 年 5 月,敦刻尔克大撤退期间,丘吉尔将一份备忘录交给所有内阁成员和高级官员传阅,上面写着:"危难关头,首相请求各位政府同僚和高官,在大家自己圈子里保持高昂士气;我不是要大家掩耳盗铃,而是要大家自信并展现出不打碎敌人霸占整个欧洲的美梦决不罢休的精神。"

1940 年,丘吉尔的中心任务是领导英国走出失败主义迷雾,更糟糕的是,人们认为有亲纳粹倾向的第五纵队在英国兴风作浪。敦刻尔克大撤退后,丘吉尔在讲话中说:"议会已经授权,我们可以用高压手段镇压第五纵队的活动,我们将在议会的监督和指导下坚决行使这一权力,直到我们中间这些邪恶想法被有效清除。"里士满的汉姆考门就是镇压地点之一,这里有军情五处基地莱切米尔楼。1940—1941 年,那里关押了四十名头号敌军间谍嫌疑犯。审讯使用的是《日内瓦公约》明令禁止的手段。尽管十分隐蔽,不为人所知,如今有关军情五处的秘密档案也没有解密,但据我们所知,就在那里,军情五处突破了第一个间谍嫌疑犯,然后又让其余三十九名开了口,成功率高达百分之百。

在英国有些地方,镇压失败主义有时到了"宁可错杀一百,不能放过一个"的程度,十分荒谬。有时候老百姓排队买面包,发几句牢骚,说价格太高,就遭到逮捕。削弱取胜信心的行为甚至被列为犯罪。[17] 1940年,宪兵在牛津的旅馆里逮捕了文学评论家西里尔·康诺利(Cyril Connolly),因为他"似乎对旁边英国官员的谈话十分感兴趣"。康诺利持有维也纳护照,是一本文学杂志的编辑,这一身份使他受到了至少八名警察的审讯,直到证明自己既上过伊顿公学也上过牛津大学贝利奥尔学院,警察才释放了他。[18] 一名莱斯特郡人被判两年监禁,就因为在酒吧里说了句自己"看不出我们怎么能打赢战争"。其实,丘吉尔自己也给不出答案,1940年丘吉尔甚至指望德占区冬天过于寒冷,占领区各民族可能会组织起义。

1940年6月中旬,法国陷落后,丘吉尔在广播中对人们说:"我们确信最终必将苦尽甘来。"希特勒控制了大片欧洲大陆,西起法国布雷斯特,东至波兰华沙,北起挪威纳尔维克,南至意大利那不勒斯。《苏德互不侵犯条约》仍然有效,意大利还在与英国交战。两年内,纳粹吞并了多达十一个独立国家。丘吉尔跟狄更斯笔下《大卫·科波菲尔》中的米考伯先生一样,日思夜盼"时来运转"。1940年6月18日,在后来被称为《最辉煌的时刻》的演说中,丘吉尔竭力摆事实、讲道理,用他的话说:"有足够理由相信,胜利最终属于我们。"他说自治领的首相们支持我们继续战斗,法国人可能会继续抵抗——其实,法国人没怎么抵抗——尽管他语气十分坚定,但是除了这些,丘吉尔拿不出任何取得最终胜利的有效方案。丘吉尔说,如果一对一作战,英国空军飞行员能胜过德国空军飞行员,美国不久就会送来大量供给和枪支弹药;不过这些顶多能说明英国人有活下去的希望,不能解释英国如何能登陆欧洲大陆,攻占柏林,推翻希特勒,打赢战争。

丘吉尔甚至提出只要英国保持高昂士气,德国就有可能一夜之间神秘垮塌,并引用1918年的事例说:"一战的时候,我们不断扪心自问：如何打赢战争？没人给出精确答案，直到最后，突然之间，凶恶的敌人在我们眼前土崩瓦解，出乎意料，胜利的喜悦冲昏了我们的头脑，让我们再次陷入战争。"德国士气突然垮塌这样的事根本不是一个可行的作战方案。丘吉尔知道，大英帝国凭借一己之力，无法打败德国；他急切地需要盟友。

寻找盟友

成为首相之前，丘吉尔就希望把美国拉入战争，但美国并不情愿。1939 年 10 月 5 日，美国驻英大使老约瑟夫·肯尼迪与丘吉尔共进午餐。之后，他在日记中写道："我不信任他。他让我感到，为了让美国参战，他会使出轰炸美国大使馆、然后栽赃德国这样的卑劣手段。"尽管肯尼迪大使对英国人充满恐惧，但是丘吉尔却比任何一位战时政府官员都更早认识到，尤其在法国沦陷后，美国的帮助至关重要。成为首相之前，他就开始着手多方面与美国建立合作关系。1941 年 11 月 20 日，丘吉尔在伦敦市长官邸的演说中向美国发出参战邀请，诚意空前，他许诺："如果美国对日宣战，不出一个小时，英国也会对日宣战。"

希特勒则完全低估了结盟的重要性。希特勒是个讲求实际的人，1939 年 8 月签署的《苏德互不侵犯条约》就是铁证。签署伊始，希特勒就知道有一天他会撕毁这个条约。就像他在《我的奋斗》中写道："必须要做战术上的考虑。"十年后，谈起德国需要寻求生存空间，他说："那不意味着我会拒绝与苏联人暂时进行合作，只要对我们有所帮助⋯⋯但是，那也只是为了更快回到我们真正目的上来。"[19]无论有利与否，都要遵守协约，这种思维方式完全有悖希特勒的逻辑。为实现德国人民向东争取生存空间的理想，希特勒践踏弱小民族，完全不顾道德和法律的约束。

正如希特勒低估联盟的重要性一样，希特勒也完全不遵守国际协定。对纳粹来说，协约就是——用戈林一贯的污言秽语来讲——"许许多多的厕纸"。希特勒行事往往都不会征询同盟者的意见。他不仅撕毁了和苏联的协定,造成同时在两个战场作战;他的"巴巴罗萨行动"计划也没有通知盟友意大利和日本。希特勒特别看不起意大利,把意大利当小兄弟,轻易就忽视了意大利的诉求。他曾评价意大利说:"墨索里尼也许是个罗马人,但他领导的是一帮意大利人。"所以,不难理解墨索里尼决定,用他的话说,"以其人之道,还治其人之身"。1940年10月4日,希特勒在布伦纳山口会见了墨索里尼,提醒墨索里尼不要进攻希腊,仅三个星期后,墨索里尼就向希腊发起了进攻。这或许给"巴巴罗萨行动"带来了毁灭性的影响。结果,墨索里尼在希腊一败涂地,为了援助意大利,希特勒不得不在1941年4月占领南斯拉夫。这又是一次闪电战,六个星期就结束了,但是,此事可能拖延了希特勒对苏联的进攻。春季这六个星期的拖延,致使德军没能在冬天到来前抵达莫斯科,对德军造成了重大影响。

1941年1月,希特勒也没有把即将入侵苏联的消息通知给他的另一个盟友日本。事实上,希特勒故意传达了错误信息说:"只要苏联遵守协定,就不会受到德国攻击。"[20] 假设希特勒入侵苏联前,问问日本的意见,也许能说服日本同时进攻苏联。在俄国内战中,日军有过在西伯利亚战斗的经验,如果从东西两面同时夹击,可能会大大削弱苏联士气。然而,希特勒并没这么做。1941年9月,日本最高统帅部决定推迟对苏军事行动。三个月后,没有事先告知德国,就袭击了珍珠港,导致美国参战。希特勒

意大利独裁者贝尼托·墨索里尼以泳装示人的照片。希特勒为此把他冷嘲热讽了一顿。

没处理好和盟友的关系间接圆了丘吉尔的战略梦想,即大英帝国、美利坚共和国和苏联结成"大同盟"。罗斯福领导才能出类拔萃,采取了一个违背常理的"先德后日"战略,希特勒的好日子屈指可数了。

当然,自从1917年进入政坛,丘吉尔一直和希特勒一样鄙视苏联。1918年后,丘吉尔率先号召对布尔什维克进行武装干涉,并发表了他政治生涯中一些最有名的演讲,严厉抨击苏联,他称苏联为"致命的毒蛇""冷酷无情、精明老辣""卑鄙无耻",甚至叫他们为"杂种"。然而过往对苏联的看法,不能阻止丘吉尔在希特勒发动闪电战、入侵苏联后,抓住机会,与苏联结成同盟。

1941年6月22日,丘吉尔向英国人民宣布了"巴巴罗萨行动"的消息。他说:"今天凌晨四点,希特勒攻击并入侵了苏联。他小心谨慎地将他的背信弃义贯彻到底。"然后,丘吉尔宣布了英国的政策:"任何与纳粹开战的个人或国家都将获得我们的帮助。任何与纳粹勾结的个人或国家都将是我们的敌人。"就这样,丘吉尔为更崇高的事业,暂时搁置了自己和苏联在意识形态上的争议。就在希特勒进攻苏联前一晚,丘吉尔还对私人秘书卓克·柯维尔说:"如果希特勒入侵地狱,那我至少也得给魔鬼美言几句。"[21]丘吉尔能屈能伸:首先他对美国做了妥协,然后又跟与自己意识形态不一的老仇人约瑟夫·斯大林建立同盟。为了更大的利益愿意妥协是激励型领导的一个特征。

下面说丘吉尔怎么邀请美国参战的。有一次,丘吉尔跟柯维尔说:"罗斯福总统的每一个想法,我都会加以认真研究,比对情人有过之而无不及。"1941年,丘吉尔1937年的著作《当代伟人》出了新版,加入了1934年他写的一篇赞扬罗斯福的文章。文中写道:"毋庸置疑,富兰克林·罗斯福将是最伟大的美国总统。同时他还是一位大善人,他同情弱小,渴望尽早实现社会公正。遇到危机,他沉着应变,是个人尽皆知的行动派。"[22]同年晚些时候,丘吉尔向渥太华的加拿大议会描述罗斯福,说他"是个伟人,是人类最伟大的财富"。

丘吉尔急切希望讨好并获得美国人的好感,尤其是罗斯福,这一点被罗斯福手下的一位部长哈罗德·伊克斯(Harold Ickes)看在眼里。伊克斯说哪怕罗斯福的朋友兼私人代表哈里·霍普金斯(Harry

Hopkins)患着腺鼠疫,丘吉尔也会坚持请他做客。[23] 不过丘吉尔同样软硬兼施。1940年6月5日,他通过美国大使馆给罗斯福传达了一条信息,恳请美国在法国投降之前加入战争,里面的措辞耐人寻味:

> 如果美军失利,现政府以及我本人,绝不会袖手旁观、不派军舰穿过大西洋施以援手。不排除有一天,大不列颠诸岛变成希特勒帝国的属国,局面脱离现任大臣的控制。那时,希特勒开出的条件也许就没我们开出的这么优厚了。届时,为了和平,肯定会建立一个亲德政府,他们会向分崩离析抑或饥不果腹的英国提出无法抗拒的条件,换取国民对纳粹意志的绝对服从。英国舰队的命运……决定着美利坚的未来,因为一旦与日本、法国、意大利舰队,以及丰富的德国工业资源联合,那么希特勒就拥有了制海权。当然希特勒可能会十分谨慎。但是,他也可能变得疯狂。此种制海权的剧烈改变可能会迅速发生,但是肯定不会在美利坚做好充足准备之前发生。我们如果沦陷,就可能产生一个纳粹领导下的欧洲合众国,与美国相比,他们人数更多、实力更强、装备更好。[24]

尽管政治家们一再声称不要假设,而实际上,任何尽职尽责的人,都须时刻为将来的各种可能性想好对策,罗斯福也不例外。"读完丘吉尔的来信,"罗斯福的贴身顾问小亨利·摩根索(Henry Morgenthau)写道,罗斯福说,"除非我们做点什么让英国再得到一些驱逐舰,不然在我看来,指望英国人坚持战斗毫无希望。"结果,两国达成协议,美国给英国五十艘驱逐舰,而英国则在西半球以九十九年为租期,将各种军事基地租借给美国。可见,丘吉尔也不总像诋毁他的人说的那样一味服软。

随着战争的进行,由于美、苏相对于英国来说提供了更多的人力、资金和战略物资,丘吉尔不得不接受整体军事战略越来越受到盟友控制的事实。1942年和1943年的很长一段时间里,丘吉尔都在盘算一个冒险的主意,"从东南出发",在巴尔干山谷沿河而上,迫使敌人向欧洲内陆退缩。帝国参谋总长、陆军元帅阿兰布鲁克则认为这个行动无异于白日做梦。丘吉尔却觉得这个方案比穿越英吉利海峡、解放法国的"霸王行动"更加可行。美国人和阿兰布鲁克意见一致,丘吉尔最终只好妥协,放弃了自己的想法。帝国参谋总长阿兰布鲁克和丘吉尔之间始终互相迁就,1944年1月丘吉尔说:"他们可能说我把他们领进了花园小径,但是,在每条小径的转弯处,他们都会发现美味的水果和健康的蔬菜。"

战争进行中,丘吉尔发现他扮演的角色越来越像顾问,而非领导人,更不用说掌控华盛顿和莫斯科了。这种角色,希特勒永远无法适应;丘

丘吉尔是唯一穿军装的英国首相。在德黑兰会议上,丘吉尔、斯大林、罗斯福在一起,显得罗斯福倒是异类了。

吉尔能偶尔放低姿态,希特勒却一刻也改不了他暴君的本性。"英国太小了。"1943 年 11 到 12 月,在德黑兰会议上,丘吉尔与罗斯福和斯大林会晤。他调侃道:"我的一侧坐着大块头俄国黑熊……另一侧坐着大块头美国野牛,中间是我,可怜的英国小毛驴。"不过,小毛驴有自己一套办法,持续对战事施加影响。这套方法和参谋长们对付丘吉尔那套办法如出一辙。各位参谋长从一开始就达成原则上的一致,如果需要拖延丘吉尔青睐的某个计划,或者要劝阻丘吉尔实施太过天马行空的计划,参谋长们就会提出一大堆合理的阻挠理由,让丘吉尔来不及辩驳。

二战结束后,前盟军总司令德怀特·艾森豪威尔评价丘吉尔说:

> 我费尽心思和丘吉尔辩论。不止一次,他强迫我重新审视我自己的前提条件,让我确保自己做出了正确判断,或者接受他的解决方案。然而,如果最后的决定违背他的意愿,他也会彬彬有礼地接受,在他力所能及的范围内,采取相应行动,给予全力支持。领导人既会说服人,又会全心全意接受违反自己意愿的决定,这两项是民主的基石。

丘吉尔把每一次发言和展示情感的机会都当作武器,确保盟军的决定不会违背他的初衷。英国海军情报局局长约翰·戈弗雷(John Godfrey)上将举了一些例子,包括"晓之以理、动之以情,嬉笑怒骂、声泪俱下",无所不用。要不是像陆军元帅阿兰布鲁克那样身经百战,一般人真难忍受和应付这一套。

在精神上取胜

丘吉尔认识到希特勒取得的胜利很多都源自希特勒具有强大的意志力。丘吉尔暗下决心,定要展现出同样强大的毅力。1940 年 7 月 14 日,他在广播中说:

> 不难理解,大西洋彼岸,袖手旁观但心怀同情的人们,以及

来自尚未惨遭蹂躏但忧心忡忡的欧洲国家的朋友们,他们无法估量我们的资源或我们的决心,他们眼睁睁看见许多国家几个星期甚至几天之内就被纳粹的战争机器撕成碎片。他们担心我们是否能够存活。然而,到现在为止,希特勒还没遇上一个在意志力媲美他们的伟大国家。

丘吉尔深知,领导人的任务之一就是说服人们,相信他们的领导人具有足够坚强的意志力,力挽乾坤,而不只是随波逐流。丘吉尔习惯突出下巴,像足了一头斗牛犬,正说明了这一点。丘吉尔想方设法,让本该成为一名老人软弱标志的拐杖,散发出强大的挑战信号,就像出自艾弗·罗伯茨-琼斯(Ivor Roberts-Jones)之手、屹立在伦敦议会广场上的丘吉尔雕像展现的那样。丘吉尔不仅用演讲,同时还用自己的肢体语言传达着自己的思想。

1940年到1941年上半年,丘吉尔经常故意高估取胜的可能,但是他从来不低估存在的风险和困难。尽管他把这一招运用到了史无前例的程度,这还是让丘吉尔获得了信任。风险真正降临的时候,比如1940年夏末不列颠之战打响,丘吉尔列出了一大串自己就职首相后英国遭受的挫折,似乎还得意洋洋。在这种困难时刻,只有非凡的领导才能看到这一长串灾难后面隐藏的机会。1940年8月20日,丘吉尔发表演说,他说:

> 自从新政府上台,一个多季度过去了。这期间多少灾难接踵而至啊!轻信的荷兰被打垮了;他们备受热爱和尊敬的皇帝被迫流亡海外;平静的城市鹿特丹惨遭血洗,残暴程度堪比三十年战争;比利时惨遭入侵、屈膝投降;为了援救比利时国王利奥波德,我们自己的远征军被敌人切断后路,差点被俘,最后奇迹般虎口脱险,却损失了全部装备;我们的盟友,法国,出了局;意大利加入与英国为敌的行列;法国全境陷落敌手,所有的军火、大量的军需被德国或攫取或改装;法国维希成立了傀儡政府,随时可能在德国胁迫下与英国作对;欧洲西海岸从挪威的北角到

西班牙前线都落入了敌手；这长长一条前线上，所有港口、所有机场都成了入侵英国的跳板。此外，德国的空中力量数量上远远超出英国，他们如今已盘踞在我国岛屿附近。我们极度恐惧的事情即将发生，来自四面八方的敌人轰炸机不仅几分钟就能到达英国海岸，可能还有战斗机加入他们的行列。

这是个骇人听闻的长篇故事，但丘吉尔想方设法将危险的时局转化成了一种特殊力量。他在演说中不断提及德国赢得胜利，靠的是出其不意、谎话连篇、阴谋诡计。但是现在，丘吉尔似乎要说，事到如今，轻信的英国人也该用阴谋诡计了，英国人优良的道德品质将确保英国取胜。放在现代战争语境，他的话毫无逻辑，但是丘吉尔知道1940年的英国人民需要物质鼓励，比如枪支弹药，同样也需要精神鼓励。他作为领导，就是善于提供精神鼓励。丘吉尔可能不是把英国带入1945年和平年代之人，或者说他也不适合20世纪50年代再次领导英国，但是丘吉尔的领导技能对于说服英国人民挺过法国沦陷到希特勒入侵苏联这关键的十三个月起到了积极作用。英国挺过艰难全凭毅力。莱尼·里芬斯塔尔宣传希特勒的电影《意志的胜利》(Triumph of the Will)，片名真是讽刺，因为最后是丘吉尔的意志，而不是希特勒的意志取得了胜利。

人为制造紧张局势：丘吉尔和阿兰布鲁克

"在任何情况下都不能公开这本书的内容。"陆军元帅阿兰布鲁克勋爵在他战时日记中写道，原因很容易理解。[25]当初，丘吉尔恳求阿兰布鲁克出任参谋总长，成为他的"军师"，因此阿兰布鲁克掌握了英国所有战时的最高机密。甚至在1957年阿兰布鲁克的传记出版时，其中关于日记的内容都逐条接受过审查，一方面出于国家安全考虑，一方面也怕招惹了美国总统艾森豪威尔这样有权有势的大人物，以及丘吉尔之前和之后的历任首相，安东尼·艾登和哈罗德·麦克米伦。

2001年完整的阿兰布鲁克日记首次出版，尽管阿兰布鲁克和丘吉尔在战略问题上看法经常相左,这早已不是秘密,直到此时,人们才明白,原来在二战期间,大多数时候,阿兰布鲁克都觉得无法忍受与丘吉尔共事。(而丘吉尔呢,似乎对阿兰布鲁克没有类似的敌意。)

阿兰布鲁克对全球战略产生的影响之大怎么说都不为过。是他,而不是丘吉尔或者战时内阁,将纳粹推向了失败的深渊。是他制定了北非、意大利、诺曼底这一系列直捣柏林的战略路线。人们以前只知道他出生于爱尔兰阿尔斯特省、身体强壮、缺乏幽默感、有权有势,但是后来发现他也激情四射,时而会意志消沉,时而会欣喜若狂,而且时而也会对和他共事的人,尤其是马歇尔将军、艾森豪威尔将军和巴顿将军,以及许多英国的政治和军事机构怒气冲天。

总体上,阿兰布鲁克都以勤勉小心为主,而丘吉尔则喜欢虚张声势,两人如同一个围棋手和一个桥牌手,风格迥异。但是尽管丘吉尔时常与阿兰布鲁克意见相左,却从没否决过他的决定。一战加里波利大溃败的阴影仍然笼罩着丘吉尔,他很清醒,知道应该相信阿兰布鲁克建立在逻辑推理上的意见,而非自己的冲动想法。阿兰布鲁克认为自己的职责就是协助丘吉尔,不要让英国再次遭受加里波利那样的失败,因此丘吉尔1943年从巴尔干、1944年从苏门答腊岛展开攻击的两次计划,都成功被阿兰布鲁克制止。

历史档案馆里,三军参谋长委员会记录列出的都是会上讨论过和通过的干巴巴的事件,阿兰布鲁克的日记则更加有血有肉,常常还有主要参与人的激烈争吵。与战时宣传的冷漠无情、神一样的存在不同,丘吉尔和英国最高统帅部有时会不知所措,有时候也会在作战方案上互不相让。

丘吉尔天马行空、热情洋溢、灵感不断,阿兰布鲁克则瞻前顾后、坚毅冷静、没成功先想到失败。两人都好战固执、争强好胜,他们性格上的冲突最终对英国产生了有利的影响,保证了大战略既加入了丘吉尔的天赋灵感,也加入了阿兰布鲁克的专业精神。虽然二人合作中有痛苦、有恼怒,二战后也没有继续下去,但是他们的合作为最终赢得二战作出了贡献。

"布鲁克两边都不想得罪。"1957年阿兰布鲁克传记出版的时候,克莱门蒂·丘吉尔评论说。这之前,阿兰布鲁克赠给丘吉尔一本自己的传记,书里写了一段过分恭维——在当时情况下显得有些虚伪——的赠言。蒙哥马利告诉传记作者历史学家阿瑟·布赖恩特爵士,丘吉尔对此书"真的十分生气",这是战时二人良好关系上的第一道裂缝。要是看了阿兰布鲁克和布赖恩特已经从日记中删掉的部分,丘吉尔肯定会气得中风。

然而,我们要记得,阿兰布鲁克在日记中对丘吉尔的描述是十分

1944年陆军元帅阿兰布鲁克爵士、伯纳德·蒙哥马利爵士与丘吉尔一起在法国。

宽容的。他还不断指出,日记都是在极度紧张焦虑的情况下完成,而且常常写在深夜。为避免和同事当面冲突,他只好在日记里发泄情绪。因此,阿兰布鲁克的日记可能有很多想写而未写的事情。写到二战主要战略,大家争论不休的部分,尤其是阿兰布鲁克提议将开辟第二战场推迟到盟军完全准备好的1944年6月这件事上,事实证明,阿兰布鲁克是对的,幸好可敬的被阿兰布鲁克称作"非人"的丘吉尔在场,不然就不可想象了。

丘吉尔没有犯下灾难性的军事错误的原因在于,他尊重敢于反驳自己、直言不讳的人。事实上,知道阿兰布鲁克会挑战自己,还坚持任命阿兰布鲁克本身,就是丘吉尔的一大功劳,这比当今政界的提拔标准高明得多。美国乔治·巴顿将军曾说:"意见一致,说明有人没有思考。"如果不让别人有不同意见,最优秀的领导也会失败;丘吉尔没有犯这个错。

对阿兰布鲁克来讲,作为一名军人,他面临了历史上最强大的政治和军事压力,日记就是他的心理安全阀。他折断一根又一根铅笔,写道"首相,我完全不同意您的意见"。盟军现役军人中,他是最尽职尽责的一位。丘吉尔伟大之处,一部分就在于他任命了阿兰布鲁克,而且在这之后,无论怎么心有不甘,都接受了他的建议。

丘吉尔信心十足,部分是因为早期在他和阿兰布鲁克发生的一次主要冲突中,事实证明,丘吉尔的大胆主张十分正确。1940年7月,在不列颠之战已经开火的情况下,丘吉尔决定冒险,增兵中东,把近半数可调遣的坦克派往好望角。丘吉尔传记作家罗伊·詹金斯相信,没有这次战胜阿兰布鲁克的标志性胜利,"1941年和1942年之交,英国就不可能守住埃及,1942年下半年也不可能在西部沙漠取得第一次决定性陆战胜利"[26]。这次胜利让丘吉尔,一反常态,在工作中更多地挑战阿兰布鲁克。

挑战的结果就是,阿兰布鲁克偶尔会让着丘吉尔,放弃自己更谨慎明智的决定。军事史学家约翰·基根(John Keegan)写道:

丘吉尔有的方案实施后产生了灾难性的后果,比如他不听美国建议，1943年坚持入侵希腊多德卡尼斯群岛。丘吉尔还犯了基本的军事错误，他一错再错，1942年决定让18师登陆新加坡，结果全军被日本俘获。[27]

尽管斯大林1942年就开始要求在西线开辟第二战场，罗斯福也打算1943年登陆欧洲，丘吉尔采用了自己手下惯用的拖延术和间接阻挠术，成功将"霸王行动"拖至1944年。丘吉尔害怕登陆失败产生灾难性后果，坚持在充分削弱德军实力后，再开始穿越英吉利海峡，进行登陆。他用阴谋诡计将美国拖入中东和意大利的战事，分散美国注意力，成功将"霸王行动"在没有充分准备好的情况下贸然实施。如今回顾起来，我们会发现丘吉尔是完全正确的。1943年实施登陆很有可能会以失败告终，"霸王行动"可以算是丘吉尔——1940到1941年，坚定英国人民决心之后——为帮助盟军赢得胜利，做出的最大贡献。

希特勒评价丘吉尔

"英格兰搅入战争，真是桩奇怪的生意，"1941年10月18日傍晚，希特勒在乡间别墅贝格霍夫跟宾客们说，"经营这笔生意的就是丘吉尔，那个受犹太人操纵的傀儡。"[28]丘吉尔在希特勒的餐桌谈话中被提到不足为奇，和希特勒在丘吉尔对下议院演讲中被提到，几乎一样频繁。希特勒提到丘吉尔时总是怒气冲冲，一点也没有幽默感。"我遇到的英国人，没一个喜欢丘吉尔，"1942年1月7日傍晚，希特勒跟心腹说，"每个人都说他精神不正常。"他继续说，丘吉尔被美国收买了，丘吉尔"靠做不良记者发家致富"。因此，希特勒相信："反对丘吉尔的过程就是德国在英国势力增长的过程。这都是他长期不在英国［访问美国］造成的。"然后希特勒预言大不列颠可能在战争结束前就退出战争。五天后，也就是1942年1月12日晚上，希特勒又回到这个话题说："丘吉尔仍然相信欧洲权力制衡，他的政治思想已经过气了，不现实。而事实上，就是因为丘吉尔有这个可笑的想法，他才搅得英国上下不安,卷入战争。新加坡沦陷之日,就是丘吉尔倒台之时;我深信不疑。一句话,丘吉尔代表的政策除了对犹太人有益,不会给其他任何人带来利益。"

那个月还没过完,希特勒就开始考虑:"英格兰只有将自己和欧洲大陆联系起来才能独立生存,她必须能够在欧洲组织框架内维护自己的帝国利益。"第八军占领利比亚的班加西就是英国的最佳时机。平安夜,英国占领班加西,希特勒以为这将重建英国军事声望,从而明显使英国"打心眼里想退出战争"。主要问题仍然在丘吉尔身上,丘吉尔"一心想着苏联"。"希特勒不明白的是,一旦苏联战胜德国,欧洲就会立即被统治在世界强国苏联之下。"29

希特勒对丘吉尔这个对手的关注已经到了痴迷的程度。仅仅过了两天,2月2日中午,他又回到这个话题,认为:"丘吉尔如同困兽,步步危机。即使议会已经赋予他更多权力,他仍然害怕自己不被信任。丘吉尔和罗伯斯庇尔倒台前夜处境如出一辙。开始,一片赞誉,突然峰回路转,树倒猢狲散。"四天后,希特勒预测:"终有一天,[下议院]将举行秘密会议,指控丘吉尔背叛帝国利益……很多反对他的人已经开始对他恶语相向。"然后希特勒插科打诨道:"英国从这件事里捞不到好处,他们会吃个教训,被揍个鼻青脸肿。如果今后他们少生产点威士忌,谁也不会觉得受到伤害——他们自己也不会受到伤害。别忘了,毕竟,他们遭受的一切都拜一人所赐,丘吉尔。"

1942年2月15日,新加坡沦陷。显而易见,丘吉尔并没有因此倒台,这让希特勒对丘吉尔更加深恶痛绝。三天后的晚上,与隆美尔共进晚餐时,希特勒说:"丘吉尔是个十足的堕落记者。政治舞台上没有比他更能出卖节操的人了。丘吉尔自己写过,谎言在战争中毫无贡献。他是个彻彻底底道德沦丧、面目可憎的家伙。我相信他在大西洋彼岸早就准备好了退路,显然不是加拿大,去加拿大他会被胖揍一顿。他肯定去投靠他的狐朋狗友美国佬。"第二天晚上,希特勒接待了客人陆军元帅艾尔哈德·米尔希以及斯佩尔,他们谈到东线作战的德军,苏联的严冬已经降临:"我一向讨厌冰雪;鲍曼,你知道,我讨厌这个玩意儿。现在我知道原因了,这是种不祥的预感。"

在丘吉尔看来，希特勒不需要预感就应该知道苏联冬天下暴雪。1942年5月10日的广播中，他说了以下内容嘲笑希特勒：

> 希特勒犯了第二个大错，他忘记了冬天。大家知道，苏联有冬天。持续很多个月，气温会降得很低。会下雪，会有霜冻之类的。希特勒忘了苏联的雪。他肯定没好好读书。我们读书的时候都学过，但是他忘了。我到现在为止，从来没犯过这样小儿科的错误。

希特勒进攻苏联四天后，丘吉尔在广播中把希特勒描述为"一个邪恶的怪兽，到处杀人抢劫，贪得无厌"。

1942年3月底，英国人仍然没有推翻丘吉尔，希特勒开始担心斯塔福·克里普斯会取代丘吉尔。这导致希特勒歇斯底里："我还是喜欢一头不受约束、一天二十四小时，八小时都烂醉如泥的猪。比起一个过着禁欲主义生活、在起居室大谈布尔什维克的人，一个花钱大手大脚、毫无节制、又抽烟又喝酒的老头子，没什么可怕的。丘吉尔酒醒的时候——这不是不可能——必然会认识到，如果战争再持续两三年，大英帝国将不可避免地走向灭亡。"比丘吉尔更令希特勒又恨又怕，这对斯塔福·克里普斯是多么大的赞扬啊！希特勒竟然相信，发生了这么多事，丘吉尔还会准备与德国讲和，就算为了挽救大英帝国，丘吉尔也不会啊，希特勒真是自欺欺人！

1942年6月27日，希特勒想到了一个真正非凡的计划来刺探英国的意图。从丘吉尔和罗斯福会谈时间的长短，他猜测两人可能闹翻了。希特勒说："目前为止，最有趣的问题是，英国现在要干什么？"他认为找出答案的任务应该落在位于威廉大街的德国外交部，他又说："完成这个任务最好的办法就是跟丘吉尔的女儿调调情。但是我们的外交部，尤其是男性外交官，即便知道成功拿到情报可能挽救无数德国官兵的性命，也不屑利用这种手段，不准备作出令人愉悦的牺牲！"[30]

二战期间，即便最"绅士"的德国外交官，如何能渗透本地辅助服务团,成功引诱丘吉尔三个女儿中最小的一个——既然萨拉和戴安娜已经成婚,希特勒应该指的是十九岁的玛丽——这都没有得到解释。希特勒还表现出一个没结过婚的单身汉、令人感动至深的假想,他以为父亲会把有关战争高级别行动的详情告知女儿。(索姆斯夫人,即玛丽,向我做过保证,据她所知,没有人对她用过"美男计"。)

希特勒曾打算利用德国外交官对丘吉尔的女儿玛丽(左)实施美男计。但计划没有实行。

1942年7月1日,希特勒还在做他的白日梦,希望英国出现叛乱,把丘吉尔赶下台。当晚,他跟宾客说:"对丘吉尔和他的支持者来说,丢掉埃及,他们一定会担心国内反对势力急剧增强。议会里已经出现了二十一个成员,公开反对丘吉尔,我们不能忽视这个事实。"第二天,由于隆美尔迫使英军第八军退回阿拉曼,下议院提出不信任案,弹劾政府,丘吉尔政府以475票对2.5票胜出,充分证明希特勒的数字纯属胡诌。"我从不预言未来,"丘吉尔跟下议院说,"除非像新加坡绝不妥协这样的事。如果我说新加坡会沦陷,我也太愚蠢无知了!"

希特勒再次提到丘吉尔,是一个星期以后。7月9日,希特勒说丘吉尔犯了错,"不该夸大敌人隆美尔。英国突然将德军将领隆美尔的名字与许多个师团相提并论。可以想象,假如我们把[红军大将]铁木辛柯捧上了天;我们的士兵最后就会把他看成超人。"现在看来,希特勒没错,把隆美尔神化成"沙漠之狐"还真是盟军的巨大宣传败笔。

1942年8月丘吉尔出访莫斯科与斯大林会晤,希特勒再次想刺探丘吉尔的意图:"我觉得丘吉尔有什么重大图谋,访问莫斯科就是想满载而归。他们要图谋一个大的计划,我肯定:不然,为什么要让地中海舰队出海?"当然,揣摩对手意图是领导人的义务,但是希特勒对丘吉尔的理解总是以各种偏见和荒谬的误解为前提,完全脱离实际。他认为丘吉尔是个醉汉,老得快不中用了,"被犹太人收买,听命于犹太人"。"丘吉尔,那个出卖贞操的记者、老东西,"1942年8月29日,希特勒穷凶极恶地咆哮说,"仔细研究一下他的《回忆录》,就能看出他是个没有原则的猪,那里面赤裸裸地写得很清楚。上帝帮帮这个国家吧,竟然选了这么个东西做领袖!"31

丘吉尔对希特勒的评价

作为在议会里叱咤风云的讽刺大师,丘吉尔对希特勒的指责,不出所料,比希特勒高明多了。里面包含了对希特勒个性的理解,而希特勒则完全不懂丘吉尔的性格。丘吉尔当记者的时候就曾多次赞扬过希特勒。1935年丘吉尔对希特勒的表扬达到了顶峰:"公共场合或者社交场合,面对面见过希特勒先生的人,会发现他是个十分称职的官员,冷静博学、性格随和、笑容亲切,人人都会被他那微妙的个人魅力吸引。"(1941年再版的《当代伟人》一书中,丘吉尔坦坦荡荡地保留了这句话。)《当代伟人》中,丘吉尔还说:"他驱散了德国人心中的绝望,代之以有害但不那么病态的复仇思想。"四十年前在《萨伏罗拉》里,丘吉尔就写到过令人生厌的伊阿古式的私人秘书米格尔,从"地狱般的地带"发出欢呼:"他身材瘦小、皮肤黝黑、面目丑陋,因为上了年纪和很少外出,满脸皱纹。他皮肤青白,与染过的紫黑色头发和短髭形成强烈对比。"32

20世纪30年代前半期,英国政坛中,丘吉尔在所有人之前就认识到,希特勒可能会发展成可怕的威胁。1939年6月,丘吉尔提出这样的疑问:

> 他会炸毁地球吗？地球那么重，可不容易炸毁！一个杰出的人，站在权力的顶峰，可能会制造一场巨大的爆炸，然而，文明世界可能不会受到影响。爆炸产生的巨大碎片会砸到他自己头上，将他摧毁……地球照常运转。

1939年8月20日，二战爆发前，丘吉尔和老师保罗·梅兹(Paul Maze)一起画画。在画架前，丘吉尔反反复复说着德国和法国军队的规模和力量对比。"法国强大，我跟你说，他们强大，"丘吉尔说，然后他咬紧牙关，让梅兹看到了他钢铁一般坚强的意志，"啊，有了这个，我就能打败他。"[33]

丘吉尔不断将自己设身处地，站在希特勒的角度思考问题，猜出希特勒的意图，其中海军部的沙盘推演是重要的环节。他甚至在一战前的德军军事演习中做过德国皇帝威廉二世的座上宾。1940年6月30日，丘吉尔在财务部会见安德鲁·索恩爵士(Sir Andrew Thorn)，讨论了德国入侵英国的可能性。丘吉尔站在希特勒的角度，说自己"倾向于认为，希特勒必须重新制订计划：希特勒不可能预见法国的灭亡，按原计划，他应该认为法军会在索姆河或至少在塞纳河沿岸死守，英国远征军要么会协助法军作战，要么已经被剿灭"。这就是丘吉尔没有听信希特勒是个军事奇才、六个星期内打败法国后立即计划入侵英国谣传的原因。

不出丘吉尔所料：希特勒当时还没有认真盘算过入侵英伦三岛，只是命令德国最高统帅部的规划人员在9月为"海狮行动"起草一个详细的方案，但是计划拟定的时候，已经为时过晚，难以实行。索恩将军离开财政部的时候，跟柯维尔说："温斯顿对于英国的重要性胜过希特勒对于德国的重要性，因为温斯顿举世无双，不可替代，希特勒手下则源源不断产出领导人才。"其观点与我们的直觉恰好相反，耐人寻味。柯维尔用一个众所皆知的事实回答说："希特勒在部队自学成才，温斯顿是军校优等生；德国最终成了一部战争机器，而英国只是学习到了现代战争的意义。"[34]

丘吉尔喜欢不放过任何一个时机，把战争拟人化。他把希特勒称作"那个男人",有一次对希特勒演讲中发出的和谈倡议说:"我不愿意回复希特勒先生的演说,我跟他无话可谈。"丘吉尔的一个主要策略就是彻底妖魔希特勒——和隆美尔不同——不允许给他加上任何救世主的光环。1940年10月21日,丘吉尔通过广播对法国人民发表演讲谈及希特勒,他说:"他利用各种野蛮狡诈的手段,彻底切断法国文化之源和法国对世界的影响。我相信,法国的灵魂永生不灭。"

丘吉尔热衷于使用强有力的意象来描绘希特勒。比如,1941年4月9日,南斯拉夫发生政变,推翻了前轴心国政府,他对下议院发表演说时说道:"一条巨蚺,把毒液涂满猎物全身,然后猛地从他蜷曲的身体中把猎物一口叼起,和希特勒相比,巨蚺都算得温柔敦厚。"每当丘吉尔亲自或者替别人想象敌人,总会想到希特勒;希特勒的样子从来都能成功激起丘吉尔无限的愤怒,让他滔滔不绝。

1941年5月2日,财政部传来前线失利的消息。柯维尔的记录里说,丘吉尔"心情从未如此糟糕",他跟美国驻英大使埃夫里尔·哈里曼(Averell Harriman)、参谋黑斯廷斯·"哈巴狗"·伊斯梅和私人秘书柯维尔描述了一个世界,"在里面,希特勒控制了欧、亚、非三洲"。在这种不理性的悲观情绪中,丘吉尔继续想象,中东丢了苏伊士,"希特勒的机器新秩序"到处横行。"希特勒控制了伊拉克的石油、乌克兰的小麦,无论[英国人民]多么坚定不移,还是不能缩短艰苦的考验时间。"每次,在丘吉尔心情忧郁的自吹自擂中,该用"纳粹""第三帝国""德国人"的时候,他总是用希特勒代替。(当然,他可能只是随意想象梦魇般的未来,只为打动罗斯福的代表哈里曼,好让美国立即施以慷慨援助。)

第二天,在对波兰人广播中,丘吉尔再次谈到希特勒。他说:"每个星期,他的行刑队就在十几个地方忙忙碌碌。星期一,杀荷兰人;星期二,杀挪威人;星期三,杀靠墙站着的法国人或者比利时人;星期四,杀捷克人;如今上了死刑名单的是塞尔维亚人和希腊人。但是无论哪一天,他都要杀波兰人。"

希特勒入侵苏联前夜,丘吉尔从解密的情报中已经知晓此事,并向苏联发出警报,但苏联却无动于衷——和丘吉尔在财政部草地上饭后散步的时候,卓克·柯维尔取笑丘吉尔向苏联示好,对丘吉尔来讲,就是个信仰大转变。丘吉尔说:"他只有一个目的——消灭希特勒——因此他自己的生活变得简单多了。"必然如此;希特勒为一个没有犹太人的欧洲而奋斗,向东方扩展生存空间,永远统治斯拉夫民族,丘吉尔能够——至少直到二战结束——集中精力,消灭希特勒。

但这的确有时会让人犯下把问题简单化的大错,或者更甚。1944年8月2日,丘吉尔跟下议院说:"现在,苏军站在华沙大门口,动动手,他们就能解放波兰,给波兰带来独立自由和国家主权。"红军的确站在华沙大门口,讽刺的是,他们直到德国国防军把城内起义的群众镇压下去才开始攻城。丘吉尔一门心思摧毁希特勒,就连在不列颠明确参战这件事情上,他都不得不做出妥协。

丘吉尔鄙视希特勒,嘴上这么说,但不意味着政治上低估他。1944年1月5日,在马拉喀什的玛穆尼亚酒店别墅里,丘吉尔吃晚餐的时候组织了个投票,让大家猜希特勒1944年9月3日二战五周年的时候会不会还在台上。在场七人,包括丘吉尔的医生莫兰勋爵、捷克领导人爱德华·贝奈斯(Eduard Benes),投票认为不会。另外四人包括比弗布鲁克勋爵、柯维尔和丘吉尔本人投票认为会。

听到希特勒自杀的消息,丘吉尔说出的话,充分说明他重视个人勇气胜过其他一切。1945年5月1日,星期二,正吃晚饭的空当,柯维尔带来一份德国电台声明,声明说:"希特勒在柏林总理府工作岗位上阵亡……同布尔什维克战斗到最后一刻。"丘吉尔说:"好吧,我必须说我觉得他这个死法完全正确。"比弗布鲁克回应说这只是纳粹的宣传伎俩,明显不是这个死法。[35]尽管比弗布鲁克说得对,但丘吉尔的话说明他具有宽广的胸怀,这样的时刻,这样的情况,还总把对手往好处想。(事实告诉我们,纳粹故意推迟到特殊的日子5月1日"国际劳动节",才发布了希特勒的死亡声明。)

七年之后的1952年5月,丘吉尔作为首相又回到财政部。他和蒙哥马利一起沿着俯视财政部的纪念碑山,穿行在野餐的人们中间。

蒙哥马利问丘吉尔，怎么定义伟人（估计是为了让丘吉尔表扬他）："希特勒是伟人吗？""不，"丘吉尔回答，"他犯过太多错。"然后，他们开始讨论谁能位居伟人之列，丘吉尔说耶稣完全有资格，"《登山宝训》列出了完美的道德标准，足以让他当选"。因此，在丘吉尔看来，希特勒够不上伟大是他犯错太多，而不是他内心邪恶。毕竟，丘吉尔在他1937年的《当代伟人》中加入了希特勒，不过那是在希特勒犯下错误、丘吉尔开始鄙视他之前。丘吉尔自己也犯了很多错误，但是作为一名伟大领袖，与希特勒不同的是，丘吉尔吸取了教训。

使用秘密情报

丘吉尔从挪威战役中自然也吸取了教训。丘吉尔当上首相，首先要做的，就是确保自己能够获知所有最新和最重要的情报。丘吉尔不满于阅读总结和评估报告，对于重大情报，他希望能亲自检查密电原稿。二战期间，英国秘密情报局局长"C"几乎每天都会差人送一只淡黄褐色的箱子到唐宁街10号，里面的物品，极为重要。由于波兰人成功缴获了一台恩尼格玛密码机，加上布莱切利公园工作人员对德军密码的成功破译，才有了这些"超级机密"的信息。

丘吉尔思想开放，不走寻常路，他钟爱特别行动就是对这一点的充分诠释。二战中，对付纳粹，丘吉尔什么异想天开的点子都敢用。他喜欢用他所称的"有趣"行动；一生都痴迷于间谍与密码，刺探秘密与保守秘密。非常规战役与他对英国总体战时的战略概念一拍即合：在欧洲大陆，全面直接作战会损失更多的人力和资源，迂回战术则代价较小。

一战加里波利战役遵循的就是这个逻辑，二战中进攻所谓的"欧洲软肋"意大利和曾经提议的巴尔干战役也是如此。两次世界大战之间，丘吉尔忠实地秉承了一个理念，即对间谍行动和整理信息的投入不是浪费金钱。1909年，在丘吉尔的支持下，成立了军情五处。一战五周年纪念日前夜，他起草了海军部密码破译行动章程，行动代码40号房间。

从 19 世纪 90 年代，在印度当中尉向外交部汇报开始，到古巴当战地记者，再到布尔战争在后方积极工作，丘吉尔始终与英国情报局保持着密切联系。丘吉尔在俄国内战中、1914 到 1915 年的 U 型潜艇战甚至在大罢工期间都创造性地使用了情报活动。二战后，丘吉尔继续积极投身于伟大的情报战线，之后在冷战中也非常重视情报搜集。

丘吉尔与英国情报局联系密切。他甚至能够在自己在野期间，建立一个私人间谍网络，为他所用。[36] 二战的时候，他起用了一位名叫艾伦·希尔加思（Alan Hillgarth）的特工；还贿赂了多名佛朗哥高级将领，确保西班牙保持中立。哈利法克斯勋爵觉得，用他的话说，"在高尔夫球场上把信封塞给他们"，不合时宜，但是丘吉尔却不以为意，觉得自己只是沿袭了大不列颠 18 世纪外交贿赂传统而已。

丘吉尔确保盟军已经破解恩尼格玛这件事，只有代号为"波尼法"的三十一个人知道，诱使敌人以为这个情报来自单个（级别必然非常高的）间谍。"超级机密"这么敏感的事情，连特别行动处首脑、奉丘吉尔之命"点燃欧洲"的休·道尔顿也蒙在鼓里。

战时，首先是斯大林，后来丘吉尔也说，"事实非常宝贵，以至于总被谎言包围"。英国成立了一个机构，专门负责散布流言，取名政略作战执委会。最近，本书作者在剑桥郡的一座房子里，发现了一些政略作战执委会尚未发表的书稿、文件和照片。一些有趣的新发现告诉我们，1944 年 6 月诺曼底登陆的时候，盟军一直算计着如何在欧洲制造混乱。这些内容丰富但至今没人研究的档案，向我们展现了 1938 到 1945 年，政略作战执委会不同寻常的特质：政治上，天真幼稚，行事上，冷酷无情。

书稿为戴维·加尼特（David Garnett）所著，后来由他儿子理查德保管在亨廷登希尔顿厅。[37] 1945 年，曾任政略作战执委会培训部前主任的加尼特，受外交大臣欧内斯特·贝文之邀，写一部执委会对二战贡献的秘密历史，以备不时之需。书稿毫不隐晦——简直就是对许多军政要人的不敬、诽谤，因此只给四个人看过——这四个人分别属于英国陆军部、海军部、空军部和外交部——之后便被迅速存档，归入内阁办公室历史部档案。档案封面上书:"女王陛下政府财产。机密。上锁。格外当心确保此文件内容保密。"直到2002年,书稿完成半个世纪后才得以出版。38

书稿之外,是加尼特的私人信件,包括同几十位政略作战执委会高级官员的通信。涵盖了许多执委会工作《秘史》中没有涉及的部分。战后,加尼特公开给前同事写信,获得了他们的允许,公开他们战时的一些经历。不然,这些经历和秘密只能随他们一起长眠地下了。与自己的姐妹机构军情五处、军情六处、布莱切利公园、特别行动处一样,执委会战时工作也要遵守缄默法则。许多工作人员都觉得,虽然1945年迎来了世界和平,但是他们对自己曾经从事的活动仍然应该保持缄默。

政略作战执委会建于1938年慕尼黑危机期间,目的是沿袭一战思路,把对德秘密宣传战进行到底,向德国散发各种手段获得的流言蜚语,打击德国民众士气。其中,假称德国国内电台的"黑色"电台,实际设在政略作战执委会全国总部沃本修道院,主要负责向纳粹敌人老巢散布虚假消息。政略作战执委会和美国情报机构战时信息办公室一起,在德国投放了不下两亿六千五百万份反纳粹传单,进行了成千上万小时各种广播宣传。为了在德国士兵中扩大收听群体,还广播赤裸裸的情色内容。政略作战执委会也散布了一些不实谣言,比如1940年谎称英国从澳大利亚进口了两百头食人鲨,投放在英吉利海峡,用以咬噬沉船后落水的德国士兵,作为应付德国入侵的对策。

高官塞奇威克中校写过一份秘密报告,介绍政略作战执委会的职能。报告中写道:"第四只作战手臂,政治战对思想展开进攻。主要兵力来自敌国或敌占区不满分子。迷惑敌人,削弱敌人作战力量,赢得思想战。"主要手段是"贿赂媒体、美人计、阿谀奉承、挑起内部争端、贫富对抗、新老人员对抗、上下级对抗"。散布谣言以达到"欺骗或恐吓敌人"的目的。

任何组织,能招揽到诺埃尔·考沃德、雷蒙德·莫蒂默、弗雷亚·斯塔克、丹尼斯·塞夫顿·德尔默、约翰·惠勒-本内特、罗伯特·拜伦、罗伯特·"乔克"·布鲁斯·洛克哈特爵士、爱德华·哈利特·卡尔、理查德·克罗斯曼这种各式各样、举世公认的优秀人才，注定不是一个乏味无聊的组织，他们设计的有些行动常常十分离奇。比如往德国空投大量信鸽尸体，信鸽脚上绑着信，迷惑盖世太保，让他们相信一个大规模德国抵抗组织与英国秘密情报局有着密切接触；编写成千上万本假冒德国配给图书，混淆视听；印刷希姆莱头像的邮票，激发民众不满，反对希姆莱成为下一任元首。

政略作战执委会"黑色"电台台长是丹尼斯·塞夫顿·德尔默（Denis Sefton Delmer）。他记者出身，足智多谋，写过一本自传。从德尔默自传中，我们得知大量政略作战执委会文件战后遭到销毁。加尼特刚刚解密的《秘史》（*Secret History*），还有希尔顿厅的档案，在战后半个世纪之久的今日，让我们能够一窥他们激动人心、专注忘我但至今仍然笼罩着神秘面纱的种种活动。

政略作战执委会还编写了《小规模破坏方案手册》，用来培训欧洲大陆潜在反纳粹分子，指导他们如何帮助盟军诺曼底登陆（或者"零时"，该代号字面意义很明确）。有些方案十分荒诞不经，或不切实际，比如："化学装置。强力泻药、有毒气味、无害的苦水，等等。"其他相对无害的方案是布设假情报："集中在同一天发出所有信件，第二天一封信也不发；把所有表格都填错；在火车站排队时，询问如何到达一个不存在或鲜为人知的目的地；打电话报警说听到马路上远处有人呼喊。"诺曼底登陆当天，企图用这些活动阻挠德国国防军的行动，让人难以置信。

有些方案会给德国人制造更多麻烦，比如设置模拟路障、用模板印刷假路标、大规模扎坏汽车和卡车轮胎、切断野外架设的电话线。最后列出的是制造燃烧弹的方法，以及如何把铁丝绑在道路两旁树上，勒断摩托车手的头。铁丝要"倾斜，这样中招的摩托车手才会栽到沟渠里，不被下个骑手发觉"。

1943年12月，他们大规模印刷了一批明信片，上面印着希特勒的图片，一边咧着大嘴，一边手淫或者说一边抓着自己勃起的阳具。图片下面配有1942年11月希特勒在慕尼黑讲话中的引言："有什么都举起来。"还伪造了德国最高统帅部的一张报纸，报纸指责明信片造假，还配了整个明信片的照片，好让反对纳粹的德国人，对希特勒尽情嘲弄。

政略作战执委会局长制订了一个计划，向"特定地区投放现有量十倍的德国马克纸币，尤其在矿区、苏德台地区、奥地利等地，还有食不果腹的柏林，从而冲击德国。这将导致工厂和矿区停工，商店被抢购一空，造成混乱。一些地区消费掉另外一些地区的商品"。然而，有人担心，德国人用同样的手段报复英国，因此局长提出了一个先发制人的举措："召回我们自己发行的纸币，代以金属货币。"实行该行动需要投入难以想象的成本，而且后果难以预料，所以该行动从未落实。

对于诺埃尔·考沃德对情报战作出的贡献，加尼特1945年1月8日对政略作战执委会特工M.伯曼（M. Berman）进行了采访，解开了这个谜团。"诺埃尔·考沃德先生是位于巴黎的政略作战执委会法国部主任，"伯曼说，"他在穆尔爵士和斯特拉撒伦爵士协助下，负责与法国宣传机构联系。"一封没有日期、没有署名也没有副本的"最高机密"文件，名为"为支援盟军登陆被占欧洲政略作战执委会与特别行动处联合行动提议"的暗杀内奸计划，在诺曼底登陆开始前几个小时新鲜出炉，文件说：

> 在大部分国家，都可能有一批叛徒"中坚"，他们背叛祖国，放弃原则。很多爱国人士在发起各种活动，以帮助爱国人士为名的活动也在发起，这些活动将在"零时"实施或者与"零时"有关，内奸中坚分子的存在对这些活动构成潜在威胁，因此我们应该针对他们采取行动。提前有计划地将他们清除，在所有工作中，这明显应该是我们的第一要务。

可以"绑架或羁押"这些内奸，然后逼迫他们变成王室证据[①]，列

[①] 刑事被告向法院提供的对同案犯不利的证据。——译者注

出"当地叛徒及其职务名单;重要的德国人(或者外国人)及其职务名单;为敌人提供服务的个人或机构名单;物资储备室和储备地点;盖世太保间谍以及他们下线的名单;敌人的撤退计划(比如烧毁地表建筑等);德国人暗地支持的政治活动等"。被派去执行"鼠王行动"的就有后来成为王室服装设计师的哈迪·埃米斯(Hardy Amies),真是人不可貌相。

1941年8月,里奇·考尔德准将(Brigadier Ritchie Calder)发给大家一份"最高机密"备忘录,名字叫"铁路破坏方法说明"。里面列出了破坏敌人铁路的办法和地点,满怀激情、事无巨细:"为了确保造成最大破坏效果,应该让火车在路堑处(而不是路堤,不然事故车辆会在这里翻下坡)、地道里(救援吊车没有空间施展)、桥上(火车会掉下桥去,损毁挡墙)、调车场交通阻塞点(造成调度积压)。"使用的相应方法是,在火车道拐弯处,每隔五到十块枕木拆掉一块。另有详细说明,告知如何损坏铁道转辙器、信号灯、货车、火车轴箱——"用自行车打气筒把油抽走或倒入汽油、石蜡、水、沙子、草木灰或者尘土"。

为了庆祝不列颠之战一周年,政略作战执委会计划把1941年9月15日定为"龟速日",这一天欧洲人"为了自由、放缓速度"。"凭什么为德国人流汗?"有人发出告诫,"慢慢来。如果从衣帽间走到椅子需要一分钟,这一天请花一分半。如果去邮局买邮票,慢点儿买,和工作人员聊聊天。让一切都比平时慢一些。"跟前面一样,这个做法同样难以为摧毁第三帝国做出重大贡献。

诺曼底登陆前一天,就职于贝克街跨服务研究局的牛津哲学家A.J.艾尔(A. J. Ayer),批准了一份名为"秘密生活法则"的政略作战执委会传单,指导人们怎么过逃亡生活,不被盖世太保抓住。其中一个小窍门就是:"住在朋友家地下室,或者和一群逃亡者一起生活在森林里。用假身份、编个故事、换个不起眼的名字,但不要过于普通,记住和自己新身份一致的生日和父母姓名,宵禁前回家,永远不留小纸片,学会记住信息,不要和家人联系。"

希尔顿厅书稿中,有一份"绝密"信,是情报大臣布伦丹·布雷肯1944年1月写给政略作战执委会的布鲁克斯将军的。里面说了一些美国战时情报局的坏话,"不称职、惯耍花招、行事轻率"。其中有一段非常幽默风趣,如果被公开,肯定会让英美两国关系紧张,他说:

> 他们政策前后不一,决策结果难以预料。美国人的政治顾虑、波兰人的投票、波罗的海地区居民的投票、犹太人的投票,尤其是德国人的投票,都会改变他们的决策。说是他们的决策纯粹出于礼貌,这还算他们的决策吗?做了这些荒唐的事,还要言之凿凿、简直文理不通。大多数美国报纸都对他们嗤之以鼻,为什么我们要把宝贵时间浪费在这个愚蠢腐败的机构上呢?他们在美国做了一堆乱七八糟的事,还要让你一起承担,把这也弄得乱七八糟。

毫不奇怪的是,这次吐槽以后,接下来,布鲁克斯的政略作战执委会疏远了美国战时情报局,在下一个代号"假发行动"的主要行动中,也没有请美国战时情报局参与。"假发行动"是政略作战执委会通过提供证据,证明纳粹德国内部存在大量盟军间谍,从而浪费德国人时间和精力的一次行动。政略作战执委会投放了降落伞和其他装备,同时在两个国家的 BBC 新闻中用摩尔斯电码播报了假信息,然后用一种简单密码发了一条信息。这个密码德国人应该已经破解,信息内容是:"星期一九点三十分乌发电影公司正厅前座第四排见。"由于几乎每个德国城市都有一个乌发电影公司,搜寻间谍应该会浪费盖世太保不少人力。

在三百三十只空投到德国的鸽子中,有五只飞回英国,同时带回了发现他们的德国人写的消息。1945 年 4 月回来那只带来的消息是:"我们村子海伦森没有德国军人,据我所知,吕登沙伊德应该无人驻守,因为城里有好多医院。[纳粹]党讨厌鬼穿着平民服装,撤走了。我也是个鸽子爱好者,致以我的问候。加油。"不出所料,没有署名。

谁也没有丘吉尔更加热爱和支持这种非常规战争,他总有用不完的新点子。最受他宠爱的一个计划是:"拿冻木浆装饰冰山,把冰山改造成不会下沉的空军基地,在北方水域使用。"[39] 计划代号"哈巴库克",取自《圣经》中预言了"奇迹"的先知。丘吉尔用自己的浴缸检测了这个想法,还在加拿大的派翠西亚湖建造了一个"哈巴库克"模型。然而事实很快就证明这个想法根本不可行:极地的气候条件下,建造所需大小的冰山航空母舰,需要八千人,历时八个月才能完成。

丘吉尔支持的另一个想法是浮港,代号"桑葚",用于登陆诺曼底的"霸王行动"。丘吉尔的浴缸再次被用来做了试验场地。伊斯梅将军后来回忆起这个场景说,丘吉尔穿着"五颜六色的浴袍",坐在那里,被顾问团团围住,一位将军用手在浴缸里来回晃动,模拟海浪,一位准将展开一只充气手臂圈,放进浴缸,展示它如何冲风破浪。伊斯梅将军说,真"难以置信,英国最高统帅部在研究二战中最令人叹为观止的水陆双栖行动"。神奇的是,桑葚港竟然切实可行,得以让盟军选择远离德军主炮台和防御工事的地点登陆,对"霸王行动"做出了重要贡献。

丘吉尔不在意外在装束。

炒员工鱿鱼

优秀的领导不会不假思索拒绝一个主意,不论这个主意乍听之下多不切实际。优秀领导的另一管理准则是知人善任。不过,那还不够,优秀的领导还应该当机立断,敢于解雇不称职的员工。对于丘吉尔,哪怕是亲密朋友,如果不称职,解雇起来也绝不心慈手软。比如,鲍勃·布思比在反绥靖主义斗争中,曾是丘吉尔最忠诚的盟友,丘吉尔当上首相后,作为回报,任命他为粮食次臣。然而布思比不久就卷入了败德辱行的"捷克黄金事件",丘吉尔解雇了布思比,弄得布思比灰头土脸。私下里丘吉尔建议布思比"加入投弹分队"。丘吉尔曾在议会里说:"战时,出现了一些为国效力的新岗位;其中有些岗位做得好,可能会通向荣誉。"布思比择机加入了皇家空军轰炸机分队,但终其一生,也没原谅丘吉尔没在危难时刻拉自己一把。

另外一个亲密朋友,艾尔弗雷德·达夫·库珀(Alfred Duff Cooper)——唯一一个因为《慕尼黑协定》曾经辞职的大臣——被任命为情报大臣。事实表明库珀

鲍勃·布思比是丘吉尔的密友兼知己,直到 1941 年他卷入败德辱行的"捷克黄金事件"。

并不适合这个职位,和媒体吵翻后,媒体很快变本加厉对他发起攻势。媒体抓住的把柄是:"库珀的窥探者"(向政府告密的人),声称他们奉命评估公众士气,上报情报部。《星期日画报》举行了一个"达夫·库珀投票",配了一张库珀面貌丑陋的照片以及一张推举票,上面写着:"情报大臣年薪五千英镑。你认为他称职吗?"丘吉尔无需这些投票告诉他是不是应该撤掉库珀,他知道需要怎么做。不久之后,库珀就被派往了远东。那以后,尽管丘吉尔还任命他担任了其他要职,但是丘吉尔实际已经牺牲掉了库珀这个他开始视为政治负累的朋友。这对库珀并不公平。库珀智商极高、才华出众,是个大义凛然的政治家。不过丘吉尔首要任务是维护政府利益,解雇库珀势在必行。

这样的冷酷无情,用在没有私交的人身上,相对容易。比利时国王利奥波德三世就是绝佳案例。1940 年西线溃败需要找个替罪羊,

比利时国王利奥波德成了不二人选。5月28日，敦刻尔克大撤退同一天，利奥波德向德国投降。丘吉尔埋怨利奥波德不该投降。6月4日，在下议院，他说："突然之间，事先招呼也没打一个，毫无征兆，他的大臣们也没有给他这种建议，他自说自话，派出一位全权代表，来到德军指挥部，交出军队，造成我军两翼完全暴露、撤退路线也被外泄。

事实上，丘吉尔从朋友元帅罗杰·凯伊爵士那里收到了通知。凯伊作为与比利时国王的联系人，事先通知了丘吉尔。凯伊多次指出：

> 比利时军队投降的时候，已经失去战斗能力，再打就会全军覆没。国王利奥波德不断发出预警，说军队已经山穷水尽，大祸临头。另外，他也没有大臣可以咨询，因为大臣们25日已经悉数逃亡，走前劝他放弃军队，一起出逃，但国王没有听从。英国远征军的东翼早在投降前就有一大块暴露在外；英军总司令[戈特勋爵]25日认识到，比利时军就要全面溃败，唯一挽救英国远征军的办法就是撤退，扔下比利时国王听天由命。从那时开始，他就着手部署，守住入海通道，并没有通知国王利奥波德撤退计划。

然而，在国家利益高于一切的紧急关头，拿国王利奥波德做替罪羊政治上是大势所迫。国王利奥波德整个余生都生活在丘吉尔在下议院的不实诋毁之中。1947年，伊丽莎白公主大婚，国王利奥波德是德国以外唯一没被邀请的欧洲皇帝。

丘吉尔冷酷无情的另一个例证是敦刻尔克大撤退的时候，他曾经下令，让伤员最后上船。[40] 当然，为了作战，情有可原。英国需要身强体健的士兵守卫，大家起初也以为只能运送四万五千人回国，但无论如何，这个命令都显得他铁石心肠。1940年6月，丘吉尔获得战时内阁允许，一旦德国人登陆，就在爱尔兰南部使用芥子毒气。按照他们猜测，纳粹德国突击队员应该配备毒气面罩，但他们带来的成千上万的马匹估计不会。另外，丘吉尔本来还打算一旦德国人入侵，就在英格兰南部海滩对德军使用毒气，这可能对南部海滨城市平民造成难以估量的后果，一旦风向转向内陆，内陆居民同样难逃厄运。做领导就要作出选择,有时不得不退而求其次,丘吉尔从不踌躇不决。

当然,事实最终证明,希特勒比丘吉尔残忍冷酷得多。令人不寒而栗的例子是1944年他残忍杀害了一批勇于谋反的军官,把他们挂在柏林鳊鱼湖监狱钩子上,活活勒死。希特勒下令:"把他们像动物尸体一样挂起来,勒死他们。"有些人挂在钩子上,挣扎了二十多分钟才咽气。

这表明希特勒报复心极强。柏林档案馆的文件——凑巧的是,档案馆原是希特勒的保镖党卫队警卫队驻地——表明希特勒对行为不端但对他死心塌地的人,出奇大度。用阿尔伯特·斯佩尔的话说,希特勒喜欢和那些"白璧有瑕"的人在一起。大区长官卡尔·汉克(Karl Hanke)说希特勒:"如果副官有缺点,并且让上级了解自己的缺点,那就更好了。这就是希特勒很少换助理的原因。他觉得有缺点的人容易相处,几乎每个人都有缺点,这使得大家保持一致。"不道德的行为、曾祖辈及以上有犹太血统或刚刚加入纳粹党,都属于白璧有瑕。

为实现不可告人的计划,尤其是1942年1月20日万湖会议制定的"最终方案",保证位居高职的心腹们道德毫不高尚至关重要。阿尔伯特·斯佩尔注意到希特勒在把握个人缺陷上有种天赋。

> 他知道人们各种秘而不宣的缺陷和欲望,知道人们的优点,知道在人们爱恨背后隐藏的欲望和动机;他还知道怎么奉承人、怎么欺骗人;人们的所长、所短,他无所不知……靠的是天生本能、直觉领悟,而且从不出错。

希特勒蔑视人类,缺乏良知。他知道要找道德败坏、教育程度不高、绝对忠心的伙伴作为走狗,实施他的罪恶。一旦找到能够信任的人选,就会百般包庇纵容。比如,布鲁诺·格舍,这个早就该被解雇的希特勒护卫头子。

纳粹和德国党卫队个人档案表明,格舍长期酗酒。1938年他对希特勒信誓旦旦地做出保证,戒酒三年。然而,1942年,格舍再次喝得酩酊大醉,拔枪威胁了一名党卫队长官。希姆莱下令格舍再禁酒三年,并将他送到东线前线。德国联邦档案馆文件显示,为了不让格舍失望,尽管知道他酗酒成性、是个定时炸弹,格舍受伤后,希特勒还是将他召回身边。不久,格舍积习重返。1944年12月20日,希姆莱写信给格舍,信中说:

  1. 你再次酒后用手枪威胁自己的同志,毫无理智地开了数枪。
  [……]
  4. 我给你加入"迭勒旺格"特别行动队的机会,你要在敌人面前证明自己,也许这能洗刷你给自己以及给整个党卫队带来的耻辱。
  5. 我希望你余生滴酒不沾,绝无例外。如果你的意志力已被酒精摧毁,不能接受决定。希望你能提交申请,脱离党卫队。

直到二战结束前的四个月,格舍才最终被从党卫队警卫队开除,这已经是发现他是酒鬼好多年后的事了。希特勒对格舍放任自流,是因为格舍1922年就加入纳粹,是"吃过苦的老同志":也只有如此才能让希特勒多年隐忍不发。

布鲁诺·格舍,希特勒党卫军的头子,长期酗酒,两次醉酒后开枪走火,都未被免职。

另一个让希特勒不断迁就的是德国空军总司令赫尔曼·戈林，他的事例更加说明希特勒纵容包庇狐朋狗友到了丧失理智的程度。戈林热爱打猎，在乡间别墅卡琳宫度过的时间不亚于在空军部的工作时间。戈林做空军司令，一塌糊涂。不止一次，他信口开河，最后却无法兑付承诺。在敦刻尔克，戈林曾经做出保证，单靠空军，就能将被困盟军一举歼灭，结果大部分盟军还是穿过英吉利海峡，得以逃脱。他还夸下海口，保证一枚英国炸弹也打不到德国本土；如果打到了，戈林说，他就改名叫迈耶先生（类似于中国的张三李四）。随着德国越来越多的城市被炸成一片瓦砾，德国人（私下里）叫他迈耶先生的人与日俱增。

在斯大林格勒，戈林振振有词，宣称如果第六集团军被困，他能空投军需物资，这才致使希特勒命令军团在有可能突破重围的情况下停止突围。结果，戈林许诺的物资只运到了一小部分。戈林一再指挥失误，任何负责任的领导，肯定要将其罢免，但希特勒没有。像格舍一样，戈林1922年就加入了纳粹，在啤酒馆政变中，腹股沟严重受伤，始终对希特勒忠心耿耿，这些在希特勒心中，比起一连串的指挥失误重要得多。直到二战尾声，希特勒误信戈林意欲谋反，要将自己取而代之，才和戈林反目，将他逮捕，清除出党，撤销了所有官职。由此可见，希特勒更加看重是否对他忠心不二、是否对信念忠心不二，而不是工作能力和实际表现。

希特勒只要下属对他效忠，就会始终相信下属。然而，他没认识到的是仅有忠心远远不够。相比之下，丘吉尔这样的领袖，精神寄托丰富得多，从意识形态、个人情感到一个为个人和国家设定的目标：胜利。

任命约阿希姆·冯·里宾特洛甫担任帝国外交部长这一要职，是希特勒希望得到"白璧有瑕"的心腹爪牙而非任人唯贤的又一例证。不同于格舍和戈林，里宾特洛甫从政较晚，1932年才成为纳粹党员，从他党员号码1119927看，没有任何优势。里宾特洛甫名字里的"冯"，是从一个远方姑妈那里买来的（后来赖账，没有兑现），在自己父母双全的时候，里宾特洛甫就恳请姑妈收养自己。

尽管一战前，里宾特洛甫曾旅居美国，1941年12月，德国宣战的时候,他还是大大低估了美国实力。这个误判导致四年后他竟然粗心大意,同意美军士兵申请到纽伦堡做志愿者,自己做了自己的掘墓人。1945 年 5 月盟军找到里宾特洛甫的姑妈,打听他的踪迹,问哪个朋友最可能收留他。姑妈如实相告,里宾特洛甫没有朋友。里宾特洛甫愚昧无知、能力低下、缺乏道德,即便在第三帝国,也没有资格做外交部长。不过在希特勒看来,只要里宾特洛甫具备一颗忠心,其余无关紧要。里宾特洛甫最终在纽伦堡临时体育馆被执行绞刑,十分钟才断气。

希特勒不仅因为看重忠诚,就留下了错误的人,还仅仅因为怀疑某些人不忠,就赶走了许多最优秀的统帅,因此失去了成为伟大领袖的资格。闪电战的先锋古德里安,在 1941 年苏联战役中被解职,1943 年才被重新启用。埃里希·冯·曼施坦因,对法镰刀闪击行动的策划者,1944 年被勒令退休。希特勒的高级将领,陆军元帅格尔德·冯·伦德施泰特,被解雇又召回不下四次。因为对军队缺乏信

埃里希·冯·曼施坦因中将,**1940** 年对法镰刀闪击行动的策划者,导致法国陷落。

任,希特勒把所有高级将领,不论能力强弱、经验多寡,或早或晚,全都撤换了一遍,致使二战进行中,三十五名陆军元帅遭到解聘,大多出于忠诚原因而非想象中或实际存在的军事能力问题。

丘吉尔同样喜欢与"白璧有瑕"者共事。1930年,五十八岁不幸去世的F.E.史密斯,第一代伯肯黑德爵士,这个醉鬼,是他的挚友。麦克斯·比弗布鲁克是公认的奸商。布伦丹·布雷肯背景可疑,有谣言说他是丘吉尔的私生子,但布雷肯对谣言完全置之不理,被人们当作故意炒作。埃夫里尔·哈里曼与丘吉尔的儿子伦道夫的太太有婚外情,但丘吉尔一家没有在社交生活中疏远他。然而,这一切,与希特勒都不可同日而语。希特勒拿别人的缺点当成日后讹诈的把柄。丘吉尔则深知,道德上完美无瑕的人,常常毫无趣味可言。丘吉尔能忍受一个浑身缺点的人,但是不能忍受懦弱胆小、任性乏味的人。

希特勒对愚蠢行径的容忍到了令人瞠目结舌的程度,比丘吉尔严重得多。尽管两人都没上过大学,丘吉尔和学者们大都相处融洽,希特勒则不把学者们看在眼里。罗森贝格和大区长官组成的五十人纳粹领导层,只有十人完成了大学学业,其中一部分大学读到一半,中途辍学,大部分连初中也没读完。

尽管希特勒的扩张计划得到了多数将军的热情支持,但是他们对意识形态和对他个人是否忠贞不二,希特勒没有把握,对此他开始明目张胆地收买人心。当然,军事史上,将军在战后得到特别赏赐并不罕见。丘吉尔的先祖马尔博罗公爵的布莱尼姆宫就是军功赏赐,威灵顿公爵的斯塔特菲尔德萨耶庄园也是国家赏赐。海军司令纳尔逊的后人每年也会从政府得到五千英镑工资(与内阁大臣工资相同),直到克莱门特·艾德礼当上首相,才废止这一行为。

打仗的时候,希特勒大张旗鼓,赏赐指挥官。许多将军和陆军元帅都收到过二十五万马克(相当于如今五十万英镑)的奖金,上面还有希特勒的亲笔签名。也有人获得大片土地和富丽堂皇的房屋。波兰西部的格莱博克耶庄园就是希特勒送给海因茨·古德里安将军的礼物。这些举动表面看来似乎说明希特勒毫不吝啬,实际上是希特勒恬不知耻、拉拢人心的阴谋诡计。

格莱博克耶庄园本属一名波兰贵族,一战期间此人曾在德军兴登堡将军手下担任副将。尽管如此,纳粹还是不管不顾将他投入监牢,把他家人送往集中营,强迫劳动。古德里安将军似乎也不介意希特勒这份礼物原来的合法主人是谁。战后,古德里安不厌其烦地指出自己对纳粹多么深恶痛绝,却有意不提自己曾经心甘情愿成为希特勒的帮凶,鼓励占领政策。策划谋反的军官曾找到古德里安,请他加入,遭到拒绝。

谋反者计划失败后,古德里安选择加入臭名昭著的"荣誉法庭",对他们进行审判,最终以违反对元首的誓言为名,判处他们死罪。波兰的那座庄园,肯定在古德里安保持忠诚的选择中发挥了作用。战后,德国军官团辩称自己参加战争是为维护国家荣誉,事实上,归根结底都是为了金钱。希特勒给将军们的礼物今天我们称之为"金手铐"。奖赏财物就是为了保证人们对他死心塌地,然而真正的忠心既不能收买也不能出售。

英军走了另一个极端。战后,阿兰布鲁克勋爵发现自己已经家贫如洗,只好变卖房屋,委身到附近花匠农舍里。他痴迷鸟类学,却不得不将观鸟书籍一同变卖。然而,阿兰布鲁克没有自暴自弃,也从不指望国家奖励他一座豪宅。他的人生选择来源于使命感,和金钱毫无关系。

丘吉尔没理由不相信各位将军忠于使命,但这不意味着他完全相信大家的专业能力。二战最初三年,丘吉尔频繁企图插手各位指挥官前线决策。比如,1940年8月,丘吉尔亲自起草了一份指示给中东总司令,里面涉及许多战术细节,甚至还有细致到各营的军队部署方案。在沙漠战争中,有许多次,在丘吉尔的压力下,指挥官们只能在没做好充分准备的情况下,匆忙出击,却常常以惨败收场——直到哈罗德·亚历山大、伯纳德·蒙哥马利这样个性强硬的将军教会丘吉尔学会信任。

亚历山大1942年奉命担任中东战区总司令,蒙哥马利担任第八军司令,与埃尔温·隆美尔率领的德国非洲军团作战。当时,英国跟"沙漠之狐"隆美尔交手,每每以惨败告终,丘吉尔心急如焚。跟以前肆意干涉奥金莱克、韦维尔等将军一样,丘吉尔企图伸手干预蒙哥马利和亚历山大,敦促他们"夺取或摧毁"隆美尔的非洲军团,"宜早不宜迟"。然而亚历山大镇定地做了回复,变相告诉丘吉尔不要插手。第二次阿拉曼战役表明,蒙哥马利同样不负众望。

第二次阿拉曼战役不仅成了二战的转折点,而且还是丘吉尔在战争中领导风格的转折点。丘吉尔终于学会放手、信任前线指挥官。身为桑德赫斯特皇家军事学院毕业的老兵,丘吉尔身经百战,一战的经历还历历在目,让他停止干涉自然并非易事。其实,丘吉尔恨不得自己亲上战场、指挥作战,无论何时,无论何地。二十五岁前,丘吉尔就写过两本书,《马拉坎德野战军纪实》(*The Malakand Field Force*)和《河上之战》(*The River War*),为在印度和苏丹进行军事行动出谋划策,希望英国最高统帅部能从中获益。

在军事才能上,丘吉尔无法与先祖马尔博罗同日而语。丘吉尔具有杰出的领导才能,但太缺乏判断力。他不顾是否切实可行,只把战争看作一场具有浪漫气息的冒险活动。比如,他念念不忘的一个计划是从挪威攻入纳粹占领下的欧洲。整个二战期间,他不断重提这个计划,害得参谋长们不得不一次又一次为这个计划制定详尽的行动安排,但无论如何最后都证明此路不通。

研究丘吉尔和希特勒在二战中领导风格的发展变化,我们会饶有趣味地发现丘吉尔对日常作战细节管得越来越少,而希特勒则管得越来越多。这极有可能是因为二战头两年,德军接连取胜,希特勒内心膨胀起来,觉得自己是常胜将军、军事奇才。而英国几经挫败,丘吉尔则越来越认清事实了吧。

德军被挡在莫斯科城外那天起,希特勒对作战细节的干涉,就开始了而且与日俱增,就连应该由现场指挥作出的战术性问题,也不能幸免。他完全否定了早期闪电战期间制定的任务导向原则,没有任务导向原则,闪电战也许就不会那么成功。

希特勒自我膨胀到了无以复加的地步。有一天,他吹起了口哨,是一支老歌,秘书说他吹跑调了。结果希特勒回答:"没跑调,是作曲家写错了。"[41]德军前期能够战无不胜,很多得益于将领们的随机应变,随着战争的继续,希特勒早已把这抛诸脑后。

东线战场始终没有进展,希特勒表现得越来越像个战区司令,而非总司令了。他把心思全部放在千里之外,对前线的指挥官指手画脚,这当然能让他暂时忘却整个愁云惨淡的战局。有一天,希特勒召集参谋开会,会上,他自鸣得意地说:"前几天,我叫停了一次能向莫斯科推进四公里的进攻行动,在我看来,这得不偿失。"如果希特勒有个像阿兰布鲁克勋爵这样的守门人,可能就不会在错误的道路上渐行渐远了。不过纳粹政权本质使然,不可能产生这样的守门人。希特勒越俎代庖的事情,愈演愈烈。1945年,君特·布鲁门特里特将军(General Gunther Blumentritt)抱怨说:

> 希特勒发给我们一个作战计划……不厌其详。各个师怎么调遣,所有的进攻目标、路线、需要穿越的村庄,一一列出。都是希特勒在柏林对着一张大比例尺地图,在各位将军参谋下制定的……我们没让他这么做,也不愿意他这么做。[42]

这完全背离了任务导向原则。1940年,在西线战场,任务导向原则曾让希特勒所向披靡。

丘吉尔精简了决策制定过程,希特勒则采取了分而治之的策略,确保只有他本人有资格说掌握德国整体战局。正如诺曼底登陆证明的那样,分片指挥、责任不清,难以保证军队有效领导。希特勒企图用诺曼底的军事工程"大西洋壁垒",阻止盟军穿越英吉利海峡,登陆欧洲。他的如意算盘自然落了空。不过德国的失败主要原因不是因为缺少军备,而是缺少指挥。闪电战打败法国后的四年,德国指挥系统已经混乱不堪。

战争时期,希特勒的领导技巧帮助他一步步树立了自己的领袖气质,让他成了不容置疑的领导,然而在和平时期,一旦背离了他早期的理智(虽然心狠手辣)决策过程,就成了他垮台的原因。1942年11月,形势风云突变。第二次阿拉曼战后,隆美尔开始撤退,德军被困斯大林格勒。一个月内,两次失利接踵而至。希特勒开始把新的消息,尤其是令人沮丧的消息,融入到已有的希望和信仰模式。他尽量掩盖败相,即便在阿尔伯特·斯佩尔报告里清清楚楚写明"我们输了"[43],也无法接受战败的事实。1944年7月20日,德国抵抗组织最终对希特勒巧妙地采取了行动,差点要了他的命。

反希特勒运动

我们的二战故事马上就要进入解放篇章。(正如经济学家约翰·梅纳德·凯恩斯在《凡尔赛和约的经济后果》中指出的那样)英国除了造成魏玛共和国对人民的压迫,当然,和所谓的在德累斯顿、汉堡实施的"种族灭绝式"狂轰滥炸,还有集中营(从布尔战争开始),现在又出现了一种理论,那就是,英国还犯了一个错误,没有给予德国抵抗运动积极支持,导致抵抗组织难以推翻希特勒统治。

1996年,德国著名历史学家约阿希姆·费斯特(Joachim Fest)发表《刺杀希特勒计划》(*Plotting Hitler's Death*),相比帕特里夏·米汉(Patricia Meehan)的《不需要的战争》(*The Unnecessary War*,1992)、克莱门斯·冯·克伦佩雷尔(Klemens von Klemperer)的《德国抵抗希特勒运动:寻找海外联盟》(*German Resistance against Hitler: The Search for Allies Abroad*,1993),书中把以上说法继续向前推进了一步。费斯特先生明确指出,英国政府做事不力,"不灵活,他们目光短浅、缺乏善意、政治迟钝,做了希特勒事实上的帮凶"。费斯特认为"纳粹宣传人员和同盟国发言人形成事实上的联盟",共同诽谤了德国抵抗运动。该书多篇书评同样批评了丘吉尔和英国外交大臣安东尼·艾登,指责他们没有对"七月阴谋"策划者给予更多支援。《泰晤士报》竟然发表社论说"由于误导性政策,我们可能需要重新思考我们二战时期的所作所为,英国领导人肯定打了一场错误的战争",不然完全说不通。

不过丘吉尔和艾登对德国抵抗运动视而不见或者他们本身的愚昧无知,都还没到犯罪的地步,但他们对德国抵抗运动保持"完全沉默",的确有政治上的难言之隐。费斯特、米汉、克伦佩雷尔也都承认,英国政府没有充分理由全力支持一家抵抗组织,而不支持其他抵抗组织。共产党、基督徒、希特勒政权的武装抵抗分子,他们之间几乎没有重叠。即便一些能够对希特勒生命真正造成威胁的组织,在他们内部,对于最后要建立一个什么样的德国也存在巨大分歧。比如,赫尔穆特·冯·毛奇(Helmuth von Moltke)的战后民主建国思想里,只有地方委员会由选举产生,全国议会则不。克劳斯·冯·施陶芬贝格(Claus von Stauffenberg)和卡尔·格德勒(Karl Goerdeler)都希望德国恢复 1939 年的边界线划分,这必然包括重新军事化的莱茵兰地区和捷克斯洛伐克部分的苏德台地区。其余人,比如政治家乌尔里希·冯·哈塞尔(Ulrich von Hassell),希望德国恢复到 1914 年的领土边界,但那意味着包括一部分波兰土地。1939 年,当初就是为了保护波兰重获独立,英法才加入二战。另外,阿尔萨斯-洛林的归属问题也存在争议。

此外,1941 年 6 月以后,和谈就不是英国单方面可以做得了主的了。苏联参战,加之 1941 年 12 月美国参战,1943 年 1 月罗斯福总统更是明确提出,停战必须以德国无条件投降为前提,因此英国越来越不可能背着盟友与任何德国人举行谈判。外交部德国办公室的弗兰克·罗伯茨爵士(Sir Frank Roberts)在自传《与独裁者打交道》(Dealing with Dictators)里写道:"由于德国将军的主要目的是跟苏联作战,保卫德国利益,一旦给斯大林留下我们和德国将军有联系的印象,可能会导致斯大林考虑要重新与希特勒和平相处。"

达雷·奥斯本爵士(Sir D'Arcy Osborne)是当时的英国驻梵蒂冈公使,他对英国政府立场做了总结,十分到位。庇护十二世教皇告诉他,说德国抵抗组织"确认了他们推翻政府的目的或诉求"。奥斯本回答:"那他们为什么不继续呢?"同盟国能兑现什么支持,还是个未知数。德国武装力量不缺枪支炮弹,给予精神支持也起不到什么实际作用。盟军对德国战后政府做出任何承诺,都得取决于该政府的性质,而且谁也无法保证届时政府是否会吸纳纳粹高官。无论如何,任何德国抵抗运动组织,一旦受到同盟国支持或影响,都可能给他们带来灾难,因为一旦想日后成立政府,得到德国爱国老百姓的支持是重中之重。

1914到1918年,普鲁士军官也曾对英国政府许诺要迈向民主,结果令人大跌眼镜,他们如今已经不抱太多信心。在他们看来,普鲁士军国主义和在德国大行其道的纳粹主义并无二致,令人厌恶;持国家保守主义观点的德国民众与持国家社会主义的德国民众几乎无法区分。艾登曾说"七月阴谋"策划者"这么做,有他们的理由,但帮助我们的事业肯定不是他们的主要目的"。回头看来,这句话无论多么刺耳难听,现在,我们都应该能理解。

如果我们把德国将军当成一个具有相同特征的群体,而非一群相互竞争、相互敌视的个体,那他们就是在全力以赴,共同协作之下,共同上演了历史上最为邪恶凶残的战争。1939年在波兰,德国国防军做了德国党卫队的帮凶。到1941年为止,他们已经成了沆瀣一气的同案犯。德军在苏联的失败和"七月阴谋"之间也并非毫无关联。从1938到1942年,德国人民无条件追随希特勒,从不流血到血流成河取得了一次又一次胜利。英国政府曾经恶意揣测,如果苏联战败,或者盟军前一个月在诺曼底登陆失败,也许就不会有人把炸弹放到希特勒身下的"七月阴谋"了吧。

尽管"七月阴谋"策划者,用丘吉尔的话说,"是最好的人中最勇敢的",我们至今也不知道,1944年7月20日那天,抵抗运动支持者除了代表他们自己,是否还代表了许多其他德国人的心声。如果希特勒在"七月阴谋"中被炸死,接替他的也不可能是新基督教民主政府,而可能是掌控党卫队的海因里希·希姆莱。当时,鲍曼只不过是一介官僚,戈培尔的影响力基本靠的是已经在假设中炸死的希特勒,因此,希姆莱利用自己稳固的权力基础,最可能成为新一任元首。即使副元首赫尔曼·戈林继任元首,历史也不会有太大改变。历史学家彼得·霍夫曼写道:"戈林会通过号召人民、抬出国家社会主义理想,将继承希特勒遗志、加倍努力、把敌人打得一蹶不振作为誓言,尽力召集全国所有军队力量。"如果戈林或希姆莱上台,而且不重复希特勒在战争最后几个月持续犯的错误,纳粹德国可能会苟延残喘。而且,毫无疑问,普通德国士兵也会继续顽强奋战,保护祖国(和维护

1944年7月20日"七月阴谋"中，希特勒只是在爆炸中被抛出窗外。

荣誉）。

如果希特勒死于暗杀，一旦德国战败，这就成了最新的完美背后插刀。无疑，有人会说希特勒正要发射秘密武器，一举摧毁盟军，赢得战争（这是一年来，希特勒有意给德国人民制造的假象），就在这时，一小撮贵族、自由派分子、基督徒以及与英国秘密情报局串通、明显具有叛国倾向的世界主义分子将他杀害。甚至直到今天，这种复仇主义论调在德国也可能一呼百应。

1947年，著名历史学家休·特雷弗-罗珀（Hugh Trevor-Roper）在《希特勒最后的日子》（*The Last Days of Hitler*）里，把德国抵抗运动形容为"与半人半马和骏鹰一样难以置信"。至于抵抗运动是否真的像战后宣传的那样规模宏大、影响广泛，暂且不论——它很可能就像法国抵抗运动一样，战后势头才有所增长——事实上，英国有充分理由怀疑,抵抗运动组织和他们的联系人中,存在双重间谍。1939年11月,两名军情六处官员在荷、德边界城市芬洛,被扮成抵抗分子的盖世太保间谍绑架。费斯特没提此事,但米汉承认此事造成了"深远影响",外交部从此对与抵抗组织接触心存疑虑。

如此看来,英国外交部常务次臣亚历克·卡多根爵士(Sir Alec Cadogan)置身度外的态度——"一如往常,德军相信我们会把他们从纳粹独裁统治中拯救出来"——不难理解。1939年12月,抵抗分子卡尔·格德勒(Karl Goerdeler)提出,以但泽划归德国、殖民割地、五亿英镑无息贷款为条件,废黜希特勒。卡多根对此同样毫不留情,写道:"可以成交,请德国同时打下欠条。"这笔交易获得了外交部长的同意。至于内维尔·张伯伦说的"希特勒的詹姆斯党",可以从哈利法克斯勋爵的抱怨中找到解释:"德国人总想让我们代替他们革命。"从费斯特先生的书看来,德国抵抗组织的态度,始终如一。

1865年亚伯拉罕·林肯被刺身亡,仅仅过了两周,本杰明·迪斯雷利就说,"暗杀从来就没改变过世界历史进程"。他说得对吗?1933到1945年希特勒领导德国,对德国人民造成了恶劣影响,这能让暗杀他名正言顺吗?2000年,邱园历史档案馆公布的档案显示,各种英国秘密情报局刺杀希特勒的计划,统称"福斯利作战",相当周密,却因为一个高层决策没有实施。

刺杀希特勒是否能大幅度改变战争进程,这类问题是古而有之的难题。历史,主要由T.S.艾略特所说"巨大的、非人为力量"(强大到无论个体看似多有影响力,事实上都只是翻涌的历史波涛中的一粒浮子)决定,还是,如同托马斯·卡莱尔相信的那样,由伟人的意志决定。假设拿破仑在阿克雷包围战中丧命,或者"福斯利作战"用巴祖卡火箭发射器加炭疽病菌杀死了希特勒,世界会因此改变吗?

战后的美国政府,或至少他们的情报机构,似乎更买"伟人"决定论的账。他们下令刺杀菲德尔·卡斯特罗——使用爆炸雪茄那次让他们威名远播。1986年,对卡扎菲上校、1991年对萨达姆·侯赛因实施爆炸袭击。尽管美国遭遇刺杀的名人多得出奇,包括四位总统,还有其他公众人物,比如马丁·路德·金、休伊·朗、罗伯特·肯尼迪和马尔克姆·X,美国仍然是最热心暗杀敌方领导人的国家。此类行径受到了威灵顿的谴责,认为这不够绅士,可是据说威灵顿本人在滑铁卢战役刚刚打响的时候,曾对准拿破仑开过一炮。与美国人相比,英国人始终行事谨慎;事实上,据说英国政治家朱利安·埃默里自从力挺军情六处暗杀一些英国殖民肇事者之后,仕途便一蹶不振。[44]

暗杀这种策略在权力等级相当明确的典型民主国家,与在封建、部落或者独裁国家产生的后果,大不相同。暗杀总统——麦金利或者约翰·肯尼迪——或者首相——斯宾塞·珀西瓦尔——只会导致领导人的顺利更替。通常发生这种情况是因为被刺杀者目空一切,想方设法推行某些政策,但是如果被刺杀的是整个国家的象征,那影响就不可同日而语了。如果通过一场感情用事的袭击能够缩短战争进程,使政府发生剧烈变革,比如刺杀萨达姆,那人们几乎会毫不犹豫地这么做。

让-保尔·马拉、沙皇亚历山大二世、弗朗茨·斐迪南大公、达尔朗元帅、莱因哈德·海德里希、亨德里克·维沃尔德、贝尼格诺·阿基诺、耶日·波比耶乌什科神父、齐亚·哈克将军被刺杀都产生了深远的政治后果——尽管跟刺杀者初衷相悖——因为这些都发生在非民主国家。奥地利的伊丽莎白女公爵、意大利的翁贝托一世、让·饶勒斯、圣雄甘地、越南总统吴庭艳、奥洛夫·帕尔梅、英迪拉·甘地、拉吉夫·甘地这类刺杀事件,发生在典型的民主国家,产生的结果正如迪斯雷利所说,"顺利过渡",因此并没有"改变世界"。

我们有充分理由预测,无论哪个特务组织具体实施"福斯利作战",假如希特勒死在特别行动处之手,战争进程都会改变,只是会变好还是变糟呢?战争有赢就有输,最终盟军赢了,输的,无论在整体还是个人层面,都是希特勒本人。希特勒梦想幻灭,在地堡中自杀,他的故事结束了。正是希特勒的毁灭,才有了今天我们看到的体面民主、热爱和平的德国。

1944年6月之前,德国对全世界造成的破坏比别国带给德国的破坏多得多。如果把战争的责任都推到希特勒一人头上,不考虑德国民众给予战争的全心全意的拥护和支持，明显说不通，也不可能给欧洲带来半个多世纪的、有史以来最长久的和平。

从1864年开始，七十五年间发动了至少五次战争的德国，其好战本性需要加以消磨。只有1944到1945年那样的屈辱和恐怖可以起到这个作用。如果饶过他们，不受灾祸惩罚，或者由于"福斯利作战"这样的事件，让他们有幸躲过一劫，那么德国人民就绝不可能成为今日爱好和平的民主主义者。《诸神的黄昏》中，可怕的世界末日景象一帧一帧播放过去，红军步步紧逼，戈培尔在柏林地堡中为希特勒朗读着德文版托马斯·卡莱尔的《普鲁士腓特烈大帝史》(*Frederick the Great*)。里宾特洛甫、卡尔登布隆纳、施特赖歇尔、罗森贝格等其他人，都可以在纽伦堡被绞死，而希特勒本人却需要死在让他一败涂地的人手里，那就是他自己。

诺曼底登陆：向希特勒复仇

诺曼底登陆之前很久，希特勒就得到了有关诺曼底登陆时间和地点的情报，但是信息相互矛盾，来自三个有竞争关系的德国情报机构。希特勒采用分而治之的原则，造成德国军队、外交部、希姆莱的党卫队各有各的情报机构。党卫队的情报机构叫保安局。三个情报机构完全独立运作，得出的分析和报告经常互相矛盾。相比之下，英、美成立了联合情报委员会，汇集评估得到的所有情报，因此丘吉尔得到的预测报告，大都是协调讨论后的结果。

对德国来讲，更严重的问题是，负责法国防守的司令官陆军元帅冯·伦德施泰特对他负责区域内执行任务的很多部队没有直接控制权。防空部队、伞兵部队都由戈林的空军管控。党卫队只对希姆莱汇报。有一个集团军群由隆美尔而不是伦德施泰特直接领导。尽管伦德施泰特名义上是隆美尔的上级，但不能直接对他发号施令。整整两个后备坦克师，都由德国军队最高指挥部直接领导。盟军1944年6月6日清晨发动登陆的时候，以上因素严重制约了伦德施泰特充分发挥才能，无法有效部署兵力。

伦德施泰特立即下令,坦克后备军火速开往英吉利海峡,赶在盟军在欧洲大陆取得稳固落脚点之前,将他们赶回海里。结果伦德施泰特反遭军队最高指挥部批评,说他下达命令之前没有取得元首许可。坦克后备军只得奉命停止前进。希特勒不肯做出授权,直到中午,才回应了这个重大军情。希特勒借口自己在睡觉,其实他只是迟迟不肯做出决定而已。等希特勒做出决定,盟军已经抢占了滩头。由于盟军具有空军优势,此时天已大亮,地面坦克部队已然无法大规模前进。

丘吉尔兑现了海滩上作战的许诺,只是不在布莱顿,也不在多佛尔,而是在诺曼底登陆代号为朱诺、奥马哈、宝剑、黄金和犹他的海滩。将欧洲从纳粹铁蹄之下拯救出来,指日可待。对于德军,雪上加霜的是,越是危急,希特勒微观管理愈甚,完全否定了曾让希特勒早年闪电战所向披靡的任务导向原则。

从巴约发起的奥东之战,消除了德军将盟军分割消灭的可能。伦德施泰特提醒最高指挥部,诺曼底战斗事实上已经失败。陆军元帅凯特尔绝望地追问:"我们应该怎么办?"伦德施泰特毫不掩饰地回答:"和谈吧,你们这些蠢货。"伦德施泰特遭到解职,由君特·冯·克鲁格接任。几天后,隆美尔写信给希特勒:"尽管我们的部队在所有战线上都英勇作战,但这场力量悬殊的战争就要接近尾声了。我认为,您应该做出应有的决定。"克鲁格赞成说:"很不幸,隆美尔的话没错。"

希特勒谁的话也听不进,尤其在侥幸逃脱1944年7月20日七月阴谋暗杀计划后,希特勒发现最高指挥部里,不少人密谋反叛,因此决定在军队进行肃清:结果,一百六十名军官惨遭处决,其中至少有两名陆军元帅,十七名将军。隆美尔自己也被勒令服毒自杀。

七月阴谋除了在政治上,还在其他方面削弱了希特勒。瓦尔特·瓦尔利蒙特将军(General Walter Warlimont)是德国军队最高指挥部参谋,在七月阴谋中受了伤,后来写道:

> 显而易见,希特勒现在病得厉害。7月20日,受的只是轻

伤。但这次打击,似乎将他身心本质中恶的一面显露无遗。他拖着双脚、弯腰弓背,来到地图室,双眼毫无生气,似乎只能认出离他最近的人。有人把椅子推给他,他重重地一屁股坐下,头垂在耸起的肩膀之间,整个人弯成了虾米。他指着地图,手不住发抖。偶尔,他会发令,说一定要逮住"凶犯"。

希特勒有个特征没变,就是他那传得神乎其神的眼神。一位军队副官,在希特勒自杀前两天见到过他。副官回忆说,尽管希特勒看起来像个"病恹恹的老头子……他的眼睛还有种难以名状的亮光不断闪动……他看了我一眼,目光如炬"。

瓦尔利蒙特注意到,不出所料,从1944年7月开始,希特勒对手下各位将军的不信任变本加厉,大家更不敢提出反对意见了:"在身边人看来,希特勒的参谋们不再就军事问题以事论事,而是出于一种追随者情节,相比从前,更加唯唯诺诺。"如此一来,希特勒便肆无忌惮地抛弃了保证德国在波兰、挪威、荷兰、法国(至少在敦刻尔克大撤退的时候,他横加干涉,发出灾难性"停止前进命令"之前)夺取一个又一个胜利的任务导向原则。进而,有了瓦尔利蒙特下一段对七月阴谋后的回忆:

> 希特勒成功……敲定了他灾难性的指挥方针。他发布命令,传达了一个原则,即所有司令官,即便最高级别的司令官,唯一职责就是无条件、严格执行他的命令。面对敌人,士官无权质疑连长作战是否有用,也不能质疑有多大把握取胜。同样,德国国防军最高指挥官的责任,也不会需要任何集团军团或部队总司令分担。对命令持有异议,也不可以辞职不干。[45]

更万劫不复的是,希特勒躲过一劫,在刺杀中死里逃生,让他更加笃信宿命。瓦尔利蒙特还记得:

> 希特勒自以为是,认为7月20日是"上帝"保全了他的性

命。现在，他期待其他"神迹"，给战争带来转机，尽管以前遇到敌军领导人说类似的话，他必然极尽冷嘲热讽之能事。

而丘吉尔却以希特勒躲过刺杀为契机，对希特勒展开猛烈抨击。以前丘吉尔称希特勒为"嗜血的街头流浪汉"，并将盟军在非洲取得的胜利，部分归咎于"小兵希特勒的军事直觉，他在固执己见、冷酷无情方面，已经登峰造极"。丘吉尔拒绝拿希特勒与拿破仑做比较，"这样做似乎有辱拿破仑，他们一个是伟大的皇帝和战士，一个是肮脏下流的小集团头目和屠夫"。1944年9月，丘吉尔作为讽刺大师，完成了一次自我超越。在下议院讲话中，他说：

> 希特勒先生在"七月阴谋"中幸存下来……他说这是上帝的旨意。我认为从纯粹军事角度出发，我们可以同意他的观点。士兵史克尔格鲁伯①为我们的胜利做出了巨大贡献，盟军收关之战，没了他作为战利品，那将是天大的不幸。

和丘吉尔最犀利的讥讽一样，这个调侃就是对事实的真实写照。整个二战，希特勒一念之差，成全盟军的事共发生过三次：一次是1940年5月25日还没到敦刻尔克，坦克师就收到"停止前进的命令"；一次是1941年6月22日入侵苏联；一次是1941年12月11日德国对美国宣战。这些决定并非出自丘吉尔之口，但加在一起却挽救了丘吉尔的事业。他们是希特勒作出的决策，因此可以说，还是领导力，希特勒成事不足败事有余的领导力，发挥了主要作用。真正伟大的领袖应该知道倾听不同意见至关重要。丘吉尔不断与人争辩，希特勒防民之口，甚于防川。因此，集权政府只是擅长挑起战争，民主政府却更善于赢得战争。

---

① 有媒体说，希特勒的父亲阿洛伊斯·希特勒，是一位叫玛丽亚·史克尔格鲁伯的女佣与一名叫弗兰肯贝格尔的19岁犹太男孩的私生子，因此，作者戏谑地称希特勒为士兵史克尔格鲁伯，暗指他父亲私生子的出身。——译者注

丘吉尔虽然是战时首相,但是他依然坚持步行穿梭在伦敦的街道,摄于 1940 年 5 月 26 日。

结 论

> "历史可能认为温斯顿·丘吉尔是加里波利战役惨败或者排外演说的缔造者,然而今晚,在他百年之后,我们把他丘吉尔当成一位欧洲人。"
>
> ——2001年11月,《广播时报》

> "津巴布韦哈拉雷的温斯顿丘吉尔中学将改名乔西亚托戈加拉中学,以纪念穆加贝司令20世纪70年代领导的游击队……沃伦帕克小学改名为沉若赖希特勒洪兹威小学,以纪念独裁政府的战争贩子。"
>
> ——2002年2月,《每日电讯报》

> "学校宣传二战的视频给丘吉尔的镜头只有十四秒。"
>
> ——2001年某报纸头条

当我们离开这个世界很长时间之后,人们会如何评价阿道夫·希特勒与温斯顿·丘吉尔?如今,在希特勒发动的那场战争中失去生命的人,他们的家属还活在这个世上,我们也都还活在后希特勒和解规定的政治轮廓之中,对二人尚无法真正客观公正评价。但是,2145年或2245年,那时他们在我们后代眼中,就会像拿破仑和威灵顿在我们眼中一样,遥不可及,普通老百姓会怎么看待他们呢?

我们大多数人都天真地以为,希特勒永远都会被视为另一个瓦拉几亚大公、匈奴王阿提拉或者恐怖的伊凡大帝,一个充满仇恨、嗜血成性的暴君,如此而已。正如同约翰·基根爵士说的那样:"犹太人一定同意我以下观点,他与坦麦能之流一样,都是丧失人性的夸大狂患者、食古不化、与魔鬼狼狈为奸。愿上帝让他们的灵魂得到安息。"五十多年过去了,某些修正主义传记作家和电视纪录片,也许蠢蠢欲动,想在希特勒身上大做文章,但后代的评价似乎已经板上钉钉。某些杰出思想家,比如美国历史学家约翰·卢卡奇(John Lukacs),却开始忧心忡忡。卢卡奇发现修正希特勒的人已经取得了许多(的确有限的)进展。他担心,随着时间的推移会与日俱增。毕竟有拿破仑的前车之鉴,当年拿破仑在欧洲二十年南征北伐,造成六百多万人尸横遍野,今天仍不乏知识分子和作家对他崇拜得五体投地。

卢卡奇相信,希特勒应该被看作"21世纪最伟大的革命分子",善于利用和引导大众不满的鬼蜮伎俩,这种民族主义胜利论仍会对未来造成威胁。他最担忧的是,如果西方文明消退,甚至完全消亡,子孙后代将面临风险。假如野蛮主义盛行,普通人可能会觉得希特勒盖世无双,把他当成戴克里先,最后一个理想帝国秩序的伟大缔造者。[2]幸运的是,近期还不可能出现这种情况,即使西方文明有一天土崩瓦解,阿道夫·希特勒也不太会给我们子孙带来后顾之忧。1941年6月25日,丘吉尔曾对下议院谈起这个现象,他说:"如果我们战胜,没人会在意。如果我们战败,就没人值得我们在意了。"

在本书引言中,我努力区分阿道夫·希特勒那样的魅力型领导和温斯顿·丘吉尔那样的激励型领导。为孩童举行的派对上,如果我们仔细观察魔术师的表演,会发现一半观众紧盯着魔术师的手,绞尽脑汁,找出真相,另外一半人则只是单纯观看,沉浸在魔术给他们带来的震撼当中。喜欢质疑的人会追随激励型领导,质疑魅力型领导。在政治上,质疑是正常反应,应倍加呵护和鼓励。

然而,事实上,希特勒对人们想象和心理产生的影响,远远超过丘吉尔。希特勒将人类最强有力、最邪恶的两种情感,嫉妒与仇恨,加以利用,将自己推上了难以企及的权力高峰。德国、奥地利一战战败,后来又称受到了《凡尔赛和约》的不公平对待。此时,要在德国人民心中激起广泛的自怨自艾,可谓易如反掌,真是可悲。事实上,当时有大量极右政客,争先恐后地这么做,开始的时候,希特勒只是其中之一。

相比之下,丘吉尔心中既无嫉妒也无仇恨。据作家约翰·朱利叶斯·诺威奇(John Julius Norwich)回忆,有次和父母达夫·库珀、戴安娜·库珀以及温斯顿·丘吉尔一起去看电影:"我记得,是部关于爱尔兰农民的电影,边看,丘吉尔边喃喃自语:'可怜的马儿。'最后,他斩钉截铁地下了结论:'嫉妒毫无用处。'"一战战胜国取得了广袤的殖民地、堆积如山的财富,尤其是他们获得的胜利本身自然会让德国心生嫉妒,轻而易举沦为阿道夫·希特勒的工具。

米尔格拉姆实验[①]和阿施从众实验

1994 年托尼·布莱尔写道:"领导的艺术就是说'不',而不是说'是'。说'是'那太容易了。"[3]多年前,美国做过两个著名实验,米尔格拉姆实验和阿施从众实验,证明不费吹灰之力就能让人们言听计从。实验揭露了人类普遍温顺驯服的本性,震惊世界。1963 年,斯坦利·米尔格拉姆开展了一项实验,将一名男子绑在椅子上,双手手腕连接电极,要求志愿者对这名男子进行测试。志愿者被告知实验目的是测试人类疼痛极限。被绑住的男子被要求复述一篇文章,如果复述正确,志愿者什么也不需要做。如果磕磕巴巴或者出错,就要按下变阻器开关,对该男子实施电击。随着错误增多,电击力度逐渐增大。

当然,实际上,根本就没有电流,男子的痛苦尖叫只是演戏。对此,志愿者并不知情。结果,不少于百分之六十五的志愿者盲目遵从指令,最后电击达到四百五十伏之高,到了致命的程度。男子的痛苦尖叫没有阻止志愿者进行试验。布赖恩·马斯特斯(Brian Masters)在自传《人身攻击》(Getting Personal)中说,米尔格拉姆实验"毫无疑问,表明胆小怕事、和善高尚的人们,一旦有了机会,可能变成魔鬼"。[4]

---

① 又称权力服从研究。——译者注

阿施从众实验同样令人忧心忡忡。这个实验里,实验人员给三个人看了屏幕上三条线段,问哪条最长。受试者中,两名由实验人员扮演,只有一名是真正受试。最长的线段始终非常明显,就算眼神不好、智力不高,正确答案也显而易见。前几轮测试,大家都作出了正确选择。然后,两名实验人员假扮的受试者开始选择同一条错误线段,这条线明显不是最长那条。开始的时候,志愿者会指出错误,然后找到正确答案。令人吃惊的是,很快他就会跟从另外两人一起作出错误选择。米尔格拉姆实验和阿施从众实验表明,人类非常容易通过引导,变得凶暴残忍和不相信自己的亲眼判断,两者都十分令人担忧。[5]

引导人们犯下滔天罪行,正如希特勒在二战中做的那样,然后否认指向他们的各种证据,并不像看起来那么艰难。克里斯托弗·勃朗宁(Christopher Browing)是普林斯顿大学的历史学家,他研究了臭名远扬的后备警察101营,该营专门在波兰充当对犹太人行刑的刽子手,执行"最终方案"。勃朗宁的研究把汉堡受人尊重的工人阶级和中产阶级公民变成杀人凶手的过程,在人们面前展露无遗。同龄人压力、人类具有驯服倾向的本性、同志关系,而非反犹太主义或者拥护纳粹,把普普通通的老百姓变成了沾满千百万人鲜血的刽子手。[6]

回顾20世纪90年代发生在卢旺达和前南斯拉夫的灾难,我们会发现血淋淋的教训适用于1941—1945年,也适用于今天。德国这么文明发达的民族,怎么会犯下人类历史上最可怕的滔天罪行呢?历史学家丹尼尔·戈尔德哈根(Daniel Goldhagen)不同意勃朗宁的观点,他在1996年的著作《希特勒的自觉帮凶》(*Hitler's Willing Executioners*)中,进行了反驳。

戈尔德哈根认为后备警察101营成员,根本不是出于热衷纳粹主义才入选该营,而是为逃避海外服役主动选择的结果。因为他们在"狩猎犹太人"上找到了"乐趣",这个行为将他们"恶魔般的反犹太主义"演化成了"大规模杀害犹太人的冲动"。因此,他们屠杀犹太妇女、老人、儿童纯为"取乐"。作者坚称,反犹太主义在德国文化、社会和历史中根深蒂固。希特勒和大屠杀只是不可避免的结果。希特勒需要做的就是振臂一呼。[7]用侦探小说的套话来说,就是20世纪40年代早期,提供了绝佳的作案动机、作案时间和作案工具。其实,20世纪二三十年代,德国犹太人比欧洲任何其他地方的犹太人都更加兼容并蓄,基根指出:"1918年德皇帝国控制了欧洲所有什泰特勒①,但是对其中的居民秋毫无犯。"那么是不是真像米尔顿·希梅尔法布(Milton Himmelfarb)指出的那样:"没有希特勒,就没有大屠杀?"是不是希特勒的领导就是悲剧的核心原因呢?

后备警察101营代表了德国社会的不同阶层,他们当中没有一个出于被迫才去屠杀犹太人或者从事其他暴力活动。勃朗宁相信,虽然刽子手们对权威的顶礼膜拜以及随时奉命行事的风格,的确为德国独有,但大屠杀并不是德国人特有的现象。除了一小撮极端纳粹分子,基本没有德国人赞同"东边"发生的一切。然而,他们也没有积极反对;广大德国人民采取了一种漠不关心的态度,不闻不问。当被要求帮助进行大屠杀时,80%到90%的后备警察101营成员采取了默许态度,不做任何多余抱怨。过了最初的神经脆弱阶段后,他们"变得越来越高效,心肠越来越硬"。1942年7月13日,一千八百名犹太人被带到波兰村庄约瑟夫乌外面的小树林等待行刑。整个营的五百名成员,只有十二名拒绝开枪。那天,除了中间抽烟休息和吃午饭,大屠杀持续了十七个小时,另外还有四十五名警察以各种理由相继离开。剩下的85%的警察,即便他们完全知道自己拒绝,也不需要受到惩罚,还是坚持零距离射杀犹太妇女、儿童。"开始我们不用瞄准器,"一名警察回忆。"要是谁的枪瞄得太高,就会把整个头颅打爆,脑浆和骨头四处飞溅。因此,我们奉命用刺刀抵住他们脖子进行零距离射击。"

阅读20世纪60年代的审讯报告,也许能让我们深入洞察这些杀人凶手的心态。报告读起来令人毛骨悚然,但却让我们欲罢不能。正如人类动机专家分析的那样,大量复杂心理因素让人类变成种族灭绝的凶犯。大多数因素,例如战时残忍、"区隔""习惯化"、趋同性

---

① 犹太人聚居的村庄或市镇。——译者注

等,在纳粹德国之外也一样存在。我们自鸣得意地以为,大屠杀永远不可能在英国发生,实际上,如果1939到1945年间,阿盖尔郡、加的夫、伦敦附近的郡县也建了毒气室,很容易就会人满为患。

承担责任

领导要担负责任。出了问题,丘吉尔毫不犹豫,承担个人责任。在对下议院秘密演讲中,丘吉尔会坦言承认自己的过失。而希特勒一旦战场失利,总把责任推到别人头上;开始是各位将军,后来是配不上他聪明才智的德国民众。两者的云泥之别在以下事例得到了完美诠释。为鼓舞士气,丘吉尔亲自视察被夷为平地的街道,乐此不疲,足迹遍布英国,希特勒一次也没有。事实上,希特勒车上装了窗帘,对窗外德国民众的疾苦视而不见,铸成大错。不然,直到1944年,他可能仍然备受爱戴。希特勒害怕与错误和失败的形象产生关联,错失了许多拍照机会,而丘吉尔对这些机会却求之不得。1940年9月8日,丘吉尔到伦敦东区视察,满眼的断垣残壁映入眼帘,让他泪流满面。这时,一位当地妇女评论说,"快看,他真的在乎",人们发出阵阵欢呼。8 丘吉尔在乎的态度,以及他有别于希特勒把人民当

1940年5月10日,丘吉尔被任命为首相几个小时前,参加内阁会议后,金斯利·伍德和安东尼·艾登给丘吉尔进谏。

成宏大计划中随意差遣的棋子的看法,自然赢得了民心。希特勒很不幸,他还缺乏自己可以信赖的进谏之人。成功的领导人周围总是围绕着能提出建设性不同意见的人;丘吉尔有阿兰布鲁克,斯大林有安东诺夫元帅,罗斯福有乔治·马歇尔将军,而希特勒只有孤家寡人。

二战期间,希特勒去过的地方很少,只有东普鲁士总部"狼窝",四次巴黎(其中一次去慰问伦德施泰特,一次去巴黎看贡比涅纪念碑,一次去蒙图瓦尔会见贝当元帅和皮埃尔·赖伐尔;还有一次去昂代伊同佛朗哥将军会晤)。二战前,希特勒也不是个热衷于周游世界的人,既没去过英国、美国、非洲,也没去过远东。假如他年轻时,勇于闯荡,亲眼看看德国以外的世界,他所犯下的一些战略性错误,尤其是1941年12月对美宣战,本可以避免。丘吉尔则不同,在历任首相中,丘吉尔游历最广:二战前四年,他走过不下十一万公里,海上三十三天,空中十四天,让他具备了希特勒完全缺乏的全球战略眼光。

激流勇退

领导的艺术部分在于知道激流勇退,除了索尔兹伯里勋爵和哈罗德·威尔逊,20世纪所有英国首相都在位时间过长,温斯顿·丘吉尔也没能免俗。尽管劝他的人越来越少,丘吉尔还是步了许多历任首相的前尘,禁不起别人劝说,轻易相信自己不可或缺。1954年夏天,一位做记者的老朋友告诉丘吉尔,"不少您的保守派朋友说,您尽快辞职反而对保守党有利",丘吉尔看了他一眼,扫视着下议院保守党坐席,说:"你们知道,环顾这里,让我想起与下议院长久的感情。我很喜欢这里。看着诸位的面庞,我不禁想,为什么要等到有人不是以朋友的语气而是怪声怪气地说'时间到了,请回吧',我才离开呢?"[9]

丘吉尔本该以辛辛纳特斯和加里巴尔德为榜样,在1945年胜利的时刻,全身而退,回查特威尔去砌墙画画、著书立说,享受全世界对他的赞誉。1945年,整个世纪最大的冒险明显已经画上了句号。此时的英国疲惫不堪、贫困交加,丘吉尔无论如何都不应该选择1951—1955年重返政坛,他对工人实施安抚、政治僵化、外交政策倒退,加上自己沉浸在的怀旧和自满情绪当中,这不是当时的英国需要的。就像当时在雷克雅未克,成就远不如自己的罗纳德·里根,渴望最后一搏一样,丘吉尔热切希望与苏联举行高峰会谈,为自己赢得"和平缔造者"的名声。与里根不同,他代表的不是超级大国,英国永远不会做超级大国。

丘吉尔和保守党竞选总部顾问雷金纳·麦德宁（Reginald Maudling）坐下来,写下 1947 年党大会领导人致辞。麦德宁渐渐发现丘吉尔没有阅读《工业宪章》,宪章涵盖了保守党针对所有经济问题的重要政策宣言。麦德宁递给丘吉尔一段对各项条款的总结陈述,涉及工业集中、提高就业率、建立强有力的工会组织、不进行非国有化改革、男女同工同酬、加大培训支出、企业、政府和工会共同组建联合生产委员会和合伙人计划等。丘吉尔却说他对很多政策持有异议。"好的,先生,"可怜的现场记录员感到问题十分棘手,结结巴巴地说,"只是,党大会已经通过了这些意见。""哦,好吧,"丘吉尔回答,"那就原封不动留下吧。"

1951—1955 年任期的丘吉尔,与往昔已大不相同。重返唐宁街的时候,丘吉尔带来成堆的红色"当天执行"小纸条。战时,他曾把这些纸条贴在重要文件上用以标识。然而,这些纸条放在抽屉里,始终没有用武之地。忽视细节、对国内事务和经济事物不感兴趣、懒政成了困扰二次执政的丘吉尔内阁的难题。这是该政府僵化本质的标志,然而,即使丘吉尔 1953 年患上中风,整个内阁仍然对存在的问题浑然无知。丘吉尔偶尔也会对副手们指手画脚,却只能让事情变得更糟。

行业工会越来越激进,安抚政策就像"给鳄鱼投食",无休无止,工人工资水涨船高,导致经济领域通货膨胀。1954 年圣诞节前一天,财政大臣 R.A.巴特勒接到丘吉尔来电,告知他解决了铁路罢工威胁。"依了谁的条件?"巴特勒担忧地问。"哎呀,当然他们的啦。老兄!"丘吉尔自鸣得意地回答。这就是丘吉尔内阁的行事方式,并未给丘吉尔的名声增色。这届内阁还给人造成的一个根深蒂固印象的,就是内阁办公室桌子中央安装的一个巨大助听器,帮助古稀老人丘吉尔和比他年纪更长的数位二战同事听清发言内容。毕竟丘吉尔在 1940 年首次入主唐宁街的时候，就已经是到达退休年龄的老人了。

最终，丘吉尔于 1955 年 4 月退休。他的继任者安东尼·艾登仓促上任，就遭遇了苏伊士运河危机。1946 年，丘吉尔跟年轻科学家 R.V.琼斯说："许多人认为，我应该二战结束，功成身退，做老政治家。不过我能吗？我战斗了一辈子，现在不能停止战斗！"[10] 然而，他的对手已经发生了变化；1945 年前，丘吉尔的对手是希特勒，如今，却是非熟练工人、过分调控的经济、越发好战的行业工会等，这都难以激发起丘吉尔好战的本性。欧战胜利日，丘吉尔的历史地位已经定格，他本可以抵制 20 世纪首相们不肯挪窝、害己害党的不良风气。正如丘吉尔在《萨伏罗拉》里所写："他充满热情、目标高远、浑身是胆。已经过惯了一种生活方式，无法改变；自己选的路，含着泪也要走完。"[11]

历史学家丘吉尔

一退休，丘吉尔当务之急就是发表自己关于英美历史的伟大作品。这是他几十年来断断续续写就的鸿篇巨著。作为领袖，想在历史上留下长久的印记，需要既能出口成章，也能妙笔生花。丘吉尔的诺贝尔文学奖名副其实。1932 年 10 月 30 日，丘吉尔给卡塞尔出版社老板纽曼·弗劳尔（Newman Flower）的信中写道："总的来讲，我很愿意写《英语民族史》（*A History of the English Speaking Peoples*），讲讲英语民族的起源、他们的纷争、他们的不幸遭遇和为两万英镑达成和解的故事。"他预计这本书要花费四到五年。然而，由于丘吉尔和英语民族遭遇的大事，又过了二十五年，这部四卷本的传世佳作才得以出版。

保守党内部之争开始的前几个月，在丘吉尔称为"在野岁月"的日子里，他孕育了这部书的创意。该书创作"目的是强调英、美民族的共同文化传承，巩固两国关系"。这真是极富远见之举。十年后，两个国家以及他们的自治领和附属国，将被推上风口浪尖，为挽救人类文明而浴血奋战。

尽管该书创作有充足的政治理由,但主要和更紧迫的理由是丘吉尔手头拮据。丘吉尔花钱大手大脚,又没有继承到财产,穷其一生,都在靠稿费和议会补贴支撑自己奢华的生活方式。近期,由于印度自治,他刚从保守党影子内阁辞职,可预见的未来还找不到什么政府职位。当时看来,除非欧洲发生全面战争,不然回政府工作的希望十分渺茫。

因此,丘吉尔的《英语民族史》从一开始就定位为畅销书。他给自己的一位助理——牛津历史学家基思·费林(Keith Feiling)的信中写道:"叙述生动有趣的戏剧性大事件,而非完整全面的描述。"这部书,跟枯燥乏味的半学术英国史和类似的世界史不同,要写成节奏明快的文学作品,从公元前55年尤利乌斯·恺撒入侵英国开始,写到1902年英国布尔战争胜利。

尽管丘吉尔请了好几个顶级历史学家帮他撰写草稿、解释某些他不熟悉的历史片段、从总体上简化研究和写作过程,此书大部分都由丘吉尔独立完成。各种手稿上的注释,就是佐证。1937年,丘吉尔写信告知夫人克莱门蒂,他们财务状况岌岌可危。信中说《英语民族史》"为了让这样的鸿篇巨著公允客观,需要进行大量阅读和独立思考"。只有交付手稿,他才能预支一万五千英镑稿费,他希望1939年12月能够完成。

当然,接下来两年里,纳粹的崛起越来越让他无法专心写作,不过丘吉尔真能利用碎片化时间,令人惊诧。他利用反对绥靖政策运动的空隙,继续写作。1938年8月,战争的乌云开始笼罩在捷克斯洛伐克上空,丘吉尔给哈利法克斯勋爵写信说,他自己"与古代英国人、罗马人、盎格鲁人、撒克逊人和朱特人可怕地纠缠在一起,自从毕业,我还以为永远逃出他们的魔爪了呢"。事实上,撰写《英语民族史》可能有效分散了他的注意力。慕尼黑危机期间,他曾写信给朋友说:"在这令人忧心忡忡的日子里,写作给我带来安慰,将我的思想和20世纪分割开了千年之久。"

丘吉尔期待这本书给他提供1939年三分之一的收入,也就是说丘吉尔那年除了从政,写书成了他的主要工作。一帮历史学家,在各方面给予他帮助,从写作、来他家开设私人讲座到核对史实,无所不包。他们有的收费,有的免费。《英语民族史》最终付梓的时候,参与写作的已经涉及许多相关领域的顶级专家。弗雷德里克·威廉·迪金(后被封威廉爵士)担任丘吉尔的主要助手。从不同方面在不同时间给予他帮助的还有莫里斯·阿什利、A.L.罗斯、阿萨·布里格斯(后被封勋爵)、约翰·H.普拉姆(后被封杰克爵士)、G.M.扬、艾伦·布洛克(后被封勋爵)以及其他备受尊敬的学者。据阿什利回忆,这些历史学家,对"具有丰富想象力"的丘吉尔,给予了足够监督,确保文中表述与历史相符。

1939年4月,丘吉尔写信给阿什利说:"大体上,(本书)主旨是讲述自由和法制、个人权利、越来越无所不包的社团基本观念和道德观念从属于国家的发展过程。以前这些由英语民族人民自己书写,后来由托管国书写,如今由战胜国书写。在此,我谴责世界各地、各种形式的暴君。所有这一切当然有其现实意义。"二战开始前最后的和平岁月里,丘吉尔一天花很多个小时研究"其现实意义",他见缝插针,到1939年9月德国入侵波兰当晚,他已经忙着修改第四卷最后一章了。

显然,交稿日期不得不推后,但是二战的爆发没有完全中止他对《英语民族史》的写作。静坐战期间,丘吉尔时任英国第一海军大臣,他还在想方设法把书赶出来。F.W.迪金已经加入第63牛津郡自由人反坦克军团,但仍利用(急剧减少的)空余时间做他的校对员。艾伦·布洛克准备了一万词关于加拿大的材料。1939年10月6日,丘吉尔写信给迪金说:"这本书很重要,压力极大,我真的希望你在工作日也能继续校对。"1940年,丘吉尔的著作接近尾声,希特勒也毫不怠慢,战争一触即发。5月,丘吉尔当上首相,《英语民族史》不得不被搁置起来,直到战争结束。那时,该书的电影改编权已经以五万英镑卖给了伟大的匈牙利裔美国人、电影制片人亚历山大·科达(Alexander Korda)。

1945年最后一个星期,把文明世界从二战中挽救出来的丘吉尔输掉了英国大选,此时他才得以继续完成《英语民族史》。当然,那时,英语民族又在他们的历史传奇中,加入了浓墨重彩的一笔,只是鉴于如果包含进来,就要在四卷之外再写一卷,所以没有收录。丘吉尔随身携带书稿的佐证材料,跟他一同登上"伊丽莎白皇后号"邮轮,前往美国,在那里,他发表了伟大的"铁幕"演说。他刚回国不久,另外一个大项目开始了,再次推迟了书稿的出版。

丘吉尔认为自己有义务写六卷二战回忆录,利用自己在野的空闲,在威廉·迪金的协助下完成这项工作。这项工作从1946年启动,最后一卷《胜利与悲剧》(Triumph and Tragedy),和前面的书一样也由卡塞尔出版社出版,直到1954年才得以面世。那时,由于保守党1951年10月赢得大选,丘吉尔已经第二次当选首相。历史再次赶在了《民族史》前面。

1953年,丘吉尔中风,身体大不如前。讽刺的是,这似乎反倒让他得以重新开启《英语民族史》的写作。丘吉尔的医生莫兰勋爵建议丘吉尔应该"从事让您心平气和的活动",前保守党大臣兼丘吉尔密友布伦丹·布雷肯说:"好啊,为什么不把《英语民族史》写完呢?"幸运的是,布雷肯是《今日历史》(History Today)杂志的股东,这本杂志创刊于1951年,他的朋友、情报部前战时助理、私人秘书阿伦·贺治(Alan Hodge)是主编之一。贺治在某种程度上是个奇才;年仅25岁,利物浦大学学院和牛津大学奥里尔学院毕业后,就开始写先锋派诗歌,1940年与罗伯特·格雷夫斯(Robert Graves)合作,完成著作《长周末》(The Long Weekend)。

贺治和作家兼诗人彼得·奎奈尔(Peter Quennell)二人共同编辑《今日历史》,合作相当高产,一直持续到1979年贺治去世。在此期间,贺治锻炼出了——正如《泰晤士报》给他发的讣告中所说——"一种学术严谨、富有想象、明智审慎的管理能力。"贺治还和奎奈尔合著了一本英美插图历史《我们共同的过去》(The Past We Share)。贺治的同事和朋友常常为他感到遗憾,他天性谦虚、乐于协作,而非单打独斗,否则他肯定能为自己赢个更大的威名。贺治的谦虚可以从他担任丘吉尔顾问委员会主任、帮助丘吉尔完成《英语民族史》的工作中窥豹一斑。

贺治迅速联络了一批教授、历史学家帮助丘吉尔,其中很多人战前就已经开始帮助丘吉尔了。"我要一年一个脚印,每十二个月完成一卷,工作量应该不大。"丘吉尔对莫兰说。

七十九岁那年,丘吉尔慢慢从中风中恢复,并开始着手《英语民族史》的出版事宜。不过重读早期搜集的证据后,丘吉尔发现该书需要大规模返工。1939年后二战及战后这几年,发生了许多重大事件,世界格局对他来说比原来变得更加明朗,他希望该书能从更多方面给人们带来真知灼见。丘吉尔写信给贺治说:"到目前为止,从开篇章节之后,各个章节都按照王朝进行划分,学校教科书亦是如此。当然,这是该书的规模和本质决定的,不过我们应该考虑,只有君主能代表重大阶段或者历史转折点时,才使用他们的名字为章节取名。"

《自由大宪章》、百年战争、议会的出现、玫瑰战争这样的重大事件被用作了章节标题,而非君主的名字。因为,如丘吉尔所说:"我们记录事件的发展,这些事件应该是生动活泼、不间断的故事。我们关心的主要是社会、政治变迁,尤其是那些对今天产生深远影响的变迁。"丘吉尔跟朋友比弗布鲁克勋爵打趣,说起在二战背景下重读《英语民族史》手稿:"总体上,比起别国的苦难,我觉得我还是宁愿经受英国的苦难,但我必须要表明对于人类发明了飞机这件事,深感痛心。"

正如1939年希特勒入侵波兰当晚,丘吉尔还在埋头整理书稿的史料一样,1955年丘吉尔从首相任上辞职后两天,就着手最后一遍修改书稿了。这次没有什么世界大事中断他的工作了。1953年,丘吉尔获得诺贝尔文学奖。大家对他的期望与日俱增,他向朋友们保证,这将是他的收官之作。1955年7月,丘吉尔躺在查特威尔家里,和历史学家A.L.罗斯谈话的时候,丘吉尔承认自己"重新审读了战前写的《英语民族史》部分,很不满意。然而,他断言总会有人因为他的'臭名昭著'而阅读此书"。

丘吉尔说得没错:卡塞尔出版社首印《英语民族史》不下十三万册,全部售光,一个月内又加印了三万册。之后,多次加印,尽管数量众多,都迅速卖空。尤其在C.V.韦奇伍德、约翰·H.普拉姆、迈克尔·霍华德教授、D.C.萨默维尔教授这些不惧丘吉尔威名和成就的历史学家,先后发表书评,强烈推荐之后,书卖得更俏了。就连A.J.P.泰勒这样吹毛求疵的反传统文学批评家也赞扬第一卷《不列颠的诞生》："是迄今为止，最具洞察力、最趣味横生的史学著作之一。"

《英语民族史》从发表到现在，得到评论家交口称赞，名副其实。这部书既是一部伟大的文学作品，同时也应该，或者更应该是一部严格以史实为基础的史学巨著。钻牛角尖的书呆子可能会指出丘吉尔语言有时过于感情洋溢，仿佛讲故事一般，让人分不清是事实还是虚构。比如他引用（加了解释）阿尔弗雷德大帝逃难时不小心将农妇家蛋糕烤焦作为例子。然而，整部书并不因此而逊色。

丘吉尔的历史地位

1940 年 11 月丘吉尔在颂扬内维尔·张伯伦的演说中称："历史，提着忽明忽暗的灯笼，沿着过去的条条小路，蹒跚而行，努力重塑自己的主题，唤醒自己的影响，用微弱的光芒，重燃过去日子的豪迈激情。"丘吉尔可能很喜欢以他为主题和由于他的声望而成长起来的历史小作坊。有生之年，丘吉尔始终饱受争议，他一定会乐于同今天我们统称为"修正主义者"的人争辩个高下胜负，为自己正名。

某种程度上，所有对历史的书写，当然都只是对原版历史的修正。丘吉尔 1965 年逝世后的几年里，研究丘吉尔的作家们，努力在两个极端中寻求着平衡。一个极端是 20 世纪 50 年代和 60 年代初对丘吉尔铺天盖地的歌功颂德，另一个极端是从 20 世纪 60 年代中期开始出现的对丘吉尔的大肆批评。这些批评极尽贬损之能事、吹毛求疵，有时甚至公然藐视丘吉尔和他作出的贡献。

不过这些贬损对丘吉尔在公众心中战时首相形象的影响出奇得小。丘吉尔的光辉形象似乎已在英语民族中根深蒂固，怎么抹黑都无法改变。欧洲胜利日五十周年那天，《每日电讯报》发文写道："有几个人一味诋毁丘吉尔，但没一个改变得了公众对丘吉尔的印象。"今天，丘吉尔的威望也没有丝毫衰减的迹象。丘吉尔逝世那年，查特威尔开始对外开放，参观人数稳步增加；2000 年，一艘美国战舰以丘吉尔的名字命名，他是 18 世纪以后享受这一殊荣的第一位英国人

（当然,尽管丘吉尔是荣誉美国公民）；还有一件平淡无奇的小事,就是他的一双室内拖鞋,最近在拍卖会上,以一万美元的价格成交。2002年11月,BBC举办"伟大的英国人"民意测验,丘吉尔轻松夺魁,共获得四十四万七千四百二十三票；到目前为止,只在1999年千年伟人的称号投票中,他以微弱少数败给威廉·莎士比亚,这比起1945年大选失利,更加让他毫不挂怀。

1995年,英国动用国家彩票资金购买了一批丘吉尔档案,引起一波对丘吉尔的恶毒攻击,这表明丘吉尔作为杰出伟人,影响至今。如今我们对英国应以何种程度融入欧盟的问题争论不休,这也是在利用丘吉尔的政治遗产。差点成为奥地利元首的约尔格·海德尔（Jorg Haider）先生,曾指责丘吉尔和希特勒一样,都是战犯,这比他当即宣布欧盟之间的差异正在扩大更加哗众取宠。2000年"五一国际劳动节",暴民将无政府主义标语涂抹在丘吉尔在议会广场的雕像上,引起公众强烈抗议。

至少在流行而非学术的角度,丘吉尔修正主义完全多此一举。和林肯、华盛顿、拿破仑等其他国家偶像一样——或者丘吉尔的对手,甘地、戴高乐一样——丘吉尔地位稳如泰山,出再多书恶意诋毁,也不会撼动他的地位。自然,这种书源源不断,但他们都如同一根小小的图钉,插在犀牛这样皮糙肉厚的庞然大物身上,枉费心机。在《当代伟人》中,丘吉尔所谓的"最痛苦的历史拷问"已经应验在自己身上,然而却发现他没有什么拷问需要回应。只有在特定历史、新闻和非常规学术圈中,对丘吉尔的判词才显得不那么牢靠。

贬损丘吉尔的有一批是空想家。从左翼作家克莱夫·庞廷到极右翼作家戴维·欧文,这些人围绕丘吉尔职业生涯大做文章,企图证明自己的政治观点。他们常常引用完全脱离语境的话语,强行把丘吉尔说成诡计多端、动机不纯、道德败坏、性情邪恶之人。客观的读者很快就对空想家们失去了同情和耐心。如果丘吉尔既不受左翼待见也不受右翼待见,那我们完全可以做出正确的判断,即他不可能像他们描述的那样十恶不赦。

2001年,温斯顿·丘吉尔的崇拜者终于舒了一口气。十四年以来，自从戴维·欧文发表第一卷批评丘吉尔的著作开始，人们就开始拭目以待，看这位极右翼历史学家，能从他手上几百份档案材料中挖出什么耸人听闻的新鲜事，然而，最终炮制出来的长达一千零六十三页的作品，通篇都在颂扬仇恨。讽刺的是，书名竟然定为《丘吉尔的战争：逆境中的胜利》。显然，他没有找到有力证据削弱丘吉尔这位领导人民赢得了二战的首相的赫赫威名。

当然，所有以前的指控又被翻出来，老调重弹：说丘吉尔是个性情粗鲁、谎话连篇的醉汉；明知日本珍珠港袭击计划，却不通知美国；幕后指使杀害盟友波兰领导人西科尔斯基将军；想摧毁罗马，等等，无休无止。欧文还标新立异、捕风捉影地给丘吉尔强加了几处新的污名。欧文书中写到，丘吉尔是个漏阴癖，喜欢在外国政治家面前一丝不挂；给纳粹通风报信，暴露英国已经破解他们密码的事实；授意军情六处暗杀英国另一个盟友戴高乐将军。

类似的新指控有十几处之多。假设作者没有用力过猛，用一百六十页的笔记旁征博引，他大部分观点都还能博人一笑。比如欧文声称，当时的伊丽莎白皇后（先王太后）支持希特勒 1940 年提出的和谈计划，证据可以在蒙克顿勋爵档案 23 号箱找到，该档案存放于牛津大学博德利图书馆。从我自己对蒙克顿的研究来看，那个 23 号箱从来就没有对历史学家公开过。当然，经博德利图书馆管理员证实，戴维·欧文没有如他所说，见过箱子，遑论开箱验证了。

欧文许多断言漏洞百出。如果丘吉尔"不分青红皂白，一味将美国利益置于英国本土利益和大英帝国利益之上"，为什么他不提醒美国人珍珠港袭击呢？如果欧文先生关于奥斯威辛集中营臭名远扬的观点正确无误，即犹太人在那里并没有惨遭有计划的屠戮，那么，为什么丘吉尔要对没有命令皇家空军轰炸奥斯威辛集中营负责呢？欧文先生全书矛盾重重，可谓担雪塞井。

尽管欧文的大作副标题定为"逆境中的胜利"，他却认为靠蛮力打败希特勒的丘吉尔一无是处。丘吉尔的风趣幽默被简单地理解为"嘲讽"。1942 年初，与罗斯福总统共商珍珠港事件后全球对德、日军事战略，被解释为"巴结他国领导人"。丘吉尔还被指责"身不由己"地赢得了战争。然而,任何人,如果看过欧文掌握的档案资料和原始文件,无论何时,只要仔细推敲各项证据,都会发现欧文的指控贻笑大方,不攻自破。

欧文使用了大量引言。他称丘吉尔希望"除掉"戴高乐,而事实是,丘吉尔跟内阁同僚建议,是否应该考虑"除掉戴高乐的政治势力,与议会和法国在桌面上谈这个问题"。欧文对珍珠港事件的所有判断都基于对亚历克·卡多根爵士日记的误读。

如果欧文先生真的,如出版商封底广告所说,花了二十七年研究和撰写《丘吉尔的战争》,那他已经白白荒废了半生。他愚蠢不实、毫无证据、含沙射影的长篇大论最终只是一部可怜的小书。2000 年,对利普斯塔特和企鹅出版集团的诽谤案中,欧文败诉,名誉扫地。可笑的是,他不下大力气重建声誉,而是写了这么一本书,只有极端右翼阴谋理论家才会买他的账。

欧文写丘吉尔"有部分犹太血统,尽管那都是祖父辈之前的事了",这是赤裸裸的冒犯。欧文声称丘吉尔"对于为什么真的要打这场毁灭性战争存在矛盾心理"的时候,他忽视了丘吉尔发表的几十场精彩绝伦的英文演说,从 1939 到 1945 年,这些演说用铿锵有力的语言,对于为什么为了人类文明的生存和繁衍,必须连根拔除纳粹,向英国和全世界做了精辟的论述。

欧文指责温莎公爵在英国人的枪口下,被迫于 1940 年 8 月离开葡萄牙,这纯属一派胡言。对儿媳妇帕米拉·哈里曼有私情这件事,丘吉尔视而不见,欧文坦言说自己大为震惊,这是因为他不懂丘吉尔的阶层地位特有的道德观念,另外他也不懂时局不允许丘吉尔做出别的选择。丘吉尔希望"看到罗马被火焰吞噬",然而丘吉尔给罗斯福的信证明以上说法纯属子虚乌有,信中他说:"我们应该告诉飞行员尽量小心,不要袭击罗马城中教皇的建筑。"

还有第二种丘吉尔修正主义,主要来自美国自由论者和反对美国参战的孤立主义者。帕特里克·布坎南(Patrick Buchanan)1999 年的著作《共和国与帝国之辩》(*A Republic, Not an Empire*)把丘吉尔说成一个十恶不赦之人;在一个近代史的会议上,纽约州立大学历史学家拉尔夫·雷科(Ralph Raico)在半小时的演讲中,对丘吉尔做出了不下三十二项指控。雷科先生说,希特勒从没打算轰炸伦敦,20世纪30年代丘吉尔倡议建立强大的皇家空军方针大错特错。这一言论,恐怕伦敦闪电战幸存者不能苟同。雷科说,丘吉尔是个秘密社会主义者、民族清洗者、战犯,"好战分子、没有原则的政客",并在一篇论文中把这作为论据,支撑自己的论点。"丘吉尔被封为圣人,损害了政治和历史中诚实与道德的标准。"我发现,美国自由论者说话一味夸大,从不低估。

尽管克里斯托弗·希钦斯(Christopher Hitchens)身为英国人,但他向来与众不同。2002年4月,他在美国《大西洋月刊》上发表文章,指责丘吉尔残酷粗鲁、玩弄权术、酩酊大醉、不省人事、目光短浅,除了对付纳粹,总是成事不足、败事有余。他甚至指责丘吉尔"粗浅鄙陋、危言耸听",20世纪30年代对军备重整"不停地小题大做",仿佛对希特勒崛起这样的事情,就可以"危言耸听"了一样。他这篇题为"他失败的勋章"的文章,喋喋不休地写了十九页。希钦斯声称"很容易想象皇家空军怎么在高加索助了德国最高指挥部一臂之力"。如果一个人不执迷于抬杠,不执迷于语不惊人死不休,就会看出,以上纯属无稽之谈。希钦斯对战时内阁会议记录断章取义,因此有了以下不实言论,比如,1940年"丘吉尔不止一次,赞同与希特勒进行有限和谈",而事实是,丘吉尔把反对和谈一事提交给了战时内阁。希钦斯把丘吉尔反对德国霸权归结为"纯属野心",完全不顾丘吉尔四十年里大量作品、言论、政治行动都在极力维护欧洲权力制衡这一事实。即便阿道夫·希特勒也看得出丘吉尔力挺欧洲权力制衡,希特勒虽然认为这种想法因袭陈规,但从不否认丘吉尔为了欧洲制衡而战这个事实。

希钦斯攻击丘吉尔在奥兰下令炮轰法国舰队。如果真有此事,希钦斯忽略了一个事实,那就是英国当时不可能知道维希政府没有把舰队交给希特勒。1940年英国安然无恙,我们必须感谢丘吉尔,而不是感谢行为乖张、头脑简单的希钦斯。希钦斯还说丘吉尔的"编年史作家对奥兰事件总是一笔带过,如有可能,还会只字不提"。希钦斯这么一个高智商的辩论家,通篇没一处经得起反复斟酌真是稀奇。这一点,马丁·吉尔伯特(写了不下二十七页)、罗伊·詹金斯、约翰·基根、约翰·卢卡奇、约翰·查姆利、约瑟夫·拉什、菲利普·圭达拉、巴兹尔·利德尔·哈特、威廉·曼切斯特、约翰·拉姆斯登、杰弗里·贝斯特、诺曼·罗斯、A.L.罗斯以及本书作者都曾撰文讨论。当然,丘吉尔自己也在回忆录第二卷中为自己做了辩护。

同样地,丘吉尔退休后,根本没有"追逐名利不成、整日羞愧难当、心怀不满、自暴自弃"。实际上,丘吉尔长达四卷的《英语民族史》受到史学家广泛赞誉,四十多年后,仍然在售。打赢二战,温斯顿·丘吉尔已经没有理由"追逐"名利。希钦斯指出,为了让美国加入第一次世界大战,1915年,丘吉尔故意置"卢西塔尼亚号"邮轮于危险而不顾,我们不禁怀疑希钦斯自己是否真的相信这些令人啼笑皆非的观点。

丘吉尔经常开玩笑说,他知道历史会善待自己,因为他自己将去书写历史。然而,可悲的是,个别缺乏客观公正态度的人,也加入了书写丘吉尔历史的行列,他们还常常互相引用各自论点,以讹传讹。雷科脚注中标明他的话引自欧文和庞廷;然后,雷科的话又被崇拜他的布坎南引用;希钦斯的许多指控好像也引自欧文。所以,很难让人相信,这群人真的探究了历史真相,而不是通过肆意辱骂英美政治文化史上偶像式人物丘吉尔追逐名利,博取眼球。

有些理论家被阴谋论吸引,他们特别偏爱丘吉尔。对丘吉尔的指控跟他们的想象一样,无边无际。不到一年前,出版了一本新书,说丘吉尔引诱了鲁道夫·赫斯到苏格兰,又说丘吉尔事先知道珍珠港轰炸,真是滑天下之大稽。丘吉尔还被指控,制造了1929年的华尔街股灾(此次危机,丘吉尔本人损失惨重);有个作者在《费城询问报》上说,如果丘吉尔"1911年或者1919年,足够睿智,第二次世界大战、朝鲜战争、越南战争、海湾战争都不会发生。毒品泛滥、巨大的[美国]财政赤字也不会发生"。有的作者坚称丘吉尔任凭考文垂市被炸毁,也不肯暴露英国已经破译了恩尼格玛密码。自不必说,如今互联网为丘吉尔修正主义者开辟了一条崭新的战线,他们任由想象的骏马肆意驰骋,用越来越荒诞不经的故事污染着网络空间。多年来,国际丘吉尔协会通过其优秀会刊《最辉煌的时刻》(Finest Hour),始终坚持搜集并系统反驳以上以及其他对丘吉尔的无端指责。[12]

还有种影响广泛的丘吉尔修正主义主要来自报纸。报纸编辑们不假思索就能知道丘吉尔的故事总能博取眼球,反正死人又不能起诉他们恶意诽谤。因此我们在即便口碑不错的报纸上也能看到一些胡诌乱造的故事,这些故事如果写在丘吉尔有生之年,定要在庭外和解中,赔偿丘吉尔成千上万英镑。最近有报纸文章指出,丘吉尔是个瘾君子,还主动帮儿媳妇向儿子隐藏奸情。此外,他们还说丘吉尔曾下令刺杀墨索里尼,然后拿回一份与意大利秘密签署的和平条约,害怕该条约危及自身声誉。我们得到的消息是,丘吉尔根本连雪茄都不怎么吸,只是装点门面,"强化自己的男子汉气概"罢了。

许多修正主义者认为,丘吉尔还剽窃他人成果,是个机会主义者、战争贩子、伪君子、空想家、真正的纳粹创始人——这个观点真是别具匠心——糟糕的军事谋略家、有病态人格的撒谎者。有人甚至写了一本书,该书莫名其妙地被定义为非虚构作品,直言不讳地指出,丘吉尔1945年帮助马丁·鲍曼逃出柏林,然后还帮他在伦敦附近找了房子,让他在那里安然度过了余生。[13]据说,这位作者从这本胡编乱造的书中,预支了高达约二十五万英镑的稿费,但也有传言说因为他的书经不起检验,最后没拿到全款。2002年9月,沙特阿拉伯驻英国大使加齐·阿尔戈塞比(Ghazi Algosaibi)给《观察家》杂志写信,说1917年丘吉尔曾命军队朝妇女参政论者开枪,第二个星期国际丘吉尔协会就全面反驳了这个说法。[14]

历史学家面对这些明显的荒谬言行,他们能做的只有沉着应对,翻看原始资料、一手记述——通常是马丁·吉尔伯特爵士(Sir Martin Gilbert)权威可信的八卷《丘吉尔传》以及十四卷增补本——仔细研究历史语境和证据,尽可能做到严密推导事实。经过论证,百分之九十五对丘吉尔的指控都属空穴来风。

当然,丘吉尔并非完美无缺。从政年头长、经历的岗位多,其中两次还是英国首相,多次代表国家做出重大决定,他对不同问题的判断肯定难免有不妥之处。比如1910年围攻西德尼街、加里波利战役惨败、爱尔兰分治、重新采用金本位、处理1926年大罢工、印度独立、退位危机、轰炸机司令部轰炸目标原则、1943年的"软肋"战略、坚持德国无条件投降、拒绝帮助"七月阴谋"、英国官方对苏联卡廷森林波兰军官大屠杀的态度、轰炸奥斯威辛集中营的建议等。丘吉尔有生之年和逝世之后,都遭到过杰出学者及有责任心的政治家、新闻记者的批评指责。尽管本书作者个人认为丘吉尔几乎在任何一件事情上,都做出了正确抉择,展现出了比同期领导人更英明的判断,但是也不得不承认,这些批评指责客观公正。然而,本章讨论的不是合情合理、实事求是的批评意见,而是针对丘吉尔本身的爱国主义和人身信誉,进行的尖酸刻薄、动机不纯的肆意攻击。

目前,对丘吉尔的职业生涯最中肯的批评,最可能给丘吉尔完美无瑕的名声添上污渍的,是来自约翰·查姆利(John Charmley)博士、莫里斯·考林(Maurice Cowling)教授、已故的阿伦·克拉克(Alan Clark)的批评。他们可以被统称为英国保守党民族主义评论家。1993年1月,约翰·查姆利博士出版了《丘吉尔:荣耀的结束》,1995年出版了《丘吉尔的伟大同盟:1940—1957年之间英、美的特殊关系》。两部著作论证严密,深入透彻分析了丘吉尔对20世纪英国衰落所应担负的个人责任。查姆利还认为丘吉尔阻碍了他心中的英雄内维尔·张伯伦继续实施绥靖政策,直到实现既有目的,即让德国和苏联开战,双方被战争拖垮,英国或者西方坐收渔利。

书中还指出了丘吉尔的另外一个错误,说他天真无知,过分夸大了英国战后的颓势,在事实上将大英帝国出卖给了美国。另外他给了社会主义通过后门进入英国的机会。这个观点基础并不牢靠,因为他混淆了因果关系,而且没把1945年丘吉尔别无选择考虑在内。尽管比较客观公正,英国保守党民族主义评论家却是意欲将丘吉尔雕像从议会广场搬走的人中最卖力的一群。

因此,我们不妨仔细琢磨,1940年或1941年,英国是否应该与纳粹德国和谈(考林教授认为,英国1939年就不该参战)。我们认为,如果英国不坚持作战到底,会给英国带来灾难性后果,也不会有1945

年之后西欧的文明、和平和民主。如果胆小懦弱，签署和平条约，合约带来的好处也将微不足道，稍纵即逝，不值得我们为之付出高昂代价。

有些欧洲霸权想通过控制英吉利海峡沿岸位于法国、荷兰、比利时的港口，从南部入侵英国。对于这些国家，1588年击沉西班牙无敌舰队之前，英国的一贯政策是坚决反击。西班牙国王腓力二世、法王路易十四、拿破仑·波拿巴、德国皇帝威廉二世都因为这个问题，遭遇重挫。1940年，任由希特勒控制这些港口，就是养虎为患，今后数十年甚至更长时间，英国必须投入惊人的国防开支，而且可能永世不得安宁。

英国如果退出二战，希特勒可能就不必于1941年春向南进攻南斯拉夫和希腊。正如上一节讲的那样，希特勒就可以抽调法国、低地国家、非洲的军队，以及最初分派在德国和波兰的军队，提早六个星期进攻苏联。就算所有军事部署一成不变，德国最高指挥部还是几乎到达了莫斯科地铁站，占领了斯大林格勒，围困列宁格勒长达千天之久，致使后者几乎弹尽粮绝。如果德军将苏军逼退到乌拉尔山脉以外，希特勒就能掌握欧洲南起法国布雷斯特、北到苏联斯维尔德洛夫斯克的广袤土地。相反，现实中，英国与苏联结成同盟，一旦希特勒丧失理智，对美宣战，就会给苏联红军带来五千辆坦克、七千架飞机、五万一千辆吉普、五千一百万双战靴，在物质上确保了同盟国最终的胜利。

作家约翰·斯特罗森少将（Major-General John Strawson），对1941年可能签署的和平协议，发出了以下疑问：

> 大不列颠能保留皇家海军和商业舰队吗？他们还能在海上自由航行、开展贸易或其他活动吗？意大利会放弃其非洲殖民地吗？希腊和阿尔巴尼亚会自由吗？隆美尔和非洲军团会放弃利比亚吗？英国能自由拥有1941年这种规模的武装力量吗？除了在希特勒的地盘，能自由部署这些武装力量吗？英国怎么对法国、低地国家、丹麦、挪威、波兰交代？希特勒会同意——协议要严格确保各项条款得到实施——停止研发和生产远距离大

炮、喷气式飞机、新型潜艇以及核武器吗？控制包括苏联在内的东欧全境之后,希特勒不会再宣称要求更多领土吗？他会保证大英帝国主权完整吗？整个和约——我们不妨揣测和约能够成功签署——会不会是另外一个《亚眠和约》,那个 1802 到 1803 年不列颠和法国签署的、让拿破仑有机可乘、疯狂备战的休战协定呢？[15]

仅仅提出这些问题,我们就会发现不可能成功签署切实可行的和平条约,更不用说希特勒一旦称霸欧洲的无穷后患了。

不仅英国不能长期保持独立,一旦斯大林打败希特勒,红军就会向西涌向柏林,继续西进。如果法国和德国没有英美部队,他们向西的脚步就不会停止。20 世纪 40 年代后期和 50 年代,斯大林控制英吉利海峡沿岸港口的话,会严重威胁英国长期独立。

除此之外,希特勒还(断断续续地)进行了核武器研发,斯大林也从西方间谍口中得知同盟国在核武器研究上取得了突破性进展。此时,不言而喻,英国必须参战,加速战争进程。无论希特勒还是斯大林控制欧洲,都可能会持续数年,并且都不能保证英国真正保持独立。亨利·基辛格曾拿长达十年之久的两伊战争开玩笑说:"太遗憾了,两国都不能输。"纳粹和苏联开战,如果不是两败俱伤,而是一方胜出的话,1940 年的英国政府就要吃不了兜着走了。

另外,英国远征军敦刻尔克大撤退之后,如果英国和希特勒达成和解,要求美国在二战中"先德后日",参与挽救世界文明的伟大计划就不可能实现。闪电战和不列颠之战中,英国军民顽强抵抗,最终才让美国相信,英国是值得信赖的伙伴。尽管英国的确在二战后欠下美国债务,但是不欠债,英国就得几十年如一日,加大军费投入,为希特勒可能突然撕毁和约、进攻英国做好准备。这样一来,财务状况也不见得好到哪去。毕竟,希特勒背弃了每一个他签过的条约。

再者,敦刻尔克大撤退的时候,海上作战已经进行了九个月；海军伤亡惨重,运载撤离儿童的船舰去往加拿大途中遭鱼雷炸沉,血海深仇越积越深。明目张胆的和谈将让大英帝国颜面尽失,给帝国自尊带来严重打击,导致严重内部纷争。1940年5月,反对党进入丘吉尔政府形成的团结局面可能功亏一篑。这将严重挫伤大不列颠和帝国盟友的士气,如此一来,为摆脱闪电战的危险付出的代价,太过高昂,英国唯一的政治获利者将是英国法西斯同盟。

至于说指控丘吉尔,说他扼杀了自己最珍爱的东西:事实上,1935年《印度政府法案》之后,大英帝国已经妥妥地朝着自治方向迈出大步。第二次世界大战只是加速了这个进程而已,但是大英帝国的辉煌之日早在1940年5月丘吉尔上台之前就已经是明日黄花了。用更感情用事点的话说,假如在希特勒怜悯之下,将英国抵押给我们,此时的大英帝国还有什么荣耀可谈。

1940年,如果跟希特勒签署和平条约,就是放弃了希望,无论当时看来希望多么渺小,放弃解放欧洲,就是迫使欧洲大陆进入丘吉尔当年的著名断言"新的黑暗世纪,凭借变态的科学技术,这个黑暗世纪会更加邪恶,也许更加漫长"。1939年9月,希特勒已经开始在波兰偶尔进行种族大屠杀,到1942年,发展成了大规模种族屠杀。任由希特勒霸占欧洲,一家独大,同盟军不在1944年、1945年打进欧洲的话,欧洲犹太人将可能无一幸免。自从民族国家于16世纪出现以来,各个超级大国已经安享了最长久的和平时期;如果放任希特勒到处作恶,1940年不与之浴血抗争,会有今天的和平吗?

丘吉尔深知,与德国和谈就丧失了自己的荣誉,也丧失了祖国的荣誉。在对张伯伦的颂文里,谈了历史"忽明忽暗的灯笼",努力"用微弱的光芒,重燃过去日子的豪迈激情",丘吉尔问道:

> 价值何在?指引人的是他的良知;记忆唯一的盾牌就是操行端正、表里如一。缺少了这块盾牌的人生是不谨慎的人生,我们将常常因为希望破灭、计划落空备受嘲弄;但是有了这块盾牌,无论命运如何捉弄,我们总能问心无愧地昂首前行。

尽管修正主义者不断诋毁,温斯顿·丘吉尔仍然朝着既定目标昂首前行。

尾 注

Introduction

1. Christopher Hitchens, *Atlantic Monthly*, April 2002, p. 121
2. *Daily Telegraph*, 29 August 2002
3. *Daily Telegraph*, 12 February 2002
4. Johnson, *Napoleon*, p. 193
5. Brian MacArthur (ed.), *The Penguin Book of Historic Speeches*, 1995, pp. 300–301
6. Churchill, *Savrola*, p. 156
7. Gilbert, *Winston S. Churchill*, vol. 8, p. 369
8. Rosebery, *Lord Randolph Churchill*, p. 81
9. A. N. Wilson, *Watch in the Night*, p. 32
10. *New York World*, 6 February 1928

Hitler and Churchill to 1939

1. Warlimont, *Inside Hitler's Headquarters*, p. x
2. Pearson, *Citadel of the Heart*, p. 243
3. Brendon, *Churchill*, p. 126
4. Irving, *Churchill: Triumph*, p. 62
5. Mosley, *Life of Contrasts*, p. 47
6. Brendon, op. cit., p. 110
7. *BBC History Magazine*, May 2001, p. 7
8. Patrick Kinna in Sir Martin Gilbert's 1992 TV biography of Churchill
9. Ibid.
10. Letter from Ian Weston-Smith, 1 May 2001
11. Churchill, *Savrola*, p. 50
12. Mary Soames, 'Winston Churchill: the Great Human Being', 9th Annual Crosby Kemper Lecture, 21 April 1991, p. 7
13. Churchill, *Savrola*, p. 226
14. Jablonsky, *Churchill and Hitler*, p. 260
15. Luke, *Hansel Pless*, p. 73
16. Hitler, *Mein Kampf*, pp. 740–742
17. Rhodes James (ed.), *Churchill Speaks*, p. 603

HITLER AND CHURCHILL

18 *Daily Express*, 5 October 1938
19 Grint, *Art of Leadership*, p. 267
20 Roseman, *Wannsee*, p. 113
21 Rauschning, *Gespräche mit Hitler*, p. 223
22 Grint, op. cit., p. 297
23 *Spectator*, 26 January 2002
24 *The Times*, 16 July 1998
25 Irving, *Churchill: War Path*, p. 20
26 Churchill, *Savrola*, p. 88
27 Brendon, op. cit., p. 143
28 Jablonsky, op. cit., p. 209
29 *Observer*, 5 August 1951
30 Speer, *Inside the Third Reich*, p. 151
31 Ibid, pp. 187–188
32 Churchill, *Savrola*, p. 79
33 Gilbert, *Winston S. Churchill*, vol. 4, pp. 446–447
34 Prof. R. V. Jones, 'Churchill as I Knew Him', 10th Annual Crosby Kemper Lecture, 29 March 1992, p. 10
35 Speer, op. cit., pp. 155–156
36 Kershaw, *Nemesis*, p. xvi
37 Burleigh, *Third Reich*, pp. 253–255
38 Overy, *Interrogations*, p. 38
39 Waite, *Psychopathic God*, p. 42
40 Churchill, *Savrola*, p. 99
41 Stone, *Hitler*, p. 86
42 Irving, *Winston S. Churchill: Triumph*, p. xviii
43 Proctor, Robert N., 'The Anti-Tobacco Campaign of the Nazis', www.freerepublic.com
44 *Time* magazine, 9 January 1995
45 Soames (ed.), *Speaking for Themselves*, p. 390
46 *Sunday Telegraph*, 12 July 1998
47 Jablonsky, op. cit., p. 270
48 Gilbert, *Winston S. Churchill*, vol. 6, p. 166
49 Ibid., pp. 59–60
50 Goleman, Boyatzis and McKee, *New Leaders*, p. ix
51 Colville, *Fringes of Power*, p. 319

Hitler and Churchill from 1940

1 Gilbert, *Winston S. Churchill*, vol. 6, p. 216
2 Keegan, *Second World War*, p. 38
3 Roberts, *Holy Fox*, p. 201
4 Smith (ed.), *Hostage to Fortune*, p. 476
5 Engel, *Heeresadjutant bei Hitler*, p. 75

NOTES

6 Burdick and Jacobsen, *Halder War Diary*, p. 85
7 Frieser, *Blitzkrieg-Legende*, p. 392
8 Engel, op. cit.
9 Brendon, *Churchill*, op. cit., p. 140
10 Hayward, *Churchill on Leadership*, p. 7
11 Spears, *Assignment to Catastrophe*, p. 216
12 Wheeler-Bennett (ed.), *Action This Day*, p. 50
13 Ibid., pp. 52–53
14 Ibid., p. 20
15 Ibid., pp. 19–20
16 Churchill, *Savrola*, p. 307
17 Hinsley and Simkins, *British Intelligence*, vol. 4, p. 47
18 Thompson, *1940*, pp. 134–138
19 Kershaw, *Hitler Myth*, pp. 13–14
20 Jablonsky, op. cit., p. 159
21 Colville, *Fringes of Power*, p. 382
22 Churchill, *Contemporaries*, p. 343
23 Brendon, *Churchill*, p. 156
24 Kimball (ed.), *Churchill and Roosevelt*, pp. 49–50
25 Danchev and Todman (eds), *Alanbrooke War Diaries*, p. xi
26 Jenkins, *Churchill*, p. 629
27 *Daily Telegraph*, 29 August 2002
28 Trevor-Roper (ed.), *Last Days of Hitler*, p. 95
29 Ibid., p. 264
30 Ibid., p. 505
31 Ibid., p. 630
32 Churchill, *Savrola*, p. 22
33 Gilbert, *Winston S. Churchill*, vol. 4, p. 1103
34 Colville, op. cit., p. 180
35 Ibid., p. 404
36 Stafford, *Churchill and the Secret Service*
37 Richard Garnett's papers at Hilton Hall, Huntingdon
38 Garnett, *Secret History of PWE*
39 Gilbert, *Winston S. Churchill*, vol. 7, p. 455
40 Brendon, *Churchill*, p. 147
41 Jablonsky, op. cit., p. 22
42 Ibid., p. 256
43 Ibid., pp. 241–242
44 Author's 1993 conversation with the late Lord Home, p. 184
45 Warlimont, op. cit., p. 463

Conclusion

1 John Keegan, *Daily Telegraph*, 18 July 1998

HITLER AND CHURCHILL

2 John Lukacs, *Hitler of History*
3 *Mail on Sunday*, 2 October 1994
4 Masters, *Getting Personal*, pp. 57–58
5 Bryan Appleyard, 'Leaders of the Pack', *Sunday Times* magazine, 20 January 2002
6 Browning, *Ordinary Men*
7 Goldhagen, *Hitler's Willing Executioners*
8 Jenkins, op. cit., p. 635
9 Willans and Roetter, *Wit of Winston Churchill*, p. 106
10 Jones, op. cit., p. 11
11 Churchill, *Savrola*, p. 43
12 In order to subscribe to *Finest Hour*, contact www.winstonchurchill.org or write to PO Box 1257, Melksham, SN12 6GQ
13 Creighton, *Op. JB*
14 *Spectator*, 7 and 21 September 2002
15 Strawson, *Hitler and Churchill*, pp. 502–503

参考文献

All books were published in London unless otherwise stated. The dates given are not for publication, but only for the edition used.

Adair, John, *The Effective Leadership Masterclass*, 1977
Addison, Paul, *Churchill on the Home Front*, 1992
Alldritt, Keith, *Churchill the Writer: His Life as a Man of Letters*, 1992
Ashley, Maurice, *Churchill as Historian*, 1968
Beevor, Antony, *Stalingrad*, 1998
  Berlin: The Downfall 1945, 2002
Below, Nicholas von, *At Hitler's Side: The Memoirs of Hitler's Luftwaffe Adjutant 1937–1945*, 2001
Berlin, Isaiah, *Mr Churchill in 1940*, 1949
Best, Geoffrey, *Churchill: A Study in Greatness*, 2001
Bethell, Nicholas, *The War Hitler Won*, 1972
Birkenhead, Earl of, *Churchill 1874–1922*, 1989
Blake, Robert, and Louis, William Roger, *Churchill*, 1993
Brendon, Piers, *The Dark Valley: A Panorama of the 1930s*, 2000
  Winston Churchill: A Brief Life, 2001
Browning, Christopher R., *Ordinary Men: Reserve Police Battalion 101 and the Final Solution in Poland*, 1992
Buchanan, Patrick J., *A Republic, Not an Empire: Reclaiming America's Destiny* (Washington DC), 1999
Bullock, Alan, *Hitler: A Study in Tyranny*, 1952
  Hitler and Stalin: Parallel Lives, 1991
Burdick, Charles, and Jacobsen, Hans-Adolf, *The Halder War Diary 1939–1942*, 1988
Burleigh, Michael, *The Third Reich: A New History*, 2000
Callaghan, Raymond A., *Churchill: Retreat from Empire*, 1984
Carlton, David, *Churchill and the Soviet Union*, 2000
Carter, Violet Bonham, *Winston Churchill as I Knew Him*, 1965
Charmley, John, *Churchill: The End of Glory*, 1993
  Churchill's Grand Alliance: The Anglo-American Special Relationship 1940–1957, 1995
Churchill, Winston S., *Savrola*, 1900

HITLER AND CHURCHILL

Secret Session Speeches, 1946
Great Contemporaries, 1962
Thoughts and Adventures, 1990
Clark, Alan, Barbarossa: The Russian-German Conflict 1941–1945, 1965
Cohen, Eliot A., Supreme Command: Soldiers, Statesmen and Leadership in Wartime (New York), 2002
Colville, John, Fringes of Power, 1985
Coote, Colin (ed.), Maxims and Reflections of Winston Churchill, 1947
  The Other Club, 1971
Cosgrave, Patrick, Churchill at War: Alone 1939–1940, 1974
Cowles, Winston, Churchill: The Era and the Man, 1953
Cowling, Maurice, The Impact of Hitler: British Politics and British Policy 1933–1940, 1977
Creighton, Christopher, Op. JB, 1996
Danchev, Alex, and Todman, Daniel (eds), War Diaries 1939–1945: Field Marshal Lord Alanbrooke, 2001
Day, David, Menzies and Churchill at War, 1986
Eade, Charles (ed.), Churchill by his Contemporaries, 1955
Ehlers, Dieter, Technik und Moral einer Verschwörung. Der Aufstand am 20. Juli 1944 (Bonn), 1964
Engel, Gerhard, Heeresadjutant bei Hitler 1938–1943 (Stuttgart), 1974
Evans, David, Telling Lies about Hitler, 2002
Fest, Joachim, Plotting Hitler's Death: The German Resistance to Hitler 1933–1945, 1966
Fraser, David, Alanbrooke, 1997
Frieser, Karl-Heinz, Blitzkrieg-Legende der Westfeldzug 1940 (Munich), 1996
Garnett, David, The Secret History of P.W.E., 2002
Gilbert, Martin, Winston S. Churchill, 8 vols, 1966–1988
  Churchill's Political Philosophy, 1981
  Churchill: The Wilderness Years, 1981
  The Second World War, 1989
  Churchill: A Life, 1991
  In Search of Churchill, 1994
Giuliani, Rudolf, Leadership, 2002
Goldhagen, Daniel, Hitler's Willing Executioners: Ordinary Germans and the Holocaust, 1996
Goleman, Daniel, Boyatzis, Richard, and McKee, Annie, The New Leaders: Transforming the Art of Leadership into the Science of Results, 2002
Grint, Keith, The Arts of Leadership, 2001
Grunberger, Richard, A Social History of the Third Reich, 1971
Guedella, Philip, Mr Churchill: A Portrait, 1941
Hamann, Brigitte, Hitler's Vienna: A Dictator's Apprenticeship, 1999
Hardwick, Joan, Clementine Churchill: The Private Life of a Public Figure, 1997

BIBLIOGRAPHY

Hart, B. H. Liddell, *History of the Second World War*, 1970
Hayward, Steven, *Churchill on Leadership*, 1997
Hinsley, F. H., and Simkins, C. A. G., *British Intelligence in the Second World War*, vol. 4, 1990
Hitler, Adolf, *Mein Kampf*, (Berlin: 162nd–163rd reprint, Eher Verlag), 1935
Hough, Richard, *Winston and Clementine: The Triumph of the Churchills*, 1988
Irving, David, *Hitler's War 1942–1945*, 1977
  The War Path: Hitler's Germany 1933–1939, 1978
  Churchill's War: The Struggle for Power, 1987
  Churchill's War: Triumph in Adversity, 2001
Jablonsky, David, *Churchill and Hitler: Essays on the Political-Military Direction of Total War*, 1994
Jenkins, Roy, *Churchill*, 2002
Johnson, Paul, *Napoleon*, 2002
Keegan, John, *The Second World War*, 1989
  Churchill's Generals, 1992
Kemper III, R. Crosby (ed.), *Winston Churchill: Resolution, Defiance, Magnanimity, Good Will*, 1996
Kershaw, Ian, *The 'Hitler Myth': Image and Reality in the Third Reich*, 1989
  Hitler 1889–1936: Hubris, 1998
  Hitler 1936–1945: Nemesis, 2000
Keynes, John Maynard, *The Economic Consequences of the Peace* (New York), 1971
Kimball, Warren F. (ed.), *Churchill & Roosevelt: The Complete Correspondence*, 3 vols, 1984
Kraus, René, *The Men Around Churchill*, 1971
Lamb, Richard, *The Ghosts of Peace 1935–1945*, 1987
Lash, Joseph P., *Roosevelt and Churchill 1939–1941*, 1977
Lawlor, Sheila, *Churchill and the Politics of War 1940–1941*, 1994
Lee, J. M., *The Churchill Coalition 1940–1945*, 1980
Lipstadt, Deborah, *Denying the Holocaust: The Growing Assault on Truth and Memory*, 1993
Lord, Walter, *The Miracle of Dunkirk*, 1982
Lowenheim, Francis L., Langley, Harold D., and Jonas, Manfred (eds), *Roosevelt and Churchill: Their Secret Wartime Correspondence*, 1975
Lukacs, John, *The Hitler of History*, 1997
  The Duel: Hitler vs Churchill 10 May–31 July 1940, 1990
  Churchill: Visionary, Statesman, Historian, 2002
Luke, Michael, *Hansel Pless: Prisoner of History*, 2002
MacArthur, Brian (ed.), *The Penguin Book of Historic Speeches*, 1995
Machtan, Lothar, *The Hidden Hitler*, 2001
Manchester, William, *The Caged Lion: Winston Spencer Churchill 1932–1940*, 1988

HITLER AND CHURCHILL

Martin, Sir John, *Downing Street: The War Years*, 1991
Masters, Brian, *Getting Personal*, 2002
Meehan, Patricia, *The Unnecessary War: Whitehall and the German Resistance to Hitler*, 1992
Megargee, Geoffrey P., *Inside Hitler's Command* (Kansas), 2000
Middlebrook, Martin, *The Battle for Hamburg*, 2000
Montague Browne, Anthony, *Long Sunset: Memoirs of Winston Churchill's Last Private Secretary*, 1995
Moran, Lord, *Winston Churchill: The Struggle for Survival 1940–1965*, 1966
Moriarty, David, *A Psychological Study of Adolf Hitler*, 1991
Mosley, Diana, *A Life of Contrasts*, 2002
Overy, Richard, *Interrogations: The Nazi Elite in Allied Hands 1945*, 2001
Parker, R. A. C., *Churchill and Appeasement: Could Churchill Have Prevented the Second World War?*, 2000
Parker, R. A. C. (ed.), *Winston Churchill: Studies in Statesmanship*, 1995
Pearson, John, *Citadel of the Heart: Winston and the Churchill Dynasty*, 1991
Pelling, Henry, *Winston Churchill*, 1974
Ponting, Clive, *Churchill*, 1994
Ramsden, John, *The Age of Churchill and Eden*, 1995
　Man of the Century: Winston Churchill and his Legend since 1945, 2002
Rauschning, Hermann, *Gespräche mit Hitler* (New York), 1940
Redlich, Fritz, *Hitler: Diagnosis of a Destructive Prophet*, 2000
Rees, Laurence, *The Nazis: A Warning from History*, 1997
　War of the Century: When Hitler Fought Stalin, 1999
　Horror in the East, 2001
Rhodes James, Robert, *Churchill: A Study in Failure 1900–1939*, 1990
Rhodes James, Robert (ed.), *Churchill Speaks 1897–1963: Collected Speeches in Peace and War*, 1981
Roberts, Andrew, *'The Holy Fox': A Biography of Lord Halifax*, 1991
　Eminent Churchillians, 1991
Roberts, Frank, *Dealing with Dictators: The Destruction and Revival of Europe 1930–1970*, 1991
Rose, Norman, *Churchill: An Unruly Life*, 1994
Rosebery, Lord, *Lord Randolph Churchill*, 1906
Roseman, Mark, *The Villa, The Lake, The Meeting: Wannsee and the Final Solution*, 2002
Sandys, Celia, *Churchill Wanted Dead or Alive*, 1999
Smith, Amanda (ed.), *Hostage to Fortune: The Letters of Joseph P. Kennedy*, 2001
Soames, Mary (ed.), *Speaking for Themselves: The Personal Letters of Winston and Clementine Churchill*, 1998
Spears, E. L., *Assignment to Catastrophe*, vol. I: *July 1939–May 1940*, 1954
Speer, Albert, *Inside the Third Reich*, 1995

BIBLIOGRAPHY

Spotts, Frederic, *Hitler and the Power of Aesthetics*, 2002
Stafford, David, *Churchill and the Secret Service*, 1997
Stewart, Graham, *Burying Caesar: Churchill, Chamberlain and the Battle for the Tory Party*, 1999
Stone, Norman, *Hitler*, 1980
Strawson, John, *Hitler and Churchill in Victory and Defeat*, 1997
Thompson, Laurence, 1940, 1966
Thorne, Christopher, *Allies of a Kind: The United States, Britain, and the War Against Japan 1941–1945*, 1978
Trevor-Roper, Hugh, *The Last Days of Hitler*, 1947
Trevor-Roper, Hugh (ed.), *Hitler's Secret Conversations 1941–1944*, 1961
Waite, Robert, *The Psychopathic God: Adolf Hitler*, 1993
Warlimont, General Walter, *Inside Hitler's Headquarters 1939–1945*, 1964
Watt, Donald Cameron, *How War Came: The Immediate Origins of the Second World War 1938–1939*, 1989
Wheeler-Bennett, John (ed.), *Action This Day*, 1968
Willans, Geoffrey, and Roetter, Charles, *The Wit of Winston Churchill*, 1954
Willmott, H. P., *The Great Crusade: A New Complete History of the Second World War*, 1989
Wilson, A. N., *A Watch in the Night*, 1996
Wilson, Thomas, *Churchill and the Prof*, 1995
Woods, Frederick, *Artillery of Words: The Writings of Sir Winston Churchill*, 1992
Young, Kenneth, *Churchill and Beaverbrook*, 1966

索 引

（页码为原书页码，即本书所加边码。）

Abdication crisis (1936),(爱德华八世)退位危机(1936),II,38,99-100,206

Aberdeen, George Hamilton Gordon, 4th Earl of,乔治·汉密尔顿-戈登,第四代阿伯丁伯爵,113

Abyssinia: Italian invasion of,意大利入侵阿比西尼亚(现埃塞俄比亚),24

Adair, John,约翰·阿代尔,xxxiv

Addison, Paul,保罗·艾迪生,17

Afghanistan,阿富汗,xxviii

Afrika Korps,非洲军团,165

al-Qa'ida,"基地"组织,xxii

Alamein, El, battle of (1942),阿拉曼战役(1942),78,165,168

Alanbrooke, Field Marshal Alan Brooke, 1st Viscount: on proliferation of WSC's ideas,阿兰布鲁克,陆军元帅,第一代阿兰布鲁克子爵:丘吉尔思想的传播,114
  and grand strategy,与丘吉尔大战略思想,128,132-135
  relations with WSC,与丘吉尔的关系,129,132-135,167
  character and qualities,性格品质,132-133
  diary,日记,132-135
  impoverishment,穷困潦倒,164

Alexander, General Sir Harold (later 1st Earl),哈罗德·亚历山大爵士,陆军上将(第一代伯爵),43,165

Algosaibi, Ghazi,加齐·阿尔戈塞比,206

Alsace-Lorraine,阿尔萨斯-洛林,169

Altmark (German ship),阿尔特马克号(德国海军供应船),84

Amery, Julian,朱利安·埃默里,173-174

Amery, Leo,利奥·埃默里,90,94

Amies, Hardy,哈迪·埃米斯,152

anti-Semitism: Hitler's,反犹主义:希特勒的反犹主义,30-34,48,57,80-81
  among ordinary Germans,普通德国人的反犹主义,185-187

Antonov, Marshal A.I.,安东诺夫元帅,188

Ardennes: German advance in (1940),(法国)阿登:德国进攻(1940),102-103

Arent, Benno von,本诺·冯·阿伦特,55

Aristotle,亚里士多德,xxx

Arminius,阿米纽斯,22

Asch, Solomon,所罗门·阿施,184-185

Ashley, Maurice,莫里斯·阿什利,193

Asquith, Herbert Henry, 1st Earl of Oxford and Asquith,赫伯特·亨利·阿斯奎斯,第一代牛津及阿斯奎斯伯爵,113

assassination (political),谋杀(政治谋杀),172-174

Assassins,杀手,xxv

Astor, Nancy, Viscountess,南茜·阿斯特子爵夫人,12

Atlantic Monthly,《大西洋月刊》,203
Atlantic Wall,大西洋壁垒,167
Attlee, Clement (*later* 1st Earl): in wartime coalition,克莱门特·艾德礼（后为第一代艾德礼伯爵）：战时同盟,xxxvii,97-98
  in Norway debate,挪威辩论,89
  joins War Cabinet,加入战时内阁,100
  discontinues pension payments to Nelson's descendants,终止给纳尔逊后人发放工资,163
Auchinleck, Field Marshal Sir Claude,克劳德·奥金莱克爵士,陆军元帅,165
Auschwitz,奥斯维辛集中营,201,207
Austria,奥地利,59,80
Ayer, (Sir) A.J.,A.J.艾尔爵士,153

Baarova, Lida,丽达·巴洛娃,81
Bainbridge, Simon: *Napoleon and English Romanticism*,西蒙·班布里奇：《拿破仑与英国浪漫主义》,64
Bakunin, Mikhail,米哈伊尔·巴枯宁,xxvii
Baldwin, Stanley (*later* 1st Earl),斯坦利·鲍德温（后为第一代鲍德温伯爵）,12,66,73
Balfour, Arthur James, 1st Earl,阿瑟·詹姆斯·贝尔福,第一代贝尔福爵士,xxx,22
Barbarossa, Emperor *see* Frederick Barbarossa, Emperor,巴巴罗萨皇帝，见腓特烈·巴巴罗萨皇帝
Barbarossa, Operation,巴巴罗萨行动,57,124-126
Battle of Britain (1940),大不列颠之战,xxiii,114,135
Beaverbrook, William Maxwell Aitken, 1st Baron,威廉·马克斯韦尔·艾特肯·比弗布鲁克,第一代男爵,12,68,118,162,196
Beerbohm, Sir Max,马克斯·比尔博姆爵士,xxxi
Belgiurn,比利时,88,98,156-157
Beneš, Eduard,爱德华·贝奈斯,145
Benghazi,班加西,137
Berchtesgaden,贝希特斯加登,55-58
Berghof (AH's country home),贝格霍夫（希特勒的乡间别墅）,55-58
Berlin: bombed,柏林：轰炸,114
Berlin, Sir Isaiah: *Mr Churchill in 1940*,以赛亚·伯林爵士：《丘吉尔在1940年》,40
Berman, M. (PWE operative),M.伯曼（政略作战执委会特工）,151
Bessborough, Vere Brabazon Ponsonby, 9th Earl, and Roberte, Countess of,维尔·布拉巴宗·庞森比,第九代贝斯伯勒伯爵,伯爵夫人,5
Best, Geoffrey,杰弗里·贝斯特,204
Betjeman, Sir John: 'Slough',约翰·贝杰曼爵士：《泥沼》,6
Bevin, Ernest,欧内斯特·贝文,79,148
Birkenhead, Frederick Edwin Smith, 1st Earl of,弗雷德里克·埃德温·史密斯,第一代伯肯黑德爵士,37,68,162
Bismarck, Prince Otto von,奥托·冯·俾斯麦亲王,78
Bladon, Oxfordshire,牛津郡布莱登,9
Blair, Tony,托尼·布莱尔,xxx,xxxiv,8,184
Blake, Robert, Baron,罗伯特·布莱克男爵,64
Bletchley Park: academics at,布莱切利庄园：学者,118
  cracks German military code,破译德军密码,146
Blitzkrieg,闪电战,86-87,101-104,167
Bloch, Dr Eduard,爱德华·布洛赫医

生,32

Blomberg, Field Marshal Werner von, 维尔纳·冯·勃洛姆堡,陆军元帅,1

Blumentritt, General Günther,君特·布鲁门特里特将军,167

Bomber Command,轰炸机司令部,206

Boothby, Robert (*later* Baron),罗伯特·布思比(后为男爵),155–156

Bormann, Martin,马丁·鲍曼,56,116,138,206

Boston Daily Record,《波士顿每日记录报》,xxiii

Bracher, Karl Dietrich,卡尔·迪特里希·布拉赫尔,19

Bracken, Brendan, Viscount,布伦丹·布雷肯子爵,68,153,162,195

Brauchitsch, General Walther von,瓦尔特·冯·布劳希奇将军,105–106

Braun, Eva: AH marries,爱娃·布劳恩:与希特勒结婚,52,70

films AH,与希特勒的电影,52

photographed with AH,与希特勒的照片,58

relations with AH,与希特勒的关系,68–69

Briggs, Asa, Baron,阿萨·布里格斯男爵,64,193

Britain: AH plans invasion of ('Operation Sealion'),大不列颠:希特勒入侵(海狮行动),xxxvi,109,118,142

national identity,国家认同,xxxvii–xxxviii

alliance with USSR,与苏联结盟,125–126,144,208–209

and German peace moves,德国和平提议,143,169–170,208–211

resists cross-Channel threats,抵抗英吉利海峡威胁,208

British Expeditionary Force (1940),英国远征军,104,108,131,210

British Gazette (news-sheet),《英国宪报》(报纸),73

Brooks, Mel: *The Producers*,梅尔·布鲁克斯:《金牌制片人》,69

Brooks, General Sir Reginald Alexander Dallas,雷金纳德·亚历山大·达拉斯·布鲁克斯爵士,153

Brougham, Henry Peter, Baron,亨利·彼得·布鲁厄姆男爵,xxix

Broun, Heywood,海伍德·布龙,xxxiv

Browne, Anthony Montague *see* Montague Browne, Anthony Browning, Christopher,安东尼·蒙塔古·布朗,见蒙塔古·布朗,安东尼·布朗宁·克里斯托弗,185–186

Bruce, Dominic,多米尼克·布鲁斯,xxxvi

Bruce Lockhart, Sir Robert,罗伯特·布鲁斯·洛克哈特爵士,150

Bryant, Sir Arthur,阿瑟·布赖恩特爵士,64–65,134

Buchanan, Patrick: *A Republic, Not an Empire*,帕特里克·布坎南:《共和国与帝国之辩》,202,204

Bullock, Alan, Baron,艾伦·布洛克男爵,64,193–194

Parallel Lives,《名人对传》,xxv

Burleigh, Michael,迈克尔·伯利,51

Burns, James MacGregor,詹姆斯·麦格雷戈·伯恩斯,xxv

Bush, George W.,乔治·W.布什,xxii,xxv,8

Butler, Richard Austen (*later* Baron; 'Rab'),理查德·奥斯汀·巴特勒(后为男爵;通称"拉博"),41,95,99,190

Byers, Stephen,斯蒂芬·拜尔斯,xxxiii

Byron, George Gordon, 6th Baron,乔治·戈登·拜伦:第六代拜伦男爵,64

Byron, Robert,罗伯特·拜伦,150

Cabinet War Rooms,战时内阁办公室,40

Cadogan, Sir Alexander,亚历山大·卡多根爵士,8,172,201

Caesar, Julius,尤利乌斯·凯撒,xxxiv

Calder, Ritchie,里奇·考尔德,152

Camrose, William Ewert, 1st Viscount,埃韦特·威廉·卡姆罗斯,第一代子爵,48

Carlton, David,戴维·卡尔顿,97

Carlyle, Thomas:*On Heroes and Hero-Worship*,托马斯·卡莱尔:《英雄与英雄崇拜》,xxvi–xxvii,173

Frederick the Great,《普鲁士腓特烈大帝史》,175

Carr, Edward Hallett,爱德华·哈利特·卡尔,65,150

Carrey, Jim,金·凯瑞,xxiii

Cash, Bill,比尔·卡什,xxxvii

Cassell &. Co. (publishers),卡塞尔(出版社),191,195,197

Castle, Barbara, Baroness,芭芭拉·卡索尔,男爵夫人,99

Castro, Fidel,菲德尔·卡斯特罗,64,173

Chamberlain, Neville: appeasement policy,内维尔·张伯伦:绥靖政策,25,88,207

WSC's disagreement with,丘吉尔与之意见不合,66

forced to resign (1940),被迫辞职,78,87–94,99–100,113

succession to,继任者,94–98

in WSC's War Cabinet,在丘吉尔的战时内阁,97

proposes deferring resignation,提出暂缓辞职,98

forms Military Coordination Committee,组建军事协调行动委员会,112

use of bombers,轰炸机使用,113–114

and German resistance movement,与德国抵抗运动,172

Charmley defends,约翰·查姆利为之辩护,207

Channon, Sir Henry ('Chips'),亨利·("奇普斯")·钱农爵士,99

Chaplin, Henry,亨利·查普林,37

Charleville-Mézières,沙勒维尔-梅济耶尔,105–106

Charmley, John,约翰·查姆利,204

Churchill: The End of Glory,《丘吉尔:荣耀的结束》,207

Churchill's Grand Alliance,《丘吉尔的伟大同盟:1940—1957年之间英美的特殊关系》,207

Chartwell, Kent,肯特郡查特威尔,68,198

Chatfield, Admiral of the Fleet Alfred Ernle Montacute, 1st Baron,阿尔弗雷德·厄恩利·蒙塔卡特·查特菲尔德,舰长,第一代男爵,112

Chiefs of Staff: WSC's relations with,参谋长:与丘吉尔的关系,17,133

WSC reforms,丘吉尔改革,112–114

Christian, Gerda,格尔达·克里斯蒂安,63–66

Churchill, Clementine, Lady: on Gallipoli campaign,克莱门蒂·丘吉尔,夫人:加里波利战役,11

WSC writes to from trenches,丘吉尔从前线的来信,18

financial position,财务状况,20

offers baby for adoption,送养孩子,20

and cost of Chartwell,查特威尔庄园的开销,58

marriage relations,婚姻状况,66–68

rebukes WSC for manner with colleagues,指责丘吉尔对同事的态度,66–67

character and temperament,性格脾气,68

advice to Spears,给斯皮尔斯的建议,117

on Alanbrooke,对艾伦·布鲁克的评论,

索 引

133-134

Churchill, Lord Randolph（WSC's father）,伦道夫·丘吉尔,勋爵（温斯顿·丘吉尔之父）,xxxiii,10-11,38

Churchill, Randolph（WSC's son）: on WSC's childhood pneumonia,伦道夫·丘吉尔（温斯顿·丘吉尔之子）:关于温斯顿·丘吉尔童年生肺炎,16

on WSC's speech impediment,温斯顿·丘吉尔的语言障碍问题,42-43

reports AH's 1932 election campaign,1932年对阿道夫·希特勒大选进行报道,47-48

Churchill, Sarah（WSC's daughter）,萨拉·丘吉尔（温斯顿·丘吉尔之女）,48

Churchill, Sir Winston: oratory, speeches and broadcasts,温斯顿·丘吉尔爵士:演讲术、讲演及广播,xx,27,36-43,107-110,122-123

leaves office,下台,xxi

as personification of courage and leadership,勇气和领导力的象征,xxii-xxiii,xxv,xxxviii

need to 'fake it',需要"伪装",xxiii

at battle of Omdurman,恩图曼战役,xxv

vision of father,父亲的幻像,xxxi

on wars of the people,论人民战争,xxxi

avoids war with Franco,避免与佛朗哥交战,xxxii

opportunity for leadership,领导机会,xxxiv

on 'Grand Coalition',论"大联合政府",xxxvii,125

and final victory,最终胜利,xxxix-xl

late adoption of leadership,大器晚成,xl

compared to AH,与阿道夫·希特勒对比,2-4,10-11,183

deals with opposition democratically,以民主的方式对待反对党,2-3

lack of charisma,缺乏领袖气质,2,49,80

nationalism,民族主义精神,3

painting,绘画,3,142

drinking,喝酒,5-6

emotionalism and tearfulness,感情用事和流泪,8-9

as family man,作为丈夫,8

musical tastes,音乐品味,8

funeral,葬礼,9-10

on AH's early struggle,评论阿道夫·希特勒的早期奋斗,10

background and early political career,个人背景和早期从政经历,10-11

defends Edward Ⅷ in Abdication crisis,退位危机期间维护爱德华八世,11,38

warns against Nazi threat,预警纳粹威胁,12,25,43,82

dominance,大权在握,13

religious beliefs and sense of fate,宗教信仰和命运论,13,15,17-18

journalistic writings,新闻报道,14,20

knocked down in New York,在纽约发生车祸,14

birth,出生,16

early military exploits,早期所立军功,16-17

financial position,财务状况,19-20,192-3

sense of vision,前瞻性,25-6

invokes history,重提历史,41,78

speech impediment,语言障碍,42-43

humour and jokes,幽默和笑话,43-44,47

pronunciation,发音,43

near meeting with AH on tour of Germany,旅德期间与阿道夫·希特勒失之交臂,47-49

indifference to personal appearance and dress,忽视个人仪表,53-54,61

'black dog' depressions,"黑狗"抑郁症,

58-59, 143
on architecture, 关于建筑, 59
home at Chartwell, 查特威尔乡间别墅, 59
official residence in Downing Street, 唐宁街官邸, 60
cigar-smoking, 吸食雪茄, 61-62
marriage relations, 婚姻关系, 66-67
relations with colleagues and subordinates, 与同事及下级关系, 66-67
temper, 脾气, 66
meddlesomeness and 'micromanagement', 喜欢干涉和微观管理, 72-73, 76-77, 114-116
working method, 工作方法, 72
appointed First Lord of Admiralty (1939), 被任命为第一海军大臣, 76
and Norway campaign (1940), 挪威战役, 77-78, 84-86, 90, 92
succeeds Chamberlain as Prime Minister, 继任张伯伦成为首相, 78, 88, 95-99
public honesty over difficult times, 困难时刻忠于人民, 79, 107-110, 130-131
inspirational effect, 激励效果, 80
speaks in Norway debate, 挪威战役辩论发言, 93
reforms decision-making structure, 111-113, 167
authorises bombing of Germany, 114
minutes and 'prayers', 备忘录和"请求文", 114-115
accepts responsibility, 承担责任, 116-117
preference for written messages, 喜欢落实到笔头, 117
personal visits, 亲自视察, 118-119, 187-188
counters defeatism, 对付失败主义论调, 121-123
hostility to Soviet Communism, 对苏联共产主义充满恶意, 125-126

proposes strategy based on South East Europe, 提出以东南欧为基地的战略, 128
relations with more powerful allied leaders, 在同盟国中, 与苏、美的关系, 128-129
relations with Alanbrooke, 同阿兰布鲁克的关系, 129, 132-135
willpower, 意志力, 129-130
AH's view of, 阿道夫·希特勒对他的看法, 136-140
delays Operation Overlord, 拖延"霸王行动", 136
visits Stalin (August 1942), (1942年8月)会见斯大林, 140
views on AH, 对阿道夫·希特勒的看法, 141-146, 179
rejects AH's peace offers, 拒绝阿道夫·希特勒的和谈计划, 143, 211-212
idea of greatness, 对伟人的理解, 145-146
encourages special operations and intelligence, 鼓励特别行动和谍报活动, 146-148, 154-155
learns from mistakes, 从犯错中吸取教训, 146
dismisses unsatisfactory colleagues, 解雇不合格员工, 155-156
sanctions use of poison gas, 同意使用毒气, 158
loyalty to friends with flaws, 对有缺点的朋友的态度, 162-163
involvement with military commanders, 干涉军队指挥, 165-166
military thinking, 军事思想, 165-166
accused of not aiding German resistance, 被指控没有帮助德国抵抗组织, 168-169
intelligence supply, 情报搜集, 175
belief in democracy, 民主信仰, 180

posthumous reputation and revisionist disparagement of,身后名声以及修正主义者的诋毁,181 - 182,198 - 206
admits to errors,承认错误,187
extensive travels,广泛游历,188
returns to office (1951),再度当选首相,190 - 191,195
suffers stroke (1953),中风,190,195
receives Nobel Prize,获得诺贝尔奖,191,197
retires,退休,191
historical writing,历史著作,192 - 197
'Iron Curtain' speech (Fulton, Missouri, 1946),(1946年,在美国密苏里州富尔顿)"铁幕"演说,195
archives purchased,档案被购买,199
on ideal of honour,荣誉的典范,211 - 212
Great Contemporaries,《当代伟人》,10, 14 - 15,126,141,146,199
A History of the English-Speaking Peoples,《英语民族史》,192 - 197,204
The Malakand Field Force,《马拉坎德野战军纪实》,165
My Early Life,5,36
The River War,《河上之战》,165
Savrola,《萨伏罗拉》,2 - 4,13 - 14,17, 37 - 38,47,54,120,125,191
The Second World War,《第二次世界大战回忆录》,19
Thoughts and Adventures,《思索与历险》,18
The World Crisis,《世界危机》,20
Chvalkovsky, Franzisek,弗朗吉席克·契瓦尔科夫斯基,24
Cicero,西塞罗,xx
Clark, Alan,阿伦·克拉克,207
Cockran, Bourke,伯克·科克兰,38
Cohen, Eliot A.: *Supreme Command*,艾利奥特·科恩:《最高统帅》,xxiii

Cold War,冷战,xxxii
Coleridge, Samuel Taylor,塞缪尔·泰勒·柯勒律治,64
Colville, Sir John ('Jock'),约翰·柯维尔爵士(卓克),8, 43 - 44, 115, 126, 142 - 145
Committee of Imperial Defence,帝国防御委员会,111
Compiegne,贡比涅,100 - 101,188
Connolly, Cyril,西里尔·康诺利,122
Cooper, Alfred Duff (*later* 1st Viscount Norwich),艾尔弗雷德·达夫·库珀(后为第一代诺维奇子爵),93,156,183
Cooper, Lady Diana,戴安娜·库珀夫人,183
Cossack, HMS,哥萨克号驱逐舰,84
Costner, Kevin,凯文·科斯特纳,67
Coulondre, Robert,罗贝尔·库隆德,50
Courageous, HMS,勇敢号航母,83
Coward, Sir Noël,诺埃尔·考沃德爵士,149,151
Private Lives,《私生活》,8
Cowling, Maurice,莫里斯·考林,207 - 208
Cranborne, Robert Gascoyne-Cecil, Viscount, and Elizabeth, Viscountess (later 5th Marquess and Marchioness of Salisbury),罗伯特·加斯科因-塞西尔·克兰伯恩,子爵,和伊丽莎白,子爵夫人(第5代索尔兹伯里侯爵和侯爵夫人),5
Crichel Down,克里切尔高地,xxxii - xxxiii
Cripps, Sir Stafford,斯塔福·克里普斯爵士,9,138
Critchley, Julian,朱利安·克里奇利,99
Cromwell, Oliver,奥利弗·克伦威尔,xxxiv
Crossman, Richard,理查德·克罗斯曼,150

Czechoslovakia, 捷克斯洛伐克, 25, 57, 169, 193

D-Day landings: propaganda and disinformation on, 诺曼底登陆：宣传和误导, 148, 150
and German command structure, 德国领导结构, 167
German intelligence on, 德国有关诺曼底登陆情报, 175–176
see also Overlord, Operation, 参见"霸王行动"
Dalton, Hugh, 休·道尔顿, 92, 95, 147–148
Danzig, 但泽, 172
Dardanelles *see* Gallipoli campaign, 达达尼尔战役, 参见加里波利战役
Darré, Richard, 里夏尔·达雷, 74
Deakin, Sir (Frederick) William, 威廉·(弗雷德里克)·迪金, 爵士, 193–194
Delmer, Denis Sefton, 丹尼斯·塞夫顿·德尔默, 150
Dietl, Eduard, 爱德华·狄特尔, 84–85
Dill, Field Marshal Sir John, 陆军元帅约翰·迪尔勋爵, 118
Disraeli, Benjamin, 本杰明·迪斯雷利, xxix, 172–173, 174
Dodd, Martha, 玛尔塔·杜德, 50
Douglas-Home, Sir Alec *see* Dunglass, Lord, 亚历克·道格拉斯-休姆爵士, 参见道格拉斯勋爵
Dowding, Air Chief Marshal Sir Hugh (*later* 1st Baron), 歼击航空兵司令休·道丁爵士(后为第一代男爵), 118–119
Downing Street (No.10), 唐宁街10号, 60
Dresden: bombed, 德累斯顿：轰炸, 168
Dugdale, Sir Thomas, 托马斯·达格代尔爵士, xxxii–xxxiii
Dunglass, (Sir) Alec Douglas-Home, Lord (*later* Baron Home of the Hirsel), 邓格拉斯, 道格拉斯-休姆, 亚历克, (爵士), 勋爵(后来成为夏塞尔的休姆男爵), 94, 99
Dunkirk evacuation (1940), 敦刻尔克大撤退(1940), xxiii, 106–108, 110, 121, 156–158, 160, 179, 210
Dunning, John, 约翰·邓宁, xxviii
Duranty, Walter, 沃特·杜兰蒂, 65

'Eagle's Nest' (building), "鹰巢"(建筑), 56–57
Eckart, Dietrich, 迪特里希·埃卡特, 56
Eden, Anthony (*later* 1st Earl of Avon):
in 1940s Britain, 安东尼·艾登(第一代亚芬伯爵)：20世纪40年代的英国, xxxviii
drinking, 喝酒, 6
and WSC's succession to premiership (1940), 丘吉尔继任首相, 95
and WSC's preference for unconventional colleagues, 丘吉尔喜爱标新立异的同僚, 117–118
Alanbrooke's comments on, 艾伦布鲁克对他的评价, 132
denies aid to German resistance, 拒绝支援德国抵抗运动, 169, 172
on July bomb plotters, 对七月炸弹阴谋策划者的评价, 170
succeeds WSC as premier, 丘吉尔之后继任首相, 191
Edward VIII, King *see* Windsor, Duke of
Eichmann, Adolf, 爱德华八世国王 参见 温莎, 艾希曼公爵, 阿道夫, xxxv
Eighth Army, 第八军, 137, 140, 165
Eisenhower, Dwight D., 德怀特·D.艾森豪威尔, 129, 132–133
Eliot, T.S., T.S.艾略特, xxxviii–xxxix, 173
Elizabeth II, Queen, 伊丽莎白二世女王,

100,157

Elizabeth, Queen of George VI (later Queen Mother),伊丽莎白,乔治六世的皇后(先王太后),xxxvi,200

Empire (British),大英帝国,207-208,211

Engel, Major Gerhard,哈德·因格尔少校,107

Enigma cipher machine,恩尼格玛密码机,146-148

European Union,欧盟,xxxvii

Evans, Richard,理查德·埃文斯,71-72

Falkenhorst, General Nikolaus von,尼古劳斯·冯·法尔肯霍斯特将军,85

Feiling, Sir Keith,基思·费林爵士,192

Fest, Joachim: Plotting Hitler's Death,约阿希姆·费斯特:《刺杀希特勒计划》,168,172

Fifth Column: supposedly in Britain,第五纵队:据传在英国出现,121

Final Solution (against Jews),(针对犹太人的)"最终方案",30,159,185-187

Finest Hour (magazine),《最辉煌的时刻》(杂志),205

Flower, Newman,纽曼·弗劳尔,191

Foot, Michael,迈克尔·富特,xxxvii,99

Fox, Charles James,查尔斯·詹姆士·福克斯,64

Foxley, Operation,"福斯利作战",173-175

France: wars of religion,法国:宗教战争,xxxi-xxxii

invaded and defeated (1940),遭到入侵,抵抗失败,87,98,102-103,105,108,123

resistance movement in,法国抵抗运动,172

Franco, General Francisco,弗朗西斯科·佛朗哥将军,xxvi,xxxii,xxxiv,62,

147,188

Fraser, Antonia,安东尼娅·弗雷泽,64

Frederick II (the Greatl) King of Prussia,普鲁士国王腓特烈二世(腓特烈大帝),22,78-79

Frederick Barbarossa, Emperor,腓特烈·巴巴罗萨皇帝,22,57,78

Freeman, John,约翰·弗里曼,9

Friedländer, Frau von (hostess),冯·弗里德伦德尔太太(女主人),22-3

Friedman, Milton,米尔顿·弗里德曼,xxxv

Fukuyama, Francis: The End of History and the Last Man,弗朗西斯·福山:《历史的终结及最后之人》,xxxi

Gaddafi, Muammar,穆阿迈尔·卡扎菲,173

Gallacher, Willie,威利·加拉赫,14

Gallipoli campaign (Dardanelles, World War I),加里波利战役(一战达达尼尔战役),11,16-17,20,111,116,133,206

Gandhi, Mohandas Karamchand (Mahatma),(圣雄)莫罕达斯·卡拉姆昌德·甘地,47

Garnett, David,戴维·加尼特,148-150

Garnett, Richard,理查德·加尼特,148

Gaulle, General Charles de: Clementine Churchill subdues,夏尔·戴高乐:被克莱门蒂·丘吉尔压制,68

and French identity,法国的身份,78

WSC's supposed assassination proposal against,丘吉尔反对暗杀戴高乐计划的传闻,201

General Strike (1926),大罢工,11,73,206

Genghis Khan,成吉思汗,64

George VI, King,国王乔治六世,9,99-100

Germany: unconditional surrender demands on,德国:被要求无条件投降,xxxii

AH on history and destiny of,阿道夫·希特勒论德国历史和使命,23－24

reparations and debt burden,一战赔款和债务负担,24,29－30

expansionist policy,扩张政策,25

smoking restrictions,禁烟,62

rearmament,军备重整,73－74

food shortages,食物匮乏,74

attack and advance in West (1940),西线的进攻和推进(1940),87,98,100－105

and Mission Command,任务导向原则,104－105

British bombing campaign against,英国对德反轰炸,114,206

peace proposals,和谈倡议,143,169－170,208－211

Political Warfare Executive campaign against,对德政略作战执委会(PWE),148－152,154

resistance to Hitler in,德国反希特勒运动,168－173

attains pacific democracy,德国建立和平、民主政权,174

intelligence agencies,德国情报机构,175

indifference to cruel actions,对残忍暴行的漠然态度,185－187

see also Hitler, Adolf,参见阿道夫·希特勒

Nazi party,纳粹党

Gesche, Bruno,布鲁诺·格舍,159－161

Gibbon, Edward,爱德华·吉本,38

Gibraltar: number of apes on,直布罗陀：猕猴数量,114

Gilbert, Sir Martin,马丁·吉尔伯特爵士,204,206

Giuliani, Rudolf,鲁道夫·朱利安尼,xxiii

Gladstone, William Ewart,威廉·尤尔特·格莱斯顿,xxix,38

Glebokie (estate) Poland,波兰的格莱博克耶(庄园),163－164

Godfrey, Admiral John Henry,约翰·亨利·戈弗雷上将,129

Goebbels, Joseph: public speaking,约瑟夫·戈培尔：演讲,27－28

practical jokes,恶作剧,44－47

public presentation of AH,公开鼓吹阿道夫·希特勒,52

complains of Obersalzberg,抱怨萨尔茨堡,57

promotes Nazism,宣传纳粹,59

loathing of homosexuals,同性恋,69

dislikes Ribbentrop,讨厌里宾特洛甫,75

reads to AH in Berlin bunker,在柏林地堡中给希特勒阅读,79,175

and repression of Jews,迫害犹太人,81

on WSC's 'blood, sweat and tears' speech,评论丘吉尔的《血汗与泪水》演讲,109－110

Goerdeler, Karl,卡尔·格德勒,169,172

Goldhagen, Daniel: *Hitler's Willing Executioners*,丹尼尔·戈尔德哈根：《希特勒的自觉帮凶》,185－186

Goldwater, Barry,巴里·戈德华特,xxxiv

Göring, Field Marshal Hermann: on AH's appeal,陆军元帅赫尔曼·戈林：关于希特勒的魅力,1

uniforms,军服,54－55

home,家,56

four-year economic plan,"四年计划",74,81－82

and Jewish Question,犹太问题,81－82

commands Luftwaffe,统帅德国空军,106,119,160－161,176

dismisses treaties of alliance,抛弃同盟条约,124

AH's indulgence towards,希特勒的庇护纵容,160－161

Gort, Field Marshal John Vereker, 6th

Viscount,陆军元帅,第六代子爵约翰·维里克·戈特,157
Graves, Robert: *The Long Weekend* (with Alan Hodge),罗伯特·格雷夫斯:《长周末》(与阿伦·贺治合著),195
Greece: Mussolini attacks,希腊:墨索里尼进攻希腊,124
AH invades,阿道夫·希特勒进攻希腊,208
Greenwood, Arthur,阿瑟·格林伍德,97-98,100
Grey, Sir Edward (Viscount Grey of Fallodon),爱德华·格雷爵士(第一代格雷子爵),13
Grigg, Sir Percy James,皮尔斯·詹姆斯·格里格,72
Grynszpan, Herschel,赫舍尔·格林斯潘,80
Guderian, Lieut.-General Heinz,海因茨·古德里安中将,101-104,162
Guedalla, Philip,菲利普·圭达拉,204
Gulf War,海湾战争,xxxi

'Habbakuk' (proposed iceberg air base),"哈巴库克"(冰山航空母舰建议),154-155
Hadamowski, Eugen,欧根·阿达莫夫斯基,45
Haider, Jörg,约尔格·海德尔,xxxvi,199
Hailsham, Quintin McGarel Hogg, Baron,昆汀·霍格·麦加勒尔·海尔什姆男爵,42,93
Halder, General Fritz,弗朗兹·哈尔德将军,103,105
Halifax, Edward Frederick Lindley Wood, 1st Earl of: Clementine Churchill rebukes,爱德华·腓特烈·林德利·伍德·哈利法克斯,第一代伯爵:遭到丘吉尔·克莱门蒂驳斥,68
letter from WSC on Foreign Office business,丘吉尔关于外交部事务的来信,76-77
and Norway campaign,挪威战役,86
and fall of Chamberlain,张伯伦倒台,88
proposed as successor to Chamberlain as premier,被提名接任张伯伦作首相,94-99
warns of German attack in West,提醒德军可能在西线发起进攻,98
in WSC's War Cabinet,在丘吉尔的战时内阁,100
and bribing of Spanish generals,贿赂西班牙将军,147
on German opposition movement,关于德国的反纳粹运动,172
letter from WSC on writing history,丘吉尔关于书写历史的来信,193
Hamann, Brigitte: *Hitler's Vienna*,布丽奇特·哈曼:《希特勒的维也纳》,32
Hamburg: bombed,汉堡:遭受空袭,168
Hamilton, General Sir Ian,陆军上将伊恩·汉密尔顿,20
Hanfstaengl, Ernst ('Putzi'),恩斯特·("普齐")·汉夫施滕格尔,44-49,71
Hanke, Gauleiter Karl,卡尔·汉克,大区长官,46,158-159
Hankey, Sir Maurice,莫里斯·汉基爵士,20
Harriman, Averell,埃夫里尔·哈里曼,143,162-163
Harriman, Pamela (earlier Churchill Randolph's wife),帕米拉·哈里曼(曾是伦道夫·丘吉尔之妻),162,202
Hart, Basil Liddell,巴兹尔·利德尔·哈特,204
Hassell, Ulrich van,乌尔里希·冯·哈塞尔,169

Hattersley, Roy, Baron, 罗伊·哈特斯利男爵, 99
Hauptmann, Gerhart, 格哈特·豪普特曼, 50
Hayek, Friedrich von, 弗里德里希·冯·哈耶克, xxxv
Heath, Sir Edward, 爱德华·希思爵士, xxxviii
Heine, Heinrich: *On the History of Religion and Philosophy in Germany*, 海因里希·海涅:《论德国宗教史和哲学》, xxxv
Heseltine, Michael, Baron, 迈克尔·赫塞尔廷男爵, xxxvii
Hess, Rudolf: AH dictates *Mein Kampf* to, 鲁道夫·赫斯: 阿道夫·希特勒写作《我的奋斗》, 献给赫斯, 21
  AH's relations with, 与阿道夫·希特勒的关系, 70
  flight to Scotland, 逃往苏格兰, 205
Hewel, Walter, 瓦尔特·黑韦尔, 75 – 76
Heydrich, Reinhard, 莱因哈德·海德里希, 30
Hillgarth, Alan, 艾伦·希尔加思, 147
Hilton Hall, Huntingdon, 亨廷登希尔顿厅, 148 – 150, 153
Himmelfarb, Milton, 米尔顿·希梅尔法布, 186
Himmler, Heinrich: AH rejects suggestion to use masseur, 海因里希·希姆莱: 建议希特勒按摩, 被拒绝, 53
  dress, 衣着, 54
  restricts traffic at Berchtesgaden, 贝希特斯加登交通管制, 57
  bans smoking to SS officers in uniform, 对穿制服的党卫队队员禁烟, 62
  dislikes Goebbels, 厌恶戈培尔, 75
  commands SS, 统领党卫队, 106
  and Gesche's drinking, 格舍的喝酒问题, 159 – 160
  and SS intelligence, 党卫队情报, 175
Hindenburg, Field Marshal Paul von, 保罗·冯·兴登堡将军, 22
Hiroshima, 广岛, xxi
History Today (magazine),《今日历史》(杂志), 195
Hitchens, Christopher, 克里斯托弗·希钦斯, 203 – 204
Hitler, Adolf: sincerity of beliefs, 阿道夫·希特勒: 信仰, xx
  predicts ultimate victory for USA and USSR, 预言美苏胜利, xxi
  invades Russia, 入侵苏联, xxiii, 57, 124 – 125, 138, 144, 179, 208
  charismatic appeal, 领袖魅力, xxv, 49 – 51, 55, 71 – 72, 80, 183
  seen as mountebank, 被视为骗子, xxvi
  rise to power, 崛起, xxvi – xxvii, 21, 24
  and final defeat, 失败, xxxix
  presence and appeal, 人身魅力, 1 – 2
  compared to WSC, 与温斯顿·丘吉尔比较, 2 – 4, 10 – 11, 183
  nationalism, 民族主义, 3
  painting, 绘画, 3
  suppresses opposition, 血洗异己, 3
  eating and drinking habits, 饮食习惯, 6 – 7
  emotional repression, 克制个人情感, 7 – 8
  difficult early career, 早年的艰辛, 10, 18 – 19, 21, 32 – 33
  in Landsberg prison, 在兰兹堡坐牢, 10, 21
  religious ideas and sense of destiny, 宗教思想和使命感, 18 – 19, 21, 24, 25 – 26, 179
  on German history and future, 对德国历史和未来的看法, 21 – 24, 78 – 79
  expansionist policy (Lebensraum), 积极扩张领土 (寻求生存空间), 25, 59, 74, 124
  vision, 远见, 25 – 26

索引

oratory,演讲术,26-31,34-36,43,71-72
economic views,经济观,29,73-74
anti-Semitism,反犹主义,30-34,48,57,80-81,186
devotion to mother,对母亲的爱,33
supposed lack of testicle,少一个睾丸的传说,34
theatrical rages,剧院效果,34-35
mimicry,模仿取笑他人,44
practical jokes,恶作剧,44-46
WSC's near-meeting with (1932),与温斯顿·丘吉尔失之交臂,47-49
unblinking stare,不眨眼地与人对视,50,178
dog (Blondi),爱犬(布隆迪),52,58
few personal relationships,私交寥寥,52
marriage to Eva Braun,与爱娃·布劳恩结婚,52,70
public image and relations,公众形象和公共关系,52-53,57-58
dress,衣着打扮,55
Obersalzberg home (Berghof),贝希特斯加登的乡间别墅(贝格霍夫),55-58
on architecture,建筑,59,71
and Reich Chancellery,总理府,59-60
non-smoking,禁烟,62
staff management,人事管理,63,66,73-75
Eva Braun addresses as 'mein Führer',爱娃仍然称希特勒"我的元首",68
sexuality,性功能,68-71
occupies Norway,占领挪威,85-86
Blitzkrieg against West (1940),西线闪电战(1940),86-87,98,101-105
visits Compiègne and Paris (1940),参观贡比涅和巴黎,100-101
autocratic military command,独裁军事指挥,105-107,128,166-168,178-180

halts advance against British before Dunkirk,敦刻尔克停止前进的命令,106,179
plans to invade Britain,入侵英国计划,109,142
involvement in minutiae of war management,被战争中的琐事缠身,116,166-168,177
calls off invasion of Britain,入侵英国的计划才被正式取消,120
underestimates importance of alliances,低估了联盟的重要,124-125
willpower,意志力,129-130
table talk,餐桌谈话,136
on WSC,评价温斯顿·丘吉尔,136-140,203
disparages Stafford Cripps,斯塔福·克里普斯会取代丘吉尔,138
WSC on,温斯顿·丘吉尔评价希特勒,141-146,179
peace offers to Britain,对英和谈倡议,143,207,210-211
death,自杀,145,175
propaganda and caricatures against,反希特勒宣传和嘲弄,151
preference for colleagues with flaws,喜欢与"白璧有瑕"者共事,158-159
revenge against 1944 plotters,向希特勒复仇;"七月阴谋"策划者,158,177
and Final Solution (against Jews),(针对犹太人的)"最终方案",159
loyalty to old comrades and staff,纵容包庇狐朋狗友,159-162
dismisses and replaces commanders,解雇、撤换指挥官,162
hatred of academics,不把学者们看在眼里,163
payments and rewards to military commanders,给军队将领奖金和赏赐,

163-164
July 1944 plot against, 1944年"七月阴谋",164,170,177-179
resistance to,抵抗希特勒,168-169
British assassination plans against,英国秘密情报局刺杀希特勒的计划,173-175
and troop movements on D-Day,诺曼底登陆军事安排,176-177
health decline,生病,177
declares war on USA,对美国宣战,179,208
sense of personal destiny,笃信宿命,179
posthumous reputation,后世评价,181-182
blames others for misfortunes,把责任推到别人头上,187
distanced from people,远离人民,187-188
nuclear research,核武器研发,210
Mein Kampf,《我的奋斗》,2-4,19,21,23,32,36,124
Hoare, Sir Samuel (*later* Viscount Templewood),塞缪尔·霍尔爵士(后来成为坦普尔伍德子爵),77,84,91,94,98
Hobart, Major-General Sir Percy,少将佩希·霍巴特爵士,118
Hobday, Harold,哈罗德·霍布迪,xxxvi
Hobsbawm, Eric,艾瑞克·霍布斯鲍姆,64
Hodge, Alan,阿伦·贺治,195-196
Hogg, Quintin *see* Hailsham, Baron,昆汀·霍格,另见海尔什姆男爵
Holland,荷兰,88,98
Holocaust: AH denies,大屠杀:阿道夫·希特勒否认,116
see also Final Solution,另见"最终方案"
Home Guard (*earlier* Local Defence Volunteers),国防军(早期称地方志愿军),112

Hopkins, Harry,哈里·霍普金斯,9,127
House of Commons: WSC respects authority,下议院:温斯顿·丘吉尔重视权威,113
Howard, Michael,迈克尔·霍华德,197
Ickes, Harold,哈罗德·伊克斯,127
India Act (1935),《印度政府法案》(1935),211
Indian nationalism,印度独立,206
intelligence agencies,情报机构,175
Inter-Services Research Bureau,跨服务研究局,153
International Churchill Society,国际丘吉尔协会,205-206
Iran-Iraq war,两伊战争,210
Iraq,伊拉克,xxiii
Irving, David: in Lipstadt case,戴维·欧文:对利普斯塔特诽谤案,xxxv-xxxvi,201-202
on WSC's drinking,评论温斯顿·丘吉尔喝酒,5
and AH's anti-Semitism,评论阿道夫·希特勒的反犹主义,34
disparages WSC,反对温斯顿·丘吉尔,199-202,204
Hitler's War: Triumph in Adversity,《丘吉尔的战争:逆境中的胜利》,200-202
Ismay, General Hastings, Baron ('Pug'),黑斯廷斯·伊斯梅("巴哥")将军,男爵,112,143,155
Italy: invades Abyssinia,意大利:入侵阿比西尼亚,24
AH's disdain for,阿道夫·希特勒看不起意大利,124
see also Mussolini, Benito,另见贝尼托·墨索里尼
Ivan IV ('the Terrible'), Tsar,(恐怖的)

伊凡四世沙皇,63
Jacob, Sir Ian,伊恩·雅各布爵士,13
Japan: *kamikaze* pilots,日本：神风敢死队飞行员,xxv
  as potential enemy,作为潜在敌人,124
  AH misinforms,阿道夫·希特勒故意传达了错误信息,125
  attacks Pearl Harbor,袭击珍珠港,125
  postpones military action against USSR,推迟对苏军事行动,125
Jenkins, Roy, Baron,罗伊·詹金斯男爵,60,135,204
Jesus Christ,耶稣,146
Jews: and conspiracy theory,犹太人：阴谋论,22-23
  AH's attitude to,阿道夫·希特勒的态度,30-33,48,57,80,186
  and Final Solution,与"最终方案",30,159,185-187,211
  AH plans boycott of,阿道夫·希特勒抵制犹太人计划,57
  Nazi repression of,纳粹迫害,80-81
Jodl, Field Marshal Alfred,阿尔弗雷德·约德尔,86
John the Baptist, St,施洗圣约翰,基督教的先行者,xxxiv
Johnson, Paul,保罗·约翰逊,64
Joint Intelligence Committee (US-British),(英、美)联合情报委员会,175
Jones, Jim: and Guyana suicides,吉姆·琼斯：圭亚那自杀,xxv
Jones, R.V.,R.V.琼斯,50,191
Joseph, Sir Keith (*later* Baron),基思·约瑟夫爵士(后为男爵),xxxv
Jozefow, Poland,186-187

Kaltenbrunner, Ernst,恩斯特·卡尔登布隆纳,175
Kashmir dispute,克什米尔争端,xxviii
Katyn massacre,卡廷大屠杀,207
Keating, Paul,保罗·基廷,67
Keegan, Sir John,约翰·基根爵士,135,182,186,204
Keitel, Field Marshal Wilhelm,陆军元帅威廉·凯特尔,86,101,177
Kennedy, John F.,约翰·F.肯尼迪,174
Kennedy, Joseph P.,约瑟夫·P.肯尼迪,96-97,123-124
Kennedy, Robert,罗伯特·肯尼迪,173
Kershaw, Sir Ian,伊恩·克肖爵士,51,57
The 'Hitler Myth',《希特勒神话》,xxvii
Keyes, Admiral of the Fleet Sir Roger,海军舰队司令罗杰·凯伊爵士,90,157
Keynes, John Maynard, Baron: *The Economic Consequences of the Peace*,约翰·梅纳德·凯恩斯男爵：《凡尔赛和约的经济后果》,168
Khalifa (of Sudan),(苏丹)哈里发,xxv
Kim Il Sung,金日成,64
King, Martin Luther,马丁·路德·金,173
King, William Lyon Mackenzie,威廉·莱昂·麦肯齐·金,5
Kinnock, Neil,尼尔·金诺克,xxxiv
Kissinger, Henry,亨利·基辛格,210
Klemperer, Klemens von: *German Resistance against Hitler*,克莱门斯·冯·克伦佩雷尔：《德国抵抗希特勒运动：寻找海外联盟》,168
Kluge, Field Marshal Günther von,陆军元帅君特·冯·克鲁格,177
Korda, Sir Alexander,亚历山大·科达爵士,xx,9,194
Korean war (1950-1953),朝鲜战争(1950—1953),xxi
Kristallnacht,水晶之夜行动,81-82

Labour Party: joins coalition government

(1940),工党：加入联合政府(1940),100

Läffner, Siegfried,西格弗里德·海夫纳,32

Landsberg prison, Bavaria,巴伐利亚兰兹堡监狱,10,21

Lash, Joseph,约瑟夫·拉什,204

Latchmere House, Richmond,里士满的莱切米尔楼,121 - 122

Lausanne Conference (1932),洛桑大会(1932),24

Laval, Pierre,皮埃尔·赖伐尔,188

Law, Richard (later Baron Coleraine),理查德·劳(后科尔雷因男爵),79

Lawrence, Neville,内维尔·劳伦斯,xxxvi

Laziosi, St Peregrino,圣贝肋格灵,xxxii

leadership: nature of,领导力：本质,xix - xxi, xxiii - xxiv, xxxiii - xxxiv

and saying no,说不,184

and responsibility,责任,187

Lenin, Vladimir Ilich,弗拉基米尔·伊里奇·列宁,xxvi,182

Leningrad,列宁格勒,208

Leopold III, King of the Belgians,比利时国王利奥波德,156 - 157

Lincoln, Abraham,亚伯拉罕·林肯,172 - 173

Lindemann, Frederick (Viscount Cherwell 'the Prof'),弗雷德里克·林德曼(彻韦尔子爵教授),5,48,117

Lipstadt, Deborah,德博拉·利普斯塔特,xxxv - xxxvi,202

Lloyd George, David (later 1st Earl),大卫·劳合·乔治,20,26,58,92

London: bombed,伦敦：被空袭,114,202

Loraine, Sir Percy,珀西·洛兰爵士,76

Lossberg, Lieut.-Colonel Bernhard von,伯恩哈德·冯·罗斯伯格中校,86

Louis XIV, King of France,法王路易十四,208

Ludendorff, Field Marshal Erich Friedrich Wilhelm,陆军元帅埃里希·冯·威廉·鲁登道夫,22

Luftwaffe (German Air Force): fails at Dunkirk,德国空军：敦刻尔克失败,106,160

organisation,组织,119

Lukacs, John,约翰·卢卡奇,182,204

Lullenden, Sussex,东萨塞克斯郡卢棱登乡间别墅,20

Lusitania (US liner),卢西塔尼亚号(美国邮轮),204

McAlpine, Alistair,阿利斯泰尔·麦卡尔平,xxxiii - xxxiv

Macaulay, Thomas Babington, Baron,托马斯·巴宾顿·麦考利男爵,38

Machtan, Lothar: *The Hidden Hitler*,洛塔尔·马克坦：《不为人知的希特勒》,69 - 71

McKinley, William,威廉·麦金利,174

Macmillan, Harold (later 1st Earl of Stockton),哈罗德·麦克米伦(后为第一代斯多克东伯爵),111,132

Madresfield Court, Worcestershire,伍斯特郡曼德雷斯菲尔德庄园,121

Maginot Line,"马奇诺防线",87,98,108

Mahdi, the,马赫迪,xxv

Major, John,约翰·梅杰,xxxiii - xxxiv

Malcolm X,马尔克姆·X,173

Manchester, William,威廉·曼切斯特,204

Manstein, General Erich von,埃里希·冯·曼施坦因将军,101 - 104,162

Margesson, David (later 1st Viscount),大卫·马杰森(后为第一代子爵),96

Marrakech,马拉喀什,145

Marshall, General George Catlett, Jr, 乔治·卡特利特·马歇尔将军, 133, 188

Marx, Karl, 卡尔·马克思, 21

Masters, Brian: *Getting Personal*, 布赖恩·马斯特斯:《人身攻击》, 184

Maurice, Emil, 埃米尔·莫里斯, 21

Maze, Paul, 保罗·梅兹, 142

Meades, Jonathan, 乔纳森·米德斯, 34

Meehan, Patricia: *The Unnecessary War*, 帕特里夏·米汉:《不需要的战争》, 168, 172

Melbourne, William Lamb, 2nd Viscount, 威廉·兰姆·墨尔本, 第二代子爵, xxxiii, 64

Mellor, David, 大卫·梅勒, xxxiii

Mend, Hans, 汉斯·门德, 70

MI5: interrogations at Latchmere House, "军情五处": 在莱切米尔楼的审讯, 121–122

created, 创立, 147

Middle East: WSC reinforces, 中东: 温斯顿·丘吉尔增兵, 135

Milgram, Stanley, 斯坦利·米尔格拉姆, 184–185

Minister of Defence: office created, 国防部长: 组建, 112

Mission Command, 任务导向原则, 105–106, 166–167, 176–178

Model, Colonel-General Walter, 瓦尔特·莫德尔大将军, 74–75

Mola Vidal, General Emilio, 埃米利奥·莫拉, xxxiv

Moltke, Count Helmuth von, 赫尔穆特·冯·毛奇伯爵, 169

Monckton, Walter, Viscount, 沃尔特·蒙克顿子爵, 200–201

Montague Browne, Anthony, 安东尼·蒙塔古·布朗, 9–10

Montgomery, Field Marshal Bernard Law, 1st Viscount: keeps photograph of Rommel, 陆军元帅伯纳德·劳·蒙哥马利, 第一代蒙哥马利子爵: 给隆美尔拍照, xxi

life in 1940s, 20世纪40年代的生活, xxxviii

self-promotion, 自吹自擂, 43

Clementine Churchill subdues, 被克莱门蒂压制, 68

on WSC and Alanbrooke, 关于丘吉尔和艾伦布鲁克, 134

and WSC's view of greatness, 丘吉尔关于什么是伟大, 145–146

resists WSC's interference, 反对丘吉尔干涉, 165

Moore, Charles Garrett Ponsonby Moore, Viscount (*later* 17th Earl of Drogheda), 查尔斯·加勒特·庞森比·穆尔·穆尔子爵 (后为第十七代德罗赫达伯爵), 151

Moore, General Sir John, 约翰·穆尔爵士, 将军, 40

Moore-Brabazon, John (*later* 1st Baron Brabazon), 约翰·穆尔·布拉巴赞 (后为第一代布拉巴赞男爵), 88–89

Moran, Charles Wilson, Baron, 查尔斯·威尔逊·莫兰男爵, 145, 195–196

Morgenthau, Henry, 亨利·摩根索, 127–128

Morrison, Herbert (*later* Baron), 赫伯特·莫里森 (后为男爵), 91, 95

Mortimer, Raymond, 雷蒙德·莫蒂默, 149–150

Morton, Sir Desmond, 德斯蒙德·莫顿爵士, 15, 39

Moses the patriarch, 摩西犹太人的民族领袖, 14

Mosley, Diana, Lady, 戴安娜·莫斯利夫人, 8

Mulberry harbours,"桑葚"浮港,155
Munich agreement（1938）,《慕尼黑协定》,81,108,149,193
Murrow, Ed,爱德华·默罗,42
Musharref, General Pervaiz,佩尔韦兹·穆沙拉夫将军,xxxviii
Mussolini, Benito：seen as mountebank,贝尼托·墨索里尼：被视作江湖骗子,xxvi
WSC mocks,温斯顿·丘吉尔对他不屑一顾,43
photographed in bathing shorts,泳装示人,53
rescued in Abruzzi,阿布鲁齐营救,56
non-smoking,不吸烟,62
attacks Greece,攻打希腊,124–125
WSC's supposed ordering of assassination,温斯顿·丘吉尔暗杀墨索里尼传言,205
Nagasaki,长崎,xxvi
Napoleon I（Bonaparte）, Emperor：leadership,拿破仑一世（波拿巴）,皇帝：领袖,xxvi, xxxiv
and fate,命运,18
hero-worshipped,被当作英雄崇拜,64
threatens invasion of Britain,威胁入侵英国,109
speculations on death of,假设拿破仑被暗杀,173
WSC refuses to compare AH with,丘吉尔拒绝拿希特勒与拿破仑做比较,179
invasion threat from,拿破仑入侵的威胁,208
Narvik,纳尔维克,77,84,86
Nasser, Gamal Abdel,贾迈勒·阿卜杜勒·纳赛尔,xxxiv
Nazi party（and Nazism）：rallies,纳粹党（纳粹主义）：集会,xxv–xxvi
early stasis,早期地位,10

WSC warns against threat of,温斯顿·丘吉尔提醒纳粹党的威胁,12,25,39,43
rise to power,当权,24,193
propaganda,宣传,26–27,36
compared with religious cult,与宗教崇拜比较,51
dress and uniforms,着装和制服,54–55,61
anti-smoking compaign,禁烟运动,62–63
wartime propaganda against,战时反纳粹宣传,149–150
leadership élite,领袖精英,163
Nazi-Soviet Non-Aggression Pact（1939）,《苏德互不侵犯条约》(1939),124
Neasden：WSC's bunker in,尼斯登：丘吉尔的地堡,120
Neguib, General Mohammed,纳吉布·穆罕默德将军,xxxiv
Nelson, Admiral Horatio, 1st Viscount：pension paid to descendants,海军中将霍雷肖·纳尔逊,第一代纳尔逊子爵：给他后代的工资,163
Neumann, Josef,约瑟夫·纽曼,32
New York：al-Qa'ida attack on,纽约：基地组织恐怖袭击,xxii–xxiii
Nicolson,（Sir）Harold,哈罗德·尼科尔森爵士,39
Nietzsche, Elisabeth,伊丽莎白·尼采,50
Night of the Long Knives,长刀之夜,69
Nobel Prize（for Literature）：WSC wins,诺贝尔（文学）奖：温斯顿·丘吉尔获得,191,197
Normanbrook, Norman Craven Brook, Baron,诺曼布鲁克,诺曼·卡拉文·布鲁克,男爵,117
Normandy：battle for（1944）,诺曼底：战役（1944）,176–177
see also D-Day landings,参见诺曼底登陆
Overlord, Operation,霸王行动

Norway: WSC proposes invasion of Europe from, 挪威: 温斯顿·丘吉尔提议从挪威攻入欧洲, 166
Norway campaign (1940): WSC plans, 挪威战役: 温斯顿·丘吉尔计划, 77–78
failure of, 84–87, 146
Parliamentary debate on, 议会挪威战役辩论, 88–93
Norwich, John Julius Cooper, 2nd Viscount, 约翰·朱利叶斯·库珀·诺威奇, 第二代子爵, 183
Nuremberg trials and executions, 纽伦堡判决和执行死刑, 175

Obersalzberg, 萨尔茨堡, 55–58
Office of War Information (OWI; United States), (美国)战时情报局, 149, 153–154
Olivier, Laurence, Baron, 劳伦斯·奥利弗男爵, xx
Omdurman, battle of (1898), 恩图曼战役 (1898), xxv
Oran: French fleet attacked at, 奥兰: 法国舰队攻击, 204
Osama bin Laden, 奥萨马·本·拉登, xxi, xxv
Osborne, Sir D'Arcy, 达雷·奥斯本爵士, 170
Ottawa: planned evacuation to, 渥太华: 撤离到, 120–121
Overlord, Operation (invasion of Normandy), 霸王行动(诺曼底登陆), 128, 136, 155

Page Croft, Sir Henry (later Baron Croft), 亨利·佩奇·克罗夫特爵士(后为克罗夫特男爵), 90
Paris: AH visits, 巴黎: 希特勒参观, 100–101, 188
Patton, General George S., 乔治·S.巴顿将军, 133
Pearl Harbor, 珍珠港, 65, 125, 200–201, 203
Pearson, John, 约翰·皮尔逊, 2
Penguin Books (publishers), 企鹅(出版集团), 202
Perceval, Spencer, 斯宾塞·珀西瓦尔, 174
Pericles, 伯里克利, xx
Periwig, Operation, "假发行动", 154
Pétain, Marshal Philippe, 菲利浦·贝当元帅, 188
Philadelphia Inquirer (newspaper), 《费城询问报》, 205
Philip II, King of Spain, 西班牙国王腓力二世, 208
Philip, Terence, 特伦斯·菲利普, 68
'Phoney War', "假战争", 83
Pius XII, Pope, 教皇庇护十二世, 170
Pless, Prince of, 普利斯亲王, 22–23
Plumb, Sir John H., 约翰·H.普拉姆, 193, 197
Pol Pot, 柬埔寨波尔布特, 64
Poland: invaded (1939), 波兰: 被入侵 (1939), 87, 197
Russians in (1944), 苏联人在波兰 (1944), 144–145
WSC broadcasts to, 丘吉尔对波兰广播, 144
and German frontiers, 德国前线, 169
Jews massacred in, 波兰犹太人大屠杀, 185–187, 211
Political Warfare Executive (PWE), 政略作战执委会(PWE), 148–154
Ponting, Clive, 1940: *Myth and Reality*, 克莱夫·庞廷, 1940: 《神话与现实》, 6, 42, 199, 204
Powell, Enoch, 以诺·鲍威尔, xxxiv
Prince of Wales, HMS, 威士亲王, 勇

敢号航母,9
propaganda and disinformation,宣传和误导,149-150
Proudhon, Pierre,皮埃尔·普鲁东,xxvii
Pym, John,约翰·皮姆,xx, xxxiv

Quebec conference（1943）,魁比克会议（1943）,4,8
Quennell,（Sir）Peter,彼得·奎奈尔（爵士）,195

Raeder, Admiral Erich,埃里克·雷德尔元帅,120
Raico, Ralph,拉尔夫·雷科,202-203,204
Ramsden, John,约翰·拉姆斯登,204
Rankin, Jeanette,珍妮特·兰金,65
Raphael, Frederic,弗雷德里克·拉斐尔,33
Rasputin, Grigory,格里戈里·拉斯普京,xxv
Rath, Ernst von,恩斯特·冯·拉特,80-81
Raubal, Geli,格莉·劳巴尔,71
Reagan, Ronald,罗纳德·里根,xxii, xxxiv,26,189
Regulation 18B,18B 法案,3
Reich Chancellery, Berlin,柏林的总理府,60
Reiter, Mimi,米米·赖特尔,6-7
Reserve Police Battalion,后备警察 101 营,185-187
Ribbentrop, Joachim von,阿希姆·冯·里宾特洛甫,35,43,75,85,161-162,175
Riefenstahl, Leni,莱尼·里芬施塔尔,xxv-xxvi, xxxvi
Roberts, Sir Frank; *Dealing with Dictators*,弗兰克·罗伯茨爵士:《与独裁者打交道》,170
Roberts-Jones, Ivor; sculpture of WSC,艾弗·罗伯茨-琼斯:丘吉尔的雕像,130
Robespierre, Maximilien,马克西米连·罗伯斯庇尔,xxxv
Röhm, Ernst,恩斯特·罗姆,71
Romilly, Giles,贾尔斯·罗米利,85
Rommel, Field Marshal Erwin,埃尔温·隆美尔陆军元帅,xxi, 137-138,140,143,165,168,176,177
Room 40（Admiralty）,40 号房间（海军）,147
Roosevelt, Franklin Delano; Hanfstaengl advises,富兰克林·德拉诺·罗斯福:汉夫施滕格尔顾问,45
WSC receives in bath,温斯顿·丘吉尔坦白相见,53-54
cigarette-smoking,吸食雪茄,62
and US intervention on war,美国参战,110
on WSC's bad ideas,温斯顿·丘吉尔糟糕的主意,115
'Germany First' policy,"先德后日",125,210
WSC praises,温斯顿·丘吉尔的赞扬,126-127
at Teheran Conference,在德黑兰会议上,128-129
and date of invasion of Europe,论登陆欧洲日期,135
AH on,阿道夫·希特勒评价,139
demands unconditional surrender,要求德国无条件投降,169-170
Marshall advises,马歇尔的建设性不同意见,188
WSC meets,与温斯顿·丘吉尔会晤,201
Rose, Norman,诺曼·罗斯,204
Rosebery, Archibald Philip Primrose, 5th

Earl of, 阿奇博尔德·菲利普·普里姆罗斯·罗斯伯里, 第五代罗斯伯里伯爵, xxx, xxxiii

Rosenberg, Alfred, 阿尔弗雷德·罗森贝格, 175

Rousseau, Jean-Jacques, 让-雅克·卢梭, xxxv

Rowse, Alfred Leslie, 艾尔弗雷德·莱斯莉·罗斯, 193, 197, 204

Royal Air Force: role in war, 皇家空军: 二战角色, 114

Royal Family: wartime location, 皇室: 战时撤离, 120-121

Royal Oak, HMS, 皇家橡树号, 83

Rumsfeld, Donald, 唐纳德·拉姆斯菲尔德, xxii

Rundstedt, Field Marshal Gerd von, 格尔德·冯·伦德施泰特陆军元帅, 105, 162, 176-177, 188

Russell, Bertrand, 伯特兰·罗素, 31-32

Russia: AH invades (1941), 苏联: 阿道夫·希特勒入侵, xxiii, 57, 124-126, 138, 144, 179, 208

Non-Aggression Pact with Germany (1939), 《苏德互不侵犯条约》, 124

WSC's alliance with, 与温斯顿·丘吉尔结盟, 125-126, 144, 208-209

in Poland (1944), 在波兰, 144-145

and German peace moves, 德国和谈动议, 170

Allied aid to, 与苏联结成同盟, 208-209

sabotage: planned by PWE, 破坏: 政略作战执委会策划, 150-3

Sackville-West, Vita, 薇塔·萨克维尔-韦斯特, 39

Saddam Hussein, 萨达姆·侯赛因, xxi, 173

Salisbury, Robert Arthur Talbot Gascoyne-Cecil, 3rd Marquess of, 罗伯特·阿瑟·塔尔博特·加斯科因-塞西尔, 第三代索尔兹伯里侯爵, xxx, xxxii, 188

Sartre, Jean-Paul, 让-保罗·萨特, 65

Schacht, Hjalmar, 亚尔马·沙赫特, 73-74, 80

Schellenberg, General Walter, 瓦尔特·舍伦贝格将军, xxxvi

Schulz, Grüppenführer, 党卫队师队长舒尔茨, 19

Sealion, Operation, "海狮行动", 109, 120, 142

Sedgwick, Lieut.-Colonel R.L., 塞奇威克中校, 149

Seymour, Lady Horatia, 霍雷希娅·西摩夫人, 5

Shakespeare, William: *Henry V*, 威廉·莎士比亚:《亨利五世》, xx, xxiv

Shinwell, Emanuel (*later* Baron), 伊曼纽尔·欣韦尔(后为男爵), 93

Shirer, William, 威廉·夏勒, 100-101

Sidney Street siege (1910), 围攻西德尼街 (1910), 206

Siemens Dynamo Works, Berlin, 柏林西门子电机厂, 28-31, 34-35, 43

Simon, Sir John Allsebrook, 1st Viscount, 约翰·奥尔斯布鲁克·西蒙爵士, 第一代子爵, 91, 94

Sinclair, Sir Archibald (*later* Viscount Thurso), 阿奇博尔德·辛克莱爵士(后为瑟索子爵), 89, 119

Singapore: falls (1942), 新加坡: 沦陷, 135-137, 140

Smith, John, 约翰·史密斯, xxxiv

Soames, Mary, Lady (WSC's daughter), 玛丽·索姆斯夫人(温斯顿·丘吉尔之女), 15, 68, 139

Somervell, D.C., D.C.萨默维尔, 197

Southey, Robert, 罗伯特·骚塞, 64

Soviet Union *see* Russia, 苏联, 参见俄国
Spears, General Sir Louis, 路易斯·斯皮尔斯爵士, 将军, 117
Special Operations Executive (SOE), 特别行动执行处(SOE), 148, 152, 174
Speer, Albert: helps organise Nazi rallies, 阿尔伯特·斯佩尔: 组织纳粹集会, xxv–xxvi
on young AH's insecurity, 关于年轻希特勒缺乏安全感, 33
on AH's and Goebbels's cruel humour, 希特勒和戈培尔的残酷恶搞, 44–45
blinking duel with AH, 与希特勒的不眨眼大战, 50
home, 家, 55
on von Arent, 关于冯·阿伦特, 55
builds Reich Chancellery, 修建新总理府, 59–60
supposed homo-erotic relations with AH, 关于希特勒的同性恋传言, 70
on AH's management techniques, 关于希特勒的管理, 75–76
Göring dislikes, 对戈林的厌恶, 75
AH discusses Russian winter with, 希特勒与之讨论俄罗斯的冬天, 138
on AH's liking for imperfect colleagues, 关于希特勒喜欢有缺点的同事, 158–159
on losing war, 关于战败, 168
Spitzy, Richard, 理查德·斯皮奇, 35
Stalin, Joseph: seen as mountebank, 约瑟夫·斯大林: 见江湖骗子, xxvi
Lady Astor visits, 阿斯特子爵夫人访问, 12
smoking, 老烟枪, 62
Hobsbawm praises, 霍布斯鲍姆赞美, 64
E.H. Carr praises, E.H. 卡尔美化, 65
WSC forms alliance with, 温斯顿·丘吉尔与之结盟, 125–126
at Teheran conference, 在德黑兰会议上, 128–129
demands second front, 要求在西线开辟第二战场, 135
WSC visits (August 1942), (1942年8月) 温斯顿·丘吉尔访问, 140
on truth and lies in wartime, 战时事实和谎言, 148
and peace terms with Germany, 《苏德互不侵犯条约》, 170
advisers, 进谏之人, 188
speculative advance into western Europe, 对他进入西欧的猜想, 209–210
and nuclear warfare, 核武器, 210
Stalingrad, 斯大林格勒, 78, 161, 168, 208
Stanley, Oliver, 奥利弗·斯坦利, 91
Stark, Freya, 弗雷亚·斯塔克, 150
Stauffenberg, Claus von, 克劳斯·冯·施陶芬贝格, 169
Steffens, Lincoln, 林肯·斯蒂芬斯, 65
Stone, Norman, 诺曼·斯通, xxxvii, 56, 71
Strachey, Lytton, 利顿·斯特雷奇, xxxi
Strathallan, John David Drummond, 13th Viscount (*later* 17th Earl of Perth), 约翰·戴维·德拉蒙德·斯特拉撒伦, 第十三代子爵(后为17代珀斯伯爵), 151
Strawson, Major-General Julian, 朱利安·斯特罗森少将, 209
Streicher, Julius, 尤利乌斯·施特赖歇尔, 175
Sudetenland, 苏台德, 59, 169
Sumatra, 苏门答腊岛, 133
Sunday Pictorial, 《星期日画报》, 156
Sykes, Christopher, 克里斯托弗·赛克斯, 12
Taylor, A.J.P., A.J.P. 泰勒, 197
Teheran Conference (1943), 德黑兰会议, 128–129
That Hamilton Woman (film), 《汉密尔

顿夫人》(电影),9
Thatcher, Margaret,玛格丽特・撒切尔,xxxv
Thomas, Hugh, Baron,休・托马斯男爵,64
Thomson, Alice,艾丽斯・汤姆森,xxiii
Thorne, General Sir Andrew,索恩・安德鲁将军爵士,142
Thorpe, Jeremy,杰里米・索普,xxxviii
Trevor-Roper, Hugh (Baron Dacre): *The Last Days of Hitler*,休・特雷弗・罗珀(戴克男爵):《希特勒最后的日子》,172
Trollope, Anthony: *The Prime Minister*,安东尼・特罗洛普:《首相》,xxxii
Turing, Alan,艾伦・图灵,118

U-boat war,U 型潜艇战,83
Ultra: on cancellation of German invasion plans,"超级机密":取消入侵英国的计划,120
WSC sees data,温斯顿・丘吉尔和情报,146
secrecy maintained,保密工作,147-148
United Nations,联合国,xxi
United States of America: WSC hopes for intervention in war,美国:温斯顿・丘吉尔希望美国直接武装参战,110,123-124,127
British missions to,英国赴美国使团,113
sends supplies to Britain,送来大量供给,123,128
enters war,参战,125,179,208
Ribbentrop underestimates,里宾特洛甫低估美国,161-162
and German peace moves,与德国合谈动议,169-170
and political assassination,政治暗杀,173-174

British debts to,英国欠下美国债务,210
see also Roosevelt, Franklin Delano,另见富兰克林・德拉诺・罗斯福

Vajpayee, Atal Bihari,阿塔尔・比哈里・瓦杰帕伊,xxviii
Vane-Tempest, Lord Herbert,赫伯特・文・坦皮斯特勋爵,58
Venlo incident (1939),芬洛事件,172
Versailles, Treaty of (1919),《凡尔赛和约》,22,24,28-29,183
Vienna: AH in,维也纳:阿道夫・希特勒在维也纳,32-33
Vietnam War,越南战争,xxxi
Völkischer Beobachter (newspaper),《人民观察报》,44

Wagner Richard,理查德・瓦格纳,8
Wall Street Crash (1929),华尔街股灾,24,205
Wannsee Conference (1942),万湖会议(1942),30
War Cabinet: Labour members,战时内阁:工党加入,100
reorganised,重组,112
Warlimont, General Walter,瓦尔特・瓦尔利蒙特将军,1,177
Warsaw,华沙,144
Washington Post,《华盛顿邮报》,xxiii
Wavell, Field Marshal Archibald, 1st Earl,阿奇博尔德・韦维尔陆军元帅,第一代韦维尔伯爵,165
Wedgwood, Dame Cecily Veronica,塞西莉・韦罗妮卡・韦奇伍德夫人,197
Wedgwood, Colonel Josiah,约书亚・韦奇伍德上校,90
Wellington, Arthur Wellesley, 1st Duke of,阿瑟・韦尔斯利,第一代威灵顿公爵,163,173

Wheeler-Bennett, Sir John, 约翰·惠勒-本内特, 150

Wiedmann, Fritz, 弗里茨·维德曼, 58

Wilder, Thornton: *The Bridge of San Luis Rey*, 桑顿·怀尔德《圣陆雷大桥》, xxxv

Wilhelm II, Kaiser, 德皇威廉二世, 22, 115, 142, 208

William IV, King, 英王威廉四世, xxxiii

Wilson, A.N., A.N.威尔逊, xxxiv

Wilson, Harold, Baron, 哈罗德·威尔逊男爵, xxxviii, 188

Windsor, Edward, Duke of (*earlier* Prince of Wales, *then* King Edward VIII): on WSC's weeping, 爱德华·温莎公爵(前为威尔士亲王,后为国王爱德华八世):温斯顿·丘吉尔流泪的评论, 9

in Abdication crisis, 退位危机, 11, 38, 99–100

visits AH at Berghof, 在贝格霍夫会见阿道夫·希特勒, 58

Irving on, 欧文对其评价, 202

Wingate, Major-General Orde, 奥德·温盖特少将, 118

Wizard of Oz, The (film), 《绿野仙踪》(电影), xxvi

Woburn Abbey, 沃本修道院, 149

Wood, Sir Kingsley, 金斯利·伍德爵士, 95, 98–99, 114

Woolton, Frederick James Marquis, 1st Earl of, 弗雷德里克·詹姆斯·伍尔顿侯爵, 7

Wordsworth, William, 威廉·华兹华斯, 64

World War II (1939–1945): current interest in, 二战:对后世影响, xxxv–xxxix

Young, G.M., G.M.扬, 193

Young, Tom, 汤姆·扬, xxxiii

Yugoslavia, 南斯拉夫, xxi, 125, 143, 208

插图列表

1930年的希特勒[1]。

1940年7月4日,丘吉尔手持着演讲稿,大步流星地走出唐宁街,准备向下议院宣布法国舰队在奥兰被击沉的消息。[2]

少女联盟(有些看上去像少妇)与偶像希特勒见面。一旁的是海因里希·希姆莱。[1]

1936年纽伦堡以荣誉和自由为名的德国集会[1]。

丘吉尔在野期间在家修缮房屋。[2]

1939年在查特维尔,丘吉尔身穿被戏称为"婴儿连衫裤"的连体裤。[2]

希特勒在兰兹堡坐牢。[1]

陆军元帅维尔纳·冯·勃洛姆堡同希特勒。[3]

赫尔曼·戈林同希特勒。[4]

温斯顿·邱吉尔与鲍勃·布思比、女儿戴安娜和保镖汤普森去下议院提交1929年财政预算途中[3]。

1932年10月,第五大街车祸发生后10个月,丘吉尔仍然没有完全康复,被抬进他伦敦的家。[3]

1933年3月21日,刚刚当选总理的希特勒在波茨坦会见前总司令兴登堡总统。卑躬屈膝的态度,难得一见。[1]

1939年3月15日,德军入侵捷克斯洛伐克,未遇抵抗,长驱直入。同日,希特勒在布拉格哈拉卡尼古堡外视察部队。[1]

1930年,慕尼黑喜剧演员魏斯·费尔德在化妆间;希特勒研究了他对时间的拿捏、表现方式和表演技巧。[1]

希特勒为海因里希·赫夫曼进行夸张表演,海因里希是他最得力的摄影师。[5]

1943年丘吉尔在白宫通过无线电广播进行演讲。[2]

希特勒和牧羊犬布隆迪。[6]

希特勒同爱娃。[1]
希特勒同孩子们摆拍。[6]
难得一见的照片：近视眼希特勒戴眼镜。[6]
穿泳裤的墨索里尼。[1]
丘吉尔不在意外在装束。[7]
希特勒利用将军们的盛装打扮突出自己的简单朴素。[8]
戈培尔给希特勒讲笑话。[6]
1938年，新总理府建成之日，建筑师阿尔伯特·斯佩尔和希特勒在欣赏他们的杰作。[6]
来访者必须穿过气势雄伟的九百英尺厅堂，才能到达希特勒的书房。[6]
1940年5月26日，丘吉尔步行穿梭于伦敦街道。[2]
趁希特勒不注意，秘书们吞云吐雾。[6]
在1937年的一个晚会上，希特勒与两名圣诞老人。[4]
丘吉尔同女儿玛丽。[2]
1935年，财政部长亚尔马·沙赫特向希特勒半身像敬礼。[4]
1940年5月10日，丘吉尔被任命首相几个小时前，参加内阁会议后，金斯利·伍德和安东尼·艾登给丘吉尔进谏。[2]
1939年10月，张伯伦的战时内阁。[8]

埃里希·冯·曼施坦因中将。[8]
瓦尔特·冯·布劳希奇将军、希特勒和弗朗兹·哈尔德将军实施任务导向原则。[9]
歼击航空兵司令休·道丁。[2]
鲍勃·布思比是丘吉尔的密友，发生于1941年败德辱行的"捷克黄金事件"令丘吉尔丧失了对他的信任。[2]
1944年陆军元帅阿兰布鲁克爵士、伯纳德·蒙哥马利爵士与丘吉尔一起在法国。[4]
德黑兰会议上一身戎装的丘吉尔。[3]
1944年7月20日"七月阴谋"发生后，希特勒视察该事件造成的损失。[6]
希特勒的护卫队头子布鲁诺·格舍。[10]
有的书说希特勒是同性恋。
英国政略作战执委会（PWE）伪造发行的明信片。[11]
别着铁十字勋章、戴着臂章和大檐帽的希特勒。[2]
丘吉尔和他心仪的几样道具：霍姆堡毡帽、条纹马甲、圆点装饰的领结、叠得整整齐齐的手绢。[2]

本书作者与出版社对以下人员与机构允许我们在书中使用他们的图片表示感谢：
1 普鲁士遗产图像档案馆
2 赫尔顿·格蒂
3 波佩尔图片图书馆
4 乌尔斯坦图片档案馆
5 福勒·恩斯特
6 华特·佛兰茨档案
7 帝国战争博物馆
8 伦敦艺术与历史图书馆
9 海德马里·沙尔
10 巴伐利亚州立图书馆
11 理查德·加尼特

图书在版编目(CIP)数据

丘吉尔与希特勒：改变世界的领导力／（英）安德鲁·罗伯茨著；王晓平译.—上海：上海社会科学院出版社，2019

书名原文：Hitler and Churchill：Secrets of Leadership

ISBN 978-7-5520-2646-7

Ⅰ.①丘… Ⅱ.①安…②王… Ⅲ.①丘吉尔(Churchill, Winston Leonard Spencer 1874-1965)—生平事迹 ②希特勒(Hitler, Adolf 1889-1945)—生平事迹 Ⅳ.①K835.167＝533 ②K835.167＝52

中国版本图书馆 CIP 数据核字(2019)第 011765 号

First Published by Weidenfeld & Nicolson, a division of the Orion Publishing Group, London.
Hitler and Churchill: Secrets of Leadership © 2003 Andrew Roberts.
The right of Andrew Roberts to be identified as the author of this work has been asserted by him in accordance with the Copyright, Designs and Patents Act 1988.
This edition arranged with THE ORION PUBLISHING GROUP through Big Apple Agency, Inc., Labuan, Malaysia.
Simplified Chinese edition copyright:
2019 © SHANGHAI ACADEMY OF SOCIAL SCIENCES PRESS
All rights reserved.

合同登记号：09-2017-238

丘吉尔与希特勒：改变世界的领导力
Hitler and Churchill: Secrets of Leadership

著　　者：［英］安德鲁·罗伯茨（Andrew Roberts）
译　　者：王晓平
策划编辑：庄晓明
特约编辑：孙　洁
责任编辑：王　勤
封面设计：陆红强
出版发行：上海社会科学院出版社
　　　　　上海顺昌路 622 号　邮编 200025
　　　　　电话总机 021-63315947　销售热线 021-53063735
　　　　　http://www.sassp.cn　E-mail：sassp@sassp.cn
排　　版：南京展望文化发展有限公司
印　　刷：上海盛通时代印刷有限公司
开　　本：890×1240 毫米　1/32 开
印　　张：7.75
字　　数：251 千字
版　　次：2019 年 11 月第 1 版　2019 年 11 月第 1 次印刷

ISBN 978-7-5520-2646-7/K·509　　定价：59.80 元

版权所有　翻印必究